ROLF BÖKEMEIER

RÖMER

AN LIPPE UND WESER

D1937404

ROLF BÖKEMEIER

RÖMER
AN LIPPE UND WESER

Neue Entdeckungen um die Varusschlacht im Teutoburger Wald

Herausgeber: Freundeskreis für Römerforschung im Weserbergland

Die Abbildungen auf der 1. Umschlagseite zeigen:

Römische Fundmünze, Fundort: Kriegerheide, Denar mit Romakopf, 137/134 v. Chr. in Rom geprägt, vergleiche Seite 142/143

Bildausschnitt des Hermannsdenkmals auf der Grotenburg im Teutoburger Wald bei Detmold, Foto: zur Verfügung gestellt vom Landesverband Lippe

Fotos, Zeichnungen und Karten, soweit nicht gekennzeichnet, aus dem Archiv des Verfassers

Impressum

ISBN 3-934802-31-1
Verlag Huxaria Druckerei GmbH · Höxter

© 2004 by
Herausgeber: Freundeskreis für Römerforschung im Weserbergland
www.roemerfreunde-weser.info

Autor:
Rolf Bökemeier
Houpeweg 14
31655 Stadthagen

Das Werk ist urheberrechtlich geschützt.
Alle Rechte, insbesondere das der Übersetzung in fremde Sprachen, vorbehalten. Ohne ausdrückliche Genehmigung des Herausgebers sind Vervielfältigungen dieses Buches oder von Buchteilen auf fotomechanischem Weg (Fotokopie, Mikrokopie) nicht gestattet.

Gestaltung und Gesamtherstellung:
Huxaria Druckerei GmbH · Verlag und Werbeagentur · Höxter

Inhaltsverzeichnis

Die Farbtafeln I, II, III, IV, V, VI, VII, VIII finden Sie im Anschluß an Seite 48.

Vorwort

Die Motivation des Verfassers und der weiteren Mitglieder des „Freundeskreises für Römerforschung im Weserbergland" für die Herausgabe dieses Buches ist vielfach begründet.

Zunächst einmal sollen Funde, Fundsituationen, topographische Prospektionen, Infrarot-Luftbilder aus den vergangenen Jahrzehnten unter Verknüpfung mit D-SAT-Aufnahmen vor dem Vergessen bewahrt werden.

Wir möchten die nach unserer Auffassung daraus zu ziehenden Erkenntnisse über Vorgänge und Infrastrukturen für die Zeit der römischen Eroberungen im nordwestdeutschen Raum in der Zeit von 11 v. - 16 n. Chr. weitergeben. Zielvorstellung ist dabei auch der Schutz möglicher unentdeckter Bodendenkmäler vor ihrer unbewußten Vernichtung durch Landschaftsverbrauch und Bodenabbau, wie es z. T. bereits geschehen ist. Aus diesem Grunde sind bisher auch die wichtigsten Funde und Entdeckungen der jeweils zuständigen Bodendenkmalpflege bekannt gemacht worden.

Wichtige lokalisierbare Münzfunde, die im Verlauf dieser Forschungen vor dem Vergessen bzw. dem Verkauf gerettet werden konnten, wurden teilweise der Denkmalpflege direkt übergeben bzw. häufig unter Mithilfe von Wilhelm Dräger ordnungsgemäß der jeweils zuständigen Denkmalpflege gemeldet.

Wir hoffen, durch zusätzliche wissenschaftliche Analysen dazu beitragen zu können, einer Legendenbildung hinsichtlich der nach unserer Meinung falschen Lokalisierung der Varusschlacht in Kalkriese entgegen zu treten.

Wir würden es sehr begrüßen, wenn einige nach unserer Meinung dringend notwendige Rettungsgrabungen besser durch dieses Buch begründet werden könnten.

Zuletzt sollte gesagt werden, daß uns die hier beschriebenen Forschungen viel Freude und Erfüllung gebracht haben. Wir möchten die Leser daran teilhaben lassen.

Höxter, Dezember 2004

Freundeskreis für Römerforschung im Weserbergland

Römer an Lippe und Weser

Fast dreißig Jahre lang haben die Römer von 13 v. bis 16 n. Chr. versucht, Norddeutschland zu unterwerfen und es zur römischen Provinz zu machen. Im Zentrum des germanischen Widerstandes lag das Gebiet der Cherusker. Es erstreckte sich nordöstlich des Teutoburger Waldes und östlich des Eggegebirges bis über die Weser hinaus. Das Cheruskerland mußte dauerhaft erobert werden, um das Ziel der augusteischen Machtpolitik, die Unterwerfung des „Freien Germanien", zu erreichen.

Als wichtigste Militärbasis für den Aufmarsch der römischen Heere nach Osten in das Hauptwohngebiet der Cherusker wurde gegenüber der Mündung der Lippe in den Rhein das berühmte Römerlager „castra Vetera" im Raum des heutigen Xanten errichtet. In einer Zangenbewegung führte die zweite Aufmarschstraße vom Legionslager Mainz längs des späteren sogenannten „Frankfurter Weges" durch das Land der Chatten und Marser nach Norden ebenfalls in das Cheruskerland im Weserbergland.

Lippeaufwärts ließen sich Nachschub und Versorgung der römischen Heere nachhaltig sichern. So wurden längs der Lippe in Tagesmarschabständen an festen Straßen besonders geeignete Geländeflächen als Lagerstandorte festgelegt. Für die jeweiligen Marschlager wurden jedoch möglichst immer neue Plätze eingemessen. An mehreren dieser Lagerflächen haben hochwahrscheinlich kleinere Wachtkastelle mit Dauerbesatzung gelegen. Außerdem mußten auch vielfach Häfen zum Anlanden des Nachschubs vorhanden sein.

Abgegrenzt wurde dieses römische Aufmarschgebiet durch einen nördlich wie südlich der Lippe bis zu je 10 km breiten Landstreifen, der wahrscheinlich teilweise von germanischen Anwohnern geräumt worden war. Der auf diese Weise von Xanten bis Schloß Neuhaus/Paderborn entstandene römische Korridor wird in diesem Buch „Lippe-Linie" genannt. Sie wurde durch Grenzwälle (Tacitus Ann. I/50) bereits zur Zeit der Eroberungen unter Tiberius bei seinen Zügen in den Jahren 8/7 v. Chr. abgesichert und praktisch aus dem Gebiet der Sugambrer und Brukterer herausgetrennt.

Römischer Korridor von Xanten bis Schloss Neuhaus/ Paderborn

Die offizielle Archäologie hat erst wenige der Stationen und Straßen der Lippe-Linie untersucht. Neben castra Vetera sind das Marschlagerzentrum Holsterhausen, die Standlager Haltern, Oberaden und Anreppen ergraben worden. Da Oberaden aber nachweislich nur 11 - 8 v. Chr., also im wesentlichen unter Drusus, bestanden hat, bleiben für die eigentliche Lagerkette an der Haupttrasse der Lippe-Linie nur Holsterhausen, Haltern und Anreppen als archäologisch untersuchte Standorte übrig.

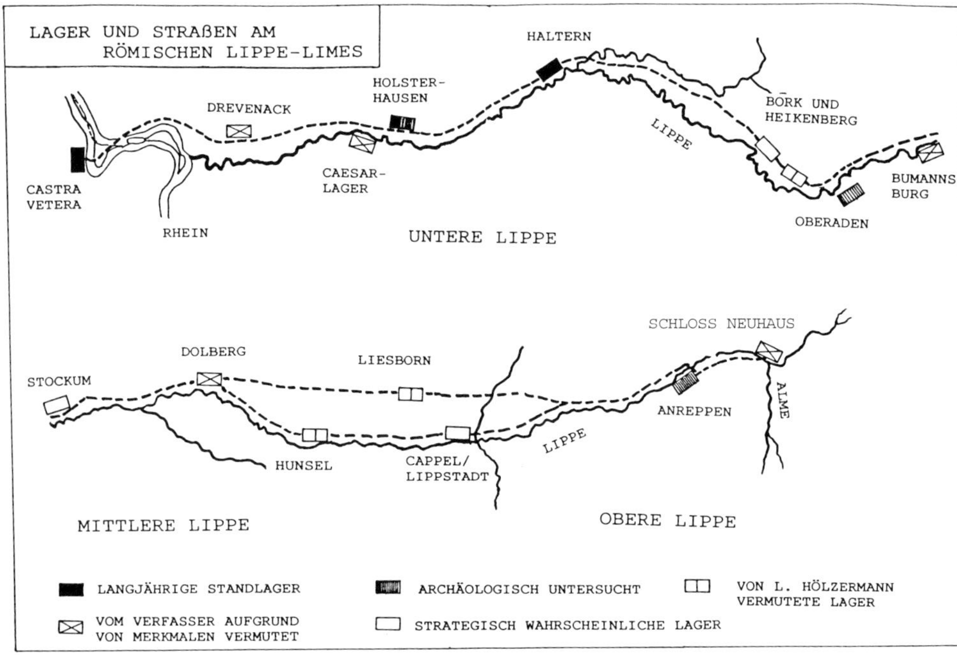

Abb. 1
Skizze der Römischen Lippe-Linie, des Lippe-Limes und der Orte nachgewiesener und vermuteter Römerlager unter Einbeziehung der Angaben von Ludwig Hölzermann

Zwischen der schiffbaren oberen Lippe und castra Vetera/Xanten liegen etwa 180 km Wegstrecke. Bei einer Tagesmarschleistung von 18-20 km müssen deshalb noch sieben weitere Lagerstandorte vorhanden gewesen sein.

Der preußische Hauptmann Ludwig Hölzermann wurde zwischen 1867-1870 vom Dienst freigestellt, um unter anderem Forschungen nach Resten aus der römischen Besatzungszeit zu unternehmen. Leider fiel er bereits in den ersten Tagen des deutsch-französischen Krieges von 1870/71. Seine Forschungsergebnisse wurden 1878 posthum durch den Westfälischen Altertumsverein in Münster herausgegeben (Lokaluntersuchungen die Kriegszüge der Römer und Franken betreffend...).

Sie bilden eine Fundquelle für den archäologisch Interessierten.

Der Verfasser hat nach den Hölzermannschen „Lagerstandorten", den „Römerstraßen" und den „römischen Landwehren" gesucht.

Das ganze Forschungsunternehmen entwickelte sich zu einem Abenteuer, bei dem römische Lager- und Straßenreste „auf den Spuren Ludwig Hölzermanns" wiedergefunden und sogar neue Lager entdeckt wurden.

Die Lippe-Linie führte direkt in das Herz des Cheruskerlandes, wo im Jahre 9 n. Chr. – daran hat der Verfasser immer weniger Zweifel – die Varusschlacht stattfand, deren Verlauf unter Einbeziehung der jüngsten Fundergebnisse in diesem Buch geschildert werden soll.

Neue Erkenntnisse durch Infrarot-Fotos

In jüngerer Zeit führten Auswertungen von Infrarot-Fotos aus dem Luftbildarchiv von Alfons Koch, Fürstenberg, neue Geländestudien und Auswertungen von D-SAT-Aufnahmen zu völlig neuen Erkenntnissen hinsichtlich der weit vorgeschrittenen Einrichtung einer römischen Provinz mit militärischen Standlagern im Weserbergland der heutigen Kreise Höxter und Paderborn. Das Kapitel „Römische Lagerreste im Weserbergland ?" beschäftigt sich mit dieser Thematik. Um die angestrebte römische Provinz zu beherrschen, bedurfte es bereits vor Errichtung der Lippe-Linie schneller und gesicherter Straßen, die durch Lager südlich der Lippe an den dortigen mittelalterlichen Hellwegen und Indizien römischer Anwesenheit längs des späteren Frankfurter Weges belegt werden können.

Diese Publikation stellt außerdem eine Ergänzung und Aktualisierung des im Jahre 2000 vom Verfasser herausgegebenen Buches „Die Varusschlacht - Der Untergang der römischen Legionen im Teutoburger Wald" (Tübingen 2000) dar, ist also gewissermaßen auch eine verbesserte Neuauflage dieses Buches.

Sie ist bewußt nicht als rein wissenschaftliche Studie, sondern in weiten Teilen als persönliche Entdeckungs- und Erlebnisgeschichte des Verfassers formuliert worden. Sie wird untermauert mit wissenschaftlichen Erkenntnissen und Untersuchungen aus deutschen Universitätsinstituten.

Ergänzende Betrachtung über Legionsdenare

Die Argumente gegen die Lokalisierung der Varusschlacht in Kalkriese in dem vorgenannten Buch sollen hier nicht noch einmal wiederholt werden. Stattdessen soll eine ergänzende Betrachtung über die Legionsdenare von verschiedenen Fundorten und -regionen im Vergleich mit den Kalkrieser Legionsdenaren die bisherigen ablehnenden Argumente für die für Kalkriese beanspruchte „Varusschlacht" verstärken.

Die Forschungen des Verfassers führten seit dem Jahre 2000, in einer aufregenden Zeit, zu vielen neuen Erkenntnissen. Der Verfasser möchte den Leser einladen, an dieser Entdeckungs- und Erlebnisreise in unsere Frühgeschichte teilzunehmen. Bei den Lesern des vorhergehenden Buches „Die Varusschlacht...." möchte sich der Verfasser an dieser Stelle dafür entschuldigen, daß auch er wie viele andere dem Autor Jörg von Uthmann geglaubt hatte, daß die in dem renommierten Verlag Hoffmann und Campe veröffentlichten angeblichen Briefe des Pontius Pilatus auch tatsächlich vorhanden seien. Von Uthmann hat viele, auch seinen eigenen Verlag, getäuscht. Die Pilatus-Briefe waren reine Erfindung.

Danke für Mitarbeit und Unterstützung

Der Verfasser dankt Werner Winkels, Dieter Kirchhoff, Frank Böning und seiner Gruppe, Wilhelm Dräger, Alfons Koch, Gerhard Steinborn, Franz-Joseph Blaschke, Horst Leiermann, Klemens Wilhelmi, Hermann Eggers, Iris Schäferjohann-Bursian, Volker Klages, Herbert Hoinkis für ihre Mitarbeit, Hilfestellungen und fachlichen Unterstützungen bei der Durchführung der vielfältigen Forschungsunternehmungen. Ohne ihr Engagement und die umfangreichen Sammlungen Werner Winkels' hätten die in dieser Publikation vorgestellten Ergebnisse nicht erreicht werden können. Während der Drucklegung verstarb Werner Winkels. Er wird dem Verfasser – auch bei künftigen Forschungen – sehr fehlen.

Ein besonderer Dank gebührt den Wissenschaftlern Heinz Hake, Institut für Werkstoffkunde, Universität Hannover, für die aufschlußreichen metallurgischen Untersuchungen von römischen Fundstücken, weiter Astrid Techmer und Manfred Frechen vom Geowissenschaftlichen Institut für Gemeinschaftsaufgaben, Hannover, sowie Pieter Grootes und Martin Hüls vom Leibniz-Labor der Universität Kiel für die C14-Datierungen, die teilweise nach neuen Methoden erstmalig durchgeführt worden sind. Auch dem Lippischen Heimatbund sei Dank gesagt für die Förderung der wissenschaftlichen Analysen sowie die allgemeine Unterstützung der hier dargelegten Forschungen.

Stadthagen, Dezember 2004

Der Verfasser

Castra Vetera – Aufmarschlager für den römischen Eroberungskrieg

Tacitus, der große römische Historiker, war es, der die älteste genaue Ortsangabe des berühmten Römerlagers castra Vetera in Zusammenhang mit Beschreibungen der Meuterei der niederrheinischen Legionen im Jahre 14 n. Chr. machte (Annalen I/45):

„Obgleich so die Truppen (Legion I und XX) in unmittelbarer Nähe (im Winterlager, im heutigen Köln) zur Ruhe gebracht waren, blieb doch die nicht minder schwierige Aufgabe übrig, den Trotz der fünften und einundzwanzigsten Legion zu brechen, die 60 Meilen entfernt – der Ort heißt castra Vetera – im Winterquartier lagen".

Unsere Vorfahren kannten damit seit Wiederentdeckung der taciteischen Annalen im 16. Jahrhundert den Ort dieses Militärlagers, nämlich Birten bei Xanten am Niederrhein, 60 Meilen (90 km) flußabwärts von der Altstadt von Köln.

Die CUT war unseren Vorfahren bekannt.

Ort und Lage der diesem Legionslager benachbarten großen Stadt Colonia Ulpia Traiana (CUT) hatte man schon immer genau gekannt. Diese Stadt hatte zunächst im 1. Jahrhundert n. Chr. eine Vorgängerstadt „Cibernodurum" gehabt, die Hauptstadt des damals dort lebenden Stammes der Ciberner. „Cibernodurum" war dann aber im Gefolge des Bataveraufstandes (68-70 n. Chr.) ebenso wie das von den Batavern eroberte Legionslager castra Vetera auf dem Fürstenberg niedergebrannt worden.

Als Nachfolgerin der zerstörten Stadt wurde 30 Jahre später am gleichen Ort eine neue Stadt durch Kaiser Marcus Ulpius Traianus errichtet. Sie sollte als CUT (COLONIA ULPIA TRAIANA) über 200 Jahre hinweg zu der zweitgrößten römischen Stadt in Niedergermanien werden. Sie wurde an Größe nur von der Colonia Claudia Ara Agrippinensis (CCAA), dem heutigen Köln, übertroffen.

Zerstörung durch germanische Stämme

Im Jahre 351 endete die Entwicklung der inzwischen zur Festung ausgebauten CUT nach ihrer Eroberung und Zerstörung durch germanische Stämme. Da inzwischen der Rhein sein Bett verändert hatte und der Hafen der CUT nicht mehr genutzt werden konnte, wurde eine Nachfolgestadt in der Nähe des Nachfolge-Legionslagers Vetera II errichtet. Diese neue Stadt liegt, wie auch das Lager Vetera II, heute unter ca. 10 m hohen mittelalterlichen Rheinablagerungen.

Die alte zerstörte CUT war während des ganzen Mittelalters ein willkommener Steinbruch sowohl für umliegende Orte als auch für die seit der Christianisierung entstehenden Kirchen. Man baute die Quader der römischen Patrizierhäuser ungehemmt in neue Wohnbauten ein. Gedenksteine von den Friedhöfen wurden häufig in die Wände von

Fortsetzung Seite 14

Uebersichts-Karte

der Römischen und Germanischen Strassen und Lager an der Lippe

im Maassstabe von 1:250 000.

Unterer Lauf der Lippe von Wesel bis Lünen.

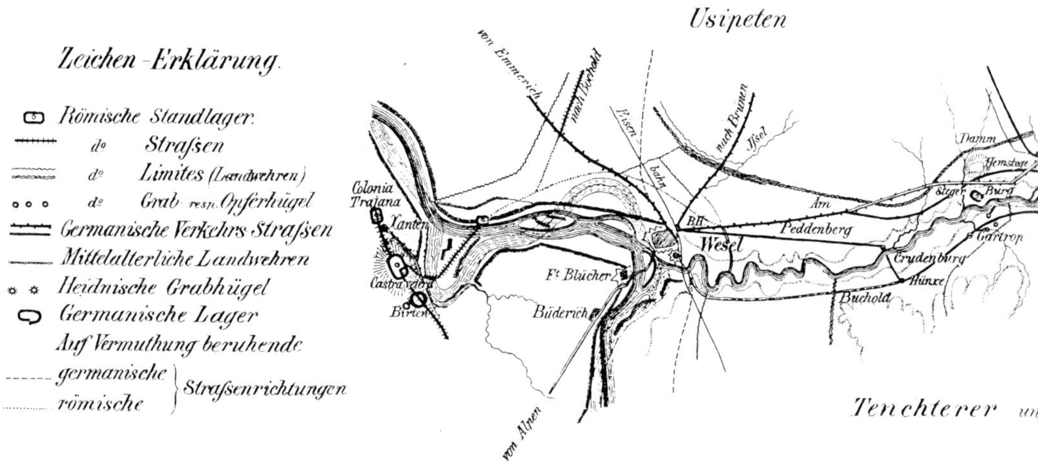

Mittlerer und oberer Lauf von Lünen bis Lippspringe.

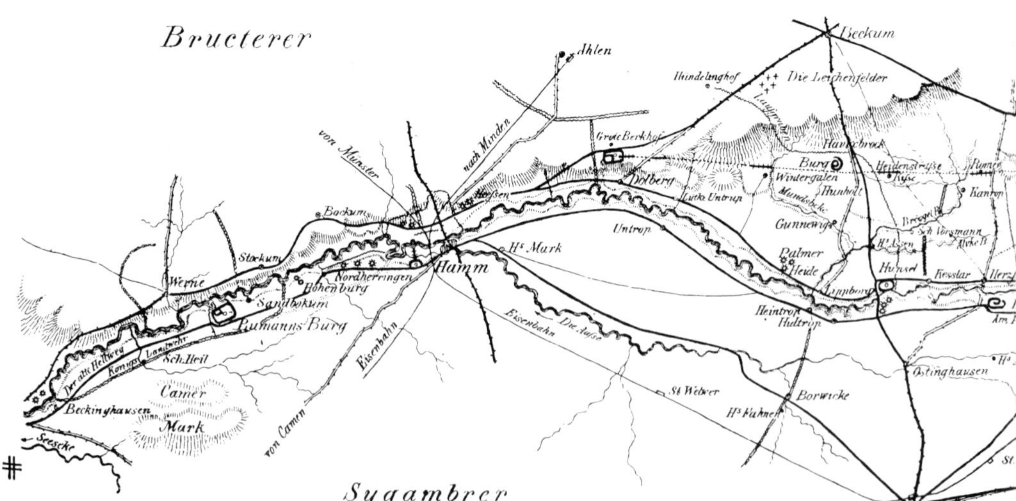

Abb. 2 Das Gelände der Lippe-Linie in der Übersichtskarte von Ludwig Hölzermann (Lokaluntersuchungen, die Kriege der Römer und Franken ...betreffend, Münster 1878)

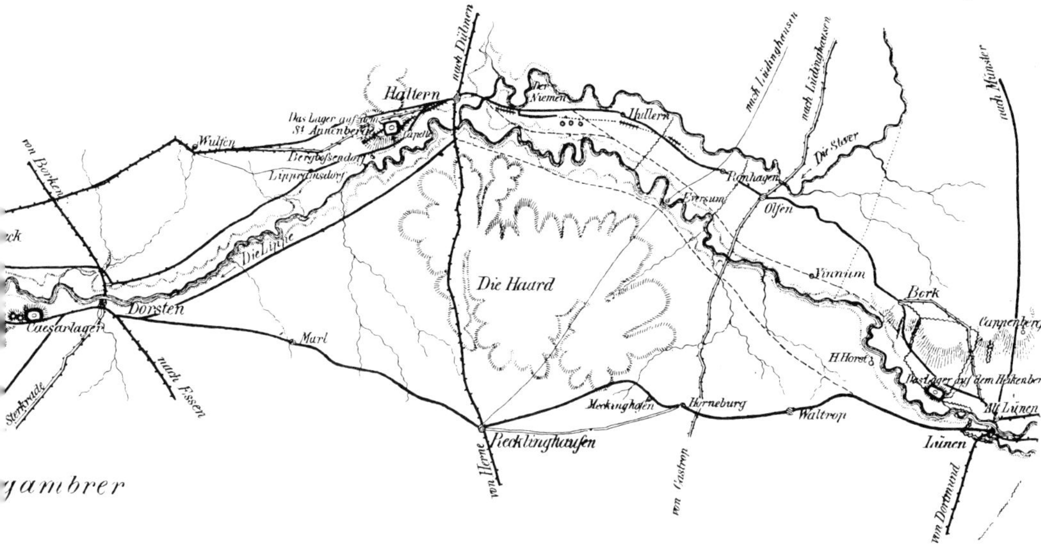

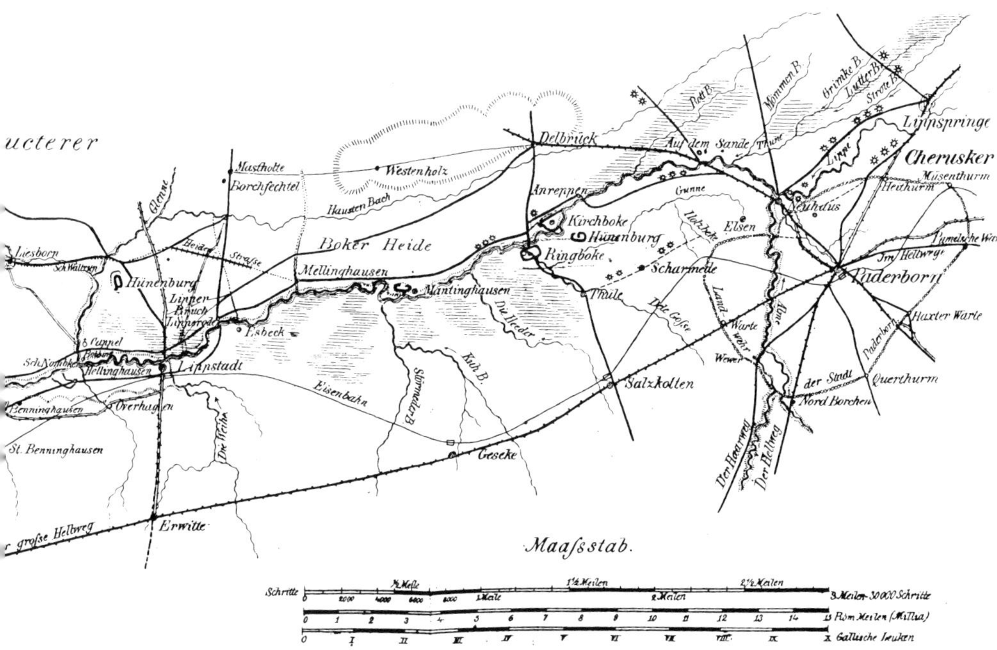

Fortsetzung von Seite 11

Kirchenbauten eingemauert (Spolien). Der berühmte, 1620 im Gelände von Vetera I gefundene Gedenkstein des M. Caelius der XIIX. Legion, der in der Varusschlacht (BELLO VARIANO) gefallen war, hat eine „Odyssee" hinter sich gebracht.

Rainer Wiegels (Varus-Kurier, 7. Jg., Nov. 2001) schildert die wiederholt an verschiedenen Orten vorgenommenen Einmauerungen dieses berühmten Zeugen der Varusschlacht, die er alle unbeschadet überstand, ehe er am Ende der napoleonischen Zeit dank der Einsicht des zuständigen französischen Verantwortlichen dem späteren Rheinischen Landesmuseum überantwortet wurde.

Viele Kulturdenkmäler aus der Römerzeit wurden vernichtet.

Allgemein steht es schlecht um die Pflege von Altertümern und Baudenkmälern der Antike. Die meisten Kulturdenkmäler aus der Römerzeit sind für Siedlungsbauten oder aber durch den Ackerbau ohne jede Dokumentation vernichtet worden.

Private Altertumsforscher haben außerdem in ihrer Begeisterung oft manche Bodendenkmäler durch laienhafte Grabungen zerstört. Aber wenigstens sind durch sie oft wichtige Funde dokumentiert worden.

So z. B. durch den königlich-preußischen Notar Philipp Houben, der seit 1798 in Xanten beruflich tätig war. Von 1819 bis 1849 hat er regelrechte Grabungskampagnen meist auf eigene Rechnung in der CUT durchgeführt. In seinem heute antiquarisch hochbegehrten Werk „Roemisches Antiquarium...in Xanten" sind viele seiner kostbaren Altertümer aus der CUT technisch hervorragend dargestellt.

Auf dem Umschlagbild kann man ersehen, wie es Anfang des 19. Jahrhunderts bei seinen Grabungen zugegangen sein mochte.

Das Bild zeigt den Notar inmitten seiner vier Arbeiter, z. T. mit Zylinder, wie sie wertvolle Vasen und Skulpturen planlos aus dem Boden der CUT ergraben.

Als Philipp Houben 1855 starb, hinterließ er Riesensammlungen, die leider weder von der Stadtverwaltung noch von Universitäten erworben, sondern stattdessen auf Kölner Auktionen verkauft worden sind.

Insgesamt waren spätere Funde im Xantener Gebiet so umfangreich, daß der um 1870 gegründete niederrheinische Altertumsverein in Xanten weitere stattliche Sammlungen aufbauen konnte, von denen ein großer Teil sich heute im Regionalmuseum Xanten befindet.

Die planvollen Grabungen des Rheinischen Landesmuseums Bonn unter der Leitung von H. von Petrikovits in den 30er Jahren des 20. Jahrhunderts führten zu genauen Angaben über die Anlage der CUT und ermöglichten letztlich die Errichtung des „Archäologischen Parks Xanten" mit Nachbauten von Teilen der Stadtmauer und des ehemaligen Hafens. Die Rekonstruktion des Haupttores, des „Burginatium-

Tores", ruft Vorstellungen von der Größe dieser ehemaligen Römerstadt am Niederrhein hervor.

Was aber war mit dem Militärlager castra Vetera?

Erbaut wurde es 13-12 v. Chr. unter Drusus, dem von seinem Stiefvater Augustus der Oberbefehl über die römische Niederrheinarmee übertragen worden war, um die römische Provinz Niedergermanien vor den ständigen Überfällen der Germanen aus rechtsrheinischem Gebiet heraus zu schützen. Aus der Schutzaufgabe heraus erwuchsen schließlich fast 30 Jahre lang die römischen Eroberungszüge in das „Freie Germanien" mit dem Ziel, ganz Germanien zur römischen Provinz zu machen. Diese Eroberungszüge gingen hauptsächlich von castra Vetera als dem Militärbasis-Lager aus.

Trotz der klaren Meilenangabe durch Tacitus wußte man lange nur den Raum um Birten als Ort dieses berühmten Römerlagers. Bis Ende des 19. Jahrhunderts vermuteten manche Forscher das Lager im Gelände der CUT. Andere sahen es im untergegangenen Raum des Ortes Birten IV. Eine große Anzahl von Interessierten wies aber auf den Fürstenberg als Standort von castra Vetera hin.

Oben auf der Höhe des Fürstenberges lagen die Ruinen einer Niederlassung des Benediktinerklosters Siegburg. Diese Filiale war nach 1116 erbaut und 1586 von spanischen Soldaten zerstört worden. Dort begann im Jahre 1905 H. Lehners mit seinen planmäßigen Grabungen.

Er berichtet (Vetera, Ausgrabungen auf dem Fürstenberg bei Xanten, Bonner Jahrbücher, 114/115, 1906 und: Vetera - Die Ausgrabungen des Bonner Provinzialmuseums bis 1929, in Römisch-Germanische Forschungen, Band IV, Berlin und Leipzig 1930):

Ausgrabungen auf dem Fürstenberg bei Xanten

„Um dem Schwanken (nach dem Ort des Grabungsbeginns) ein Ende zu machen, entschloß ich mich nach einer wiederholten Begehung des Geländes, einmal auf der höchsten Kuppe des Fürstenberges, auf dessen Nord-, Süd- und Westseite die Schilderung des Tacitus hist. IV/23 „pars castrorum in collem leniter exsurgens, pars aequo adibatur" (ein Teil des Lagers zieht sich allmählich ansteigend einen Hügel hinauf, ein Teil ist von der Ebene aus zugänglich) nicht übel zu passen schien, während nach Osten zum alten Rhein das Gelände schroff und unersteigbar steil abstürzt, mit den Versuchsgrabungen zu beginnen...."

Das Ergebnis der Lehnerschen Grabungen ist u. a. auch in einer Karte dargestellt, die auch heute noch immer wieder abgebildet wird.

Dessen Ausführungen kommentiert Werner Böcking in seinem lesenswerten Buch, das sich besonders mit der Geschichte der CUT und des Lagers Vetera beschäftigt (Die Römer...., Societäts Verlag, Frankfurt 1974, S. 143):

„Die Auswertung der einzelnen, verschieden gelagerten Spuren aus mehreren Entstehungsphasen brachte H. Lehners zu der Überzeugung, es habe in dieser frühen Zeit keine festen Standlager gegeben. Er sah den Ablauf der Ereignisse etwa folgendermaßen:

Nach den jeweiligen Sommeroperationen im rechtsrheinischen Germanien kamen die Truppen stets nach Vetera, der hochwasserfreien Kuppe hinter dem Rhein, ins Winterquartier zurück. Sie umgaben sich mit Wall und Graben, erstellten Zelte oder Holzbaracken, die man im nächsten Feldzugsjahr verfallen ließ, um nach der Rückkehr eine neues Lager zu errichten. Soweit ältere Anlagen noch brauchbar waren, wurden sie einbezogen, repariert und umgebaut. Damit war die Erklärung der vielen Fragmente früher Lagerbauten gegeben.“

Neue Grabungen in den Orten Holsterhausen und Anreppen

Diese Sicht für die Lagerbauten in castra Vetera I bestätigt sich durch neue Grabungen des Münsteraner Provinzialrömischen Referats in den Orten Holsterhausen und in Anreppen, wo offensichtlich ebenfalls für jeden Feldzug neue Marschlager erbaut oder teilweise auch alte Gräben rekonstruiert wurden.

Die neuen Infrarot-Luftbilder aus dem Weserbergland der Kreise Paderborn und Höxter von Alfons Koch/Fürstenberg weisen im Gegensatz zu diesen Betrachtungen jedoch möglicherweise auf Standlager von Hilfstruppeneinheiten mit Ausbauten hin. Somit ist vermutlich ein Teil der Truppen auch im Winter im Weserbergland verblieben.

Auch in den Winterlagern am Rhein muß es Standbesatzungen gegeben haben. Es war einfach notwendig, viele wertvolle Güter und vor allem die Hauptanteile der Legionskassen dort zu belassen und zu schützen.

Diesen Schluß muß man ziehen, wenn man bedenkt, daß unmittelbar nach der Varusschlacht die beiden oberrheinischen Legionen in die Winterlager der vernichteten Varuslegionen einzogen und nach Velleius Paterculus (II/120) vermutlich den Nachlaß der gefallenen Kameraden antraten, der hauptsächlich aus den angesparten Münzvorräten bestand, die beträchtliche Gewichte von bis zu ca. 50 kg je Legionär umfassen konnten.

Die Legionskassen konnten wegen dieser hohen Gewichte also auf keinen Fall mit auf die risikoreichen Feldzüge genommen werden. Sie mußten bestens durch eine starke Heimbesatzung in den Winterlagern bewacht werden.

Nach dem Caelius-Stein mit dem Hinweis auf die XIIX. Legion läßt sich schlußfolgern, daß seit den Zeiten des Drusus (13/12 v. Chr.) bis Varus (9 n. Chr.) die XIIX. (XVIII.) Legion neben entsprechenden Einheiten an Hilfstruppen die Hauslegion in castra Vetera gewesen ist.

Nach Bleibarrenfunden in Haltern könnte dort die XIX. Legion ihr Winterquartier gehabt haben. Für die XVII. Legion des Varus bliebe dann das Legionslager Neuß als Stammgarnison übrig. Auch die Benutzung des Lagers Hunerberg/Nijmegen muß angenommen werden.

Nach der Varusschlacht bezogen die V. und XXI. Legion das Gelände des Fürstenberges und errichteten, durch weitere Grabungen nachgewiesen, feste Gebäude und eine Umwehrung mit Doppelgraben und Holz-Erde-Mauer im Gelände von Vetera I. Unter Nero erfolgte ein Ausbau des Lagers mit Steingebäuden, das dann schließlich von dem Bataver-Anführer Civilis 70 n. Chr. erobert und zerstört wurde. Vetera I wurde später nicht wieder aufgebaut, sondern durch eine neues Lager Vetera II direkt auf der Niederterrasse am Rhein ersetzt.

Über 80 Jahre von römischem Militär genutzt

Das Gelände von Vetera I wurde von 13/12 v. Chr. bis 70 n. Chr., also über 80 Jahre lang, ständig von römischem Militär genutzt. Daß während dieser Zeit auch viele Kleinmaterialien und Militaria in den Boden geraten sind, läßt sich vorstellen. Da der Boden des etwa 60 ha großen Lagers nie bebaut worden ist, ist dieses Gelände natürlich ein Eldorado auch für illegale Sondengänger. Leider gehen derartige Funde der Öffentlichkeit meist verloren. Wertvollere Stücke werden z. T. weitab verkauft. Wegen Strafandrohung durch die amtliche Denkmalpflege gehen diese Sondengänger in den Untergrund. Es sollte daher geprüft werden, wie die Denkmalpflege auf örtlicher Ebene an diese Sondengänger herantreten kann, um die illegalen Sondagen in für die Denkmalpflege legale nutzbringende Prospektionen umzuwandeln. Sicherlich ist es ein mühevoller Weg. Aber eine andere Lösung scheint es nicht zu geben.

Werner Winkels gelang es, eine Reihe von „weniger wertvollen" Kleinfunden aus Vetera I vor dem illegalen Verkauf zu retten, deren wichtigste hier dokumentiert werden sollen. Sie erlauben sogar hier und da einen kleinen Ausflug in die spannende römische Geschichte.

Römische Münzen und Kleinfunde eröffnen Einblicke in Geschichte und Alltag

Da sind zunächst die Münzen. Überwiegend haben die Sondengänger, gewissermaßen infolge ihrer „bevorzugten Entdeckung" durch die Metalldetektoren, silberne Denare geborgen. Ins Auge fällt zunächst eine stark abgegriffene Münze dieser Art. Es ist ein sogenannter Victoriat (Victoriatus) aus dem Jahre 211-208 v. Chr. Nach dem Zitierwerk M. H. Crawford (Roman Republican Coin Hoards, London 1969) wird die Münze allgemein unter der Bezeichnung Crawf. 44/1 geführt.

Während in der römischen Republik für das italisch/römische Reich am Ende des 3. Jahrhunderts v. Chr. der Denar eingeführt wurde, prägte man für die Provinzen ab 211-208 den Victoriat, der den Wert eines 3/4 Denars hatte, aber auch im Reich gültig war. Dargestellt sind bei der Vetera-Münze auf der Vorderseite (Avers) der Kopf des römischen Hauptgottes, des Jupiter, und auf der Rückseite (Revers) die Siegesgöttin Victoria, die eine Trophäe bekränzt. Die Prägezeit ist geschichtlich in die Zeit großer römischer Siege nach einer demütigenden Kette von Niederlagen gegen die Karthager (Punier) unter Hannibal einzuordnen.

Abb. 3a/b
Viktoriat,
Crawf. 44/1,
211 - 208 v. Chr.,
Fundort castra
Vetera I

Siehe auch
Farbtafel I

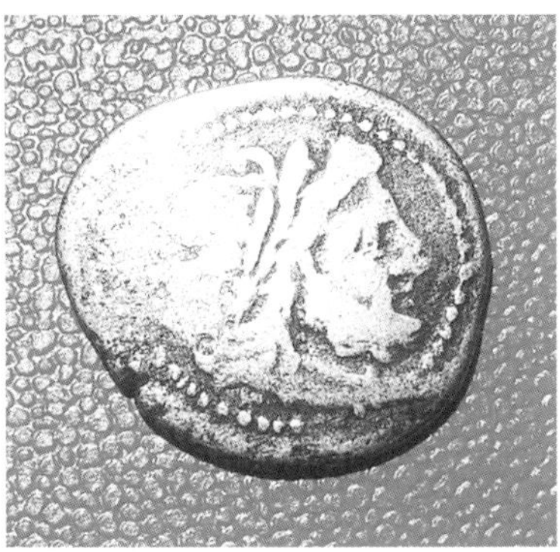

a) Vorderseite (Avers) mit Jupiterkopf

b) Rückseite (Revers) mit Siegesgöttin, die eine Siegestrophäe bekränzt

Wer kennt nicht die Darstellungen über den Zug Hannibals mit Elefanten über die winterlichen Alpenpässe? Oder die vernichtende Niederlagenkette der Römer gegen Karthagos Heere, für die besonders die Schlacht bei Cannae im Jahre 216 v. Chr. zu nennen ist?

Im Gefolge dieser römischen Niederlagen fielen bisherige Bundesgenossen von Rom ab, so z. B. Syrakus, Capua und Spanien. Aus dem tiefen Tal der erniedrigenden Niederlagen führten nun erste Erfolge in der Unterwerfung der abgefallenen Gebiete von Capua und Syrakus, sowie von Teilen Spaniens zu Siegesfeiern in Rom. Sicherlich paßt dazu die Darstellung der Siegesgöttin auf dem Victoriat, wie sie die Siegestrophäen bekränzt. Derartige symbolische Darstellungen waren für die Moral der Römer sehr wichtig, um schließlich doch noch im 2. Punischen Krieg (218-201) endgültig über den Eroberer Hannibal zu siegen, bis dann schließlich Mitte des 2. Jahrhunderts v. Chr. der Erzfeind, Karthago, im 3. Punischen Krieg völlig zerstört wurde.

Der Victoriat aus castra Vetera I ist stark abgegriffen. Er ist über zweihundert Jahre lang von Geldbeutel zu Geldbeutel gewandert und hat - leider nur stumm - zweihundert Jahre interessantester römischer Geschichte erlebt.

Einhundert Jahre später wurde der folgende Denar Crawf. 285/2 in den Jahren 116/115 durch Marcus Silanus Junius als berechtigter Münzmeister geprägt. Sein abgekürzter Name (M.S.I.) prangt auf der Rückseite (Revers) des Denars. Das Recht, Münzen zu prägen, hatten zunächst nur jeweils drei hohe Beamte der römischen Republik. Seit Mitte des 2. Jahrhunderts hatten nun bestimmte Familien das u. U. vererbbare Recht erworben, ihrerseits Münzen zu prägen. Man nennt derartig entstandene Münzen deshalb auch Familienmünzen.

a) Vorderseite:
Haupt der Roma

b) Rückseite:
Quadriga, M.S.I., Münzstätte ROM

Abb. 4a/b
Denar,
Crawf. 285/2,
116/115 v. Chr.,
Münzmeister:
Marcus Silanus
Junius (M.S.I.)

Das Oberhaupt dieser Familien prägte seinen Namen in die Münzen ein und wird deshalb heute wie in vielen ähnlichen Fällen als Münzmeister bezeichnet.

In die Zeit des Münzmeisters und gleichzeitigen Konsuls Silanus fällt der Einfall der Cimbern und Teutonen in die römische Provinz Noricum (Kärnten/Steiermark).

Ein Denar aus Vetera I aus der Zeit des großen Caesar (Crawf. 450/2), der Mitte des 1. Jahrhunderts v. Chr. ganz Gallien erobert hatte, erinnert an dessen Tod durch Mörderhand.

Der Denar wurde durch Decimus Junius Albinus Brutus im Jahre 48 v. Chr. als berechtigter Münzmeister geprägt, der sich als Legions- und Flottenkommandant Caesars ausgezeichnet hatte.

Die Wahl der auf der Münze abgebildeten Motive zeigt die Grundeinstellung dieses Heerführers. Auf der Vorderseite prangt das Haupt der „Pietas", der Göttin der Frömmigkeit. Auf der Rückseite kreuzen sich zwei Hände über dem Caduceus-Stab, wodurch die „Clementia", die Zeit der „Barmherzigkeit", der „Gnade", unter Caesar dargestellt werden soll. Die Tatsache, daß Caesar diesen Heerführer 48-46 v. Chr. zu seinem Statthalter in Gallien machte, zeigt das Vertrauensverhältnis dieser beiden Männer.

Abb. 5a/b/c

a) Denar, Crawf. 450/2, 48 v. Chr., Avers, Fundort: Vetera I

b) Avers eines entsprechenden Denars aus: „16 römische Münzen im Industrie Museum Lohne", Hrsg., Industrie Museum Lohne, Lohne 2003, S. 32)

c) Revers der Münze aus Lohne: Gekreuzte Hände über dem Caduceus-Stab (= Hermes-, Heroldstab = Sinnbild für friedliche, rechtmäßige Beziehungen der Völker untereinander) ALBINUS.BRUTI.F.

Offensichtlich muß in den darauf folgenden Jahren bei Decimus Albinus Brutus eine völlige Trennung von Caesar und dessen Zielen stattgefunden haben, denn er unterstützt die Mordpläne der Gruppe um Marcus Junius Brutus, seines Verwandten aus dem Geschlecht der Junier, an Caesar.

Caesar wurde dann 44 v. Chr. tatsächlich unter aktiver und passiver Mithilfe beider Junier Brutus ermordet, um die unter Caesar unterdrückten „republikanischen Verhältnisse“ wiederherzustellen.

Daß in castra Vetera seit seiner Errichtung 13/12 v. Chr. bis zur Varusschlacht im Jahre 9 n. Chr. eine der Varus-Legionen stationiert gewesen ist, wird neben dem bereits erwähnten „Caeliusstein“ auch durch dort gefundene Münzen mit dem Varus-Gegenstempel wahrscheinlich. Diesen Stempel mußte Varus aus Anlaß von Prämienzahlungen ausgegeben haben.

Auf einer hier vorzustellenden Münze aus Vetera I ist deutlich VAR in zusammenhängender Schreibweise (Ligatur) auf einer stark korrodierten Kupfermünze (Münzstätte Lugdunum = Lyon) angebracht worden. Nach Ulrich Wertz (schriftl. Expertise) sind 27 weitere Münzen bekannt, die alle mit dem gleichen VAR-Stempeleisen markiert worden sind.

Auf weiteren Bronzemünzen aus castra Vetera treten Gegenstempel des Augustus (AVG), ein einfacher, früher Radstempel und der ebenfalls Augustus zuzuordnende Gegenstempel IMP auf, der im „M“ und „P“ ebenfalls Ligatur aufweist.

a) stark korrodierter in Lugdunum geprägter As mit dem Gegenstempel des Varus, „VAR“ in verbundener Schreibweise (Ligatur)

b) Dupondius der Nemausus-Serie I (12-8/7 v. Chr. geprägt) mit Gegenstempel „AVG“, den man Augustus zuschreibt

c) ebenfalls in Nemausus (Nimes) 12-8/7 v. Chr. geprägter Dupondius mit den beiden Gegenstempeln „Rad“, darunter „IMP“ (Imperator) in Ligatur (P hängt am M)

Abb. 6a/b/c
Wichtige Gegenstempel auf römischen Münzen in augusteischer Zeit
Fundort der drei abgebildeten Münzen: Castra Vetera I – Xanten

Siehe auch Farbtafel I

Einige Kupfermünzen müssen schon bei Ihrer Gegenstempelung völlig abgegriffen gewesen sein. Es sind auf ihnen keinerlei Strukturen, wohl aber die Gegenstempel erkennbar. Möglicherweise erhielten diese damals wertlosen Münzen erst wieder durch die Gegenstempelung den Wert eines Asses (Soldatengeld).

Die hier vorgestellten vier Asse wurden von dem Spezialisten für römische Gegenstempel, Ulrich Werz, Winterthur, untersucht. In seiner schriftlichen Expertise heißt es:

„Es ist anzunehmen, dass sie aus dem Gebiet des heutigen Bulgariens stammen, denn die vorliegenden Einstempelungen TCA, TICA und TICAE wurden im Gebiet der römischen Provinzen Thracien und Moesien zur Gegenstempelung der dort umlaufenden Prägung verwendet."

Abb. 7a/b/c/d
Soldatengeld aus Bulgarien

a1)

b)

a2)

c)

d)

a1) Auf dieser Münzseite sind die Gegenstempel AVG (Augustus) und TICAE = TI(berii) CAE(saris) aus augusteischer Zeit erkennbar (nach U. Werz).

a2) Der Gegenstempel TCA auf der anderen Münzseite bedeutet nach U. Werz entweder T(iberii) C(laudii Caesaris) A(ugustus) oder T(iberii Claudii) C(aesaris) A(ugusti), stammt also aus claudischer Zeit. Nach U. Werz „wurde auf dieser Imitation statt des „T" ein „I" wiedergegeben."

b) Der Gegenstempel TICA wurde nach Werz sowohl in tiberischer als auch claudischer Zeit benutzt. Also im Falle einer klar bestimmbaren Trägermünze ist dieser Stempel entweder als TI(berii) CA(esaris) oder als TI(berii) C(laudii) A(ugusti) zu lesen.

c) Unvollständiger Gegenstempel, entweder TCA (vgl. a2) oder TICA (vgl. b)

d) Gegenstempel TCA mit erkennbarer Trägermünze aus der Zeit des Claudius bzw. des Caligula, folglich Lesung nach a2)

Nun zum „Silberling der Bibel“, dem Denar des Kaisers Tiberius (14-37 n. Chr.). Dieser Denar wurde, nachdem Tiberius nach dem Tode des Augustus Kaiser geworden war, in den Jahren ab 15 n. Chr. sowohl in Rom als auch in Lugdunum in größeren Mengen geprägt. Natürlich wurde er auch auf der Fläche des Römerlagers castra Vetera I auf dem Fürstenberg gefunden.

Im Gegensatz zu den Tiberius-Denaren aus den niederländischen Schatzfunden von Feins und Onna, die vermutlich im Jahre 16 n. Chr. oder kurz danach abgelegt worden und deshalb wegen der kurzen Umlaufzeit (Prägung 15 n. Chr.) beinahe noch stempelfrisch erhalten sind, ist der hier vorzustellende Vetera-Denar abgegriffen und deshalb wahrscheinlich bereits Jahrzehnte in Umlauf gewesen. So ist er möglicherweise lange nach dem Tode des Tiberius, also nach dem Jahre 37 n. Chr., verloren worden.

Auf dem Avers der Münze mit dem Portrait des Kaisers steht als Umschrift rechts TI CAESAR DIVI und links AVG F AVGVSTVS (Tiberius Kaiser (Sohn) Gottes und Augur (hohes Priesteramt) Sohn (des) Augustus). Auf der Rückseite sitzt Livia, die Mutter des Tiberius und 2. Gattin seines Stiefvaters Augustus, und hält Speer und Ölzweig in den Händen. Auf den Abbildungen der entsprechenden Münze (RIC 30) des Künkerkatalogs sind die Details besser zu erkennen.

a)

Abb. 8a/b

a) Der Silberling der Bibel - ein ab dem Jahre 15 n. Chr. geprägter Tiberiusdenar: Auf dem Avers prangt das Haupt des Tiberius, Inschrift: TI CAESAR DIVI AVG F AVGVSTVS, auf dem Revers ist die sitzende Livia mit Ölzweig zu erkennen, Inschrift PONTIF MAXIM (Pontifex Maximus).

b)

b) Dem abgegriffenen Exemplar (a) vom Ende der Zeit des castra Vetera (70/71 n. Chr.) steht ein vorzüglich erhaltenes Exemplar aus einem Künker-Katalog gegenüber (Fritz Rudolf Künker, Osnabrück, Auktionskataloge).

Es ist reizvoll, ein wenig über die Biographie des Kaisers und erfolgreichen ehemaligen Feldherrn Tiberius zu erfahren.

Schließlich hat sein „Machtwort" im Jahre 16 n. Chr. an seinen Heerführer Germanicus, die Eroberungsfeldzüge nach Germanien einzustellen, die Entwicklung des rechtsrheinischen Germanien nachhaltig bis in unsere Gegenwart hinein beeinflußt.

Die Kurzbiographie dieses großen Heerführers stellt sich so dar:

Tiberius Julius Caesar (42 v. - 37 n.Chr.) - eigentlich Claudius Nero, nannte sich jedoch Julius Caesar, seit 38 v. Chr. Stiefsohn des Augustus, 13 und 7 v. Chr. Konsul, 12-9 v. Chr. Züge gegen die Pannonier, Dalmater, Daker, 8-7 v. Chr. Unterwerfung Germaniens bis an die Elbe, 6 v. - 2 n. Chr. Rückzug nach Zerwürfnis mit Augustus in das Privatleben auf Rhodos, nach dem Tode der Enkel des Augustus im Jahre 4 n. Chr. nach Rom zurückgekehrt, von Augustus adoptiert, führte dann erfolgreich erneut Krieg in Germanien, schlug 6-9 n. Chr. den Pannonieraufstand nieder, wurde 14 n. Chr. Kaiser, mußte sich aber laut Vermächtnis des Augustus mit seiner Mutter Livia die Macht teilen. Auf Betreiben seiner Mutter musste er sich aus Gründen der „Staatsräson" von seiner Frau Ypsania trennen und die Tochter des Augustus aus erster Ehe, Julia, heiraten.

Tiberius hat die meiste Zeit seines Lebens in Feldlagern des Heeres verbracht und war ein überaus erfolgreicher und beliebter Feldherr. Seine persönliche Tragödie war es, daß andere Menschen (Augustus und seine Mutter), aber auch die politischen Umstände den Verlauf seines Lebens praktisch fremdbestimmten.

Darüber wurde aus ihm ein düsterer, despotischer Machthaber, der viele politische Verfolgungen und Verbrechen während der zweiten Hälfte seiner Regierungszeit zu verantworten hat.

Rückzug auf die Insel Capri

Seit 26 n. Chr. zog sich der verbitterte Tiberius auf die Insel Capri zurück, wo heute noch Ruinenreste von seinen Palästen zeugen. Immerhin brachte er noch von dort die Kraft auf, seinen Stellvertreter Seianus, der ein Schreckensregiment in Rom errichtet hatte, liquidieren zu lassen. Ihn selbst ereilte ein grausamer Tod. Nachdem er nämlich auf dem Totenbett in Ohnmacht gefallen war und daraus noch einmal erwachte, befahl Caligula, der auf die Thronfolge wartende Sohn des verstorbenen Germanicus, schwere Decken über ihn zu werfen.

So starb ein zuletzt im Volke verhaßter Kaiser, der einst von seinen Legionären geliebt wurde und der, um seinen sterbenden Bruder Drusus im römischen Standlager an der Lippe noch lebend zu erreichen, einen Parforceritt von Italien aus absolvierte, wie man sich ihn für heutige Zeiten kaum vorstellen kann.

Der Verfasser möchte dem Leser diesen Ritt nicht vorenthalten (Valerius Maximus, Factorum et dictorum memorabilium liber IX, V/4/3 in Curt Woyte, Antike Quellen zur Geschichte der Germanen, R. Voigtländers Verlag, Leipzig 1916):

„So innige Liebe zu seinem Bruder Drusus hegte unser Fürst und Vater (Tiberius), daß er von Ticinum (Pavia), wohin er nach Besiegung der Feinde gekommen war, um seine Eltern zu umarmen, auf die Nachricht, daß sein Bruder in Germanien infolge einer schweren und gefährlichen Krankheit in Lebensgefahr schwebe, ohne Verzug, von Furcht und Sorge niedergeschmettert, zu ihm eilte.

Tiberius' innige Liebe zu seinem Bruder

In welch stürmischer Hast er diesen Weg gleichsam wie in einem Atemzuge zurücklegte, geht auch daraus hervor, daß er die Alpen und den Rhein überschritt und bei Tag und Nacht, indem er rasch hintereinander die Pferde wechselte, 200 Meilen (300 km) durch eben bezwungenes Barbarenland (Chattenland = Hessen) zurücklegte. Dabei begnügte er sich nur mit einem Begleiter, seinem Führer Antabagius.....

Auch Drusus, der eigentlich bei dem Verfall seiner geistigen und körperlichen Kräfte (vermutlich infolge von Wundstarrkrampf nach schweren Knochenbrüchen beim Sturz unter sein Pferd) eher an seinen Tod als an des Bruders Empfang zu denken hatte, gab gerade in der kurzen Spanne Zeit, die ihn noch vom Tode trennte, den Legionen den Befehl, seinen Bruder mit den Feldzeichen feierlichst einzuholen und ihn als Imperator zu begrüßen. Auch ließ er zu seiner Rechten für ihn das Feldherrnzelt aufschlagen."

Dieser Gewaltritt verlangte einen athletisch und sportlich gestählten jungen Mann, so wie er auch mehrfach von römischen Geschichtsschreibern beschrieben wird, andererseits zeigte er auch die Bruderliebe des von seinen Legionären hochgeachteten jungen Feldherrn Tiberius. Diesem konnte seine Vorliebe für das Trinken wenig Abbruch tun, umso mehr, als er außerordentlich trinkfest gewesen sein soll. Diese Eigenschaft hat häufig unter Soldaten als besondere „Tugend" gegolten. Erst im Alter soll ihm im negativen Sinne das Schmähwort „Biberius" (bibere = trinken) statt seines Namens Tiberius nachgesagt worden sein.

Trinkfester Feldherr

Mit den Tiberius-Münzen und Episoden aus seinem Leben verlassen wir zunächst einmal die Zeit der römischen Eroberungskriege rechts des Rheines und lassen weitere Münzfunde in castra Vetera, etwa aus der Nero-Zeit, unberücksichtigt.

Es wird nun Zeit, sich der übrigen Kleinfunde aus dem Alltag der Legionäre im Legionslager auf dem Fürstenberg zuzuwenden.

Abb. 9 a/b

Gürtelschnallen- und -beschlagteilreste von castra Vetera I

a) Schnallenfragment vom Gürtel eines römischen Legionärs

b) Riemenzunge eines Ledergürtels eines römischen Legionärs

Zunächst gibt es einige wunderschöne Beschlagstücke von dem Stolz der Legionäre, von ihrem Lederschurz (cingulum).

Der Schurz bestand aus vielen Lederriemen, die zusammen mit Dolch (pugio) und Schwert (gladius) am Gürtelriemen hingen. Häufig hing das Schwert am gesonderten Schulterriemen. Es gab Gürtelschnallen in den verschiedensten und dekorativsten Formen. Die Enden der Gürtelriemen waren meist mit bronzenen Endstücken, den Riemenzungen, beschlagen, so wie wir heute auf leinenen Gürteln lederne Riemenzungen finden.

Abb. 10
Beschlagstücke von Lederriemen vom Hängeschurz (cingulum) römischer Legionäre aus castra Vetera I/ Fürstenberg/ Xanten: Die dekorativen Endstücke hingen senkrecht an den ebenfalls senkrecht angebrachten Lederriemen und waren nur mit einem Niet im Oberteil auf dem Leder befestigt.

Die herabhängenden Lederstreifen des Cingulums hatten ebenfalls Endbeschläge aus Buntmetall (Messing oder Bronze). Im Gegensatz zu den mehrfach mit Hilfe von kleinen Pflocknieten beschlagenen und waagerecht getragenen Gürtelbeschlägen brauchte man bei den herabhängenden Cingulum-Beschlägen nur einen einzigen Niet. Um die Schwerkraft auszunutzen, befand sich der Niet ganz im oberen Teil des Beschlages.

In dem geretteten Fundinventar von castra Vetera befinden sich derartige unterschiedliche Vertikal-Beschläge. Offensichtlich gab man der Phantasie bei der indivuellen Formung der Beschläge breiten Raum.

Schwieriger wird es bei der Bestimmung vieler weiterer verschiedenartiger Kleinfunde.

Da gibt es z. B. bleierne Funde. Blei war bei den Römern sehr beliebt, weil man es im Feldzug leicht schmelzen, aber auch kalt verarbeiten konnte. Bei dem hier dargestellten bleiernen Stück handelt es sich um ein Gewichtsstück, in welche die Römer bekannterweise häufig einen Gewichtshinweis, gleichsam in Intarsienarbeit, in Bronze einlegten.

Das Gewichtsstück aus castra Vetera enthält bei nicht ganz 80 g Gewicht die Angabe II. Der Verfasser sieht hierin die Angabe: zweifaches Gewicht möglicherweise der großen römischen Unze (2x39,75g=79,5g).

Für den amphorenähnlichen, mit drei Löchern versehenen „Senkblei-Ersatz" aus Marmor ist dem Verfasser bisher ein Gegenstück nicht bekannt. Die Löcher erleichterten das Anbringen einer Schnur, um das Marmorstück als Senkgewicht bei Geländemessungen zu verwenden.

Der Charakter als Senkgewicht wird durch eine Spitze an der Unterseite des amphorenähnlichen Stücks zur Verbesserung der Zielgenauigkeit bei Lotmessungen unterstrichen.

Abb. 11a/b
Zwei „bleierne" Fundstücke aus castra Vetera I:

a) Bleiernes Gewichtsstück mit eingelegten Bronzestäbchen, die Ziffer II darstellend: Gemeint könnte sein: Zweifaches Gewicht einer großen Unze (2 x 39,75 g).

b) Ein „Senkblei" verkörperndes Marmorgewicht mit drei Öffnungen zur Anbringung eines Fadens, möglicherweise für die Durchführung von Lotmessungen

Ein bewußt gebogenes bronzenes Gerät mit robuster Spitze kann vom Verfasser nur als Pflegegerät zum Reinigen der Pferdehufe von verkrusteten Bodenbestandteilen angesprochen werden. Hier liegt offensichtlich das Oberteil eines derartigen Kratzgerätes vor, das einst auf einem jetzt vermoderten Holzgriff angebracht gewesen ist.

Abb. 12a/b
Fundstücke aus Buntmetall aus dem ehemaligen Römerlager castra Vetera I

a) Kantenbeschlagsstück mit Dekor und aufgesetztem rundlichen Nagelschaftkanal

b) Vermutlich Hufkratzer aus Messing, der sich ehemals auf einem Holzgriff befand

Der Rost täuscht Eisen vor, ist aber auf den Eisengehalt von ca. 0,5 % wie bei vergleichbaren analysierten Messingstücken mit ähnlicher Oberfläche zurückzuführen, Länge des Kratzers 6,4 cm.

Ein rechteckiges Buntmetallstück mit herrlicher Patina und Nagelschaftkanal sieht der Verfasser als Ziernagelkopf mit Profilkante, mit dem man, exakt auf hölzerne Kanten aufgesetzt, nach Einschlagung eines bronzenen Nagelschaftes eine feste Kantenverbindung herstellen konnte. Durch den verzierten Nagelkopf konnte man der Kantenvernagelung neben der hohen Festigkeit gleichzeitig ein schmuckes Aussehen verleihen.

Ein schönes Stück ist der bronzene Fingerspitzenschoner eines römischen Bogenschützen, der jedoch größer und massiver als ein moderner Fingerhut ist.

Die Spitzen der meist hölzernen Schwertscheiden wurden durch ein stabiles Metallband eingefaßt, das Ortband. Es endete meist in einem kugelförmigen Kopf, dem Ortbandkopf.

Buntmetall-Nägel in allen Formen

Schließlich sollen einige Dutzend Buntmetall-Nägel in allen Größen gezeigt werden. Die Besonderheit darunter sind Nägel, die als Kopf echte Kopfnachbildungen aufweisen, seien es Matronen- oder Trevererköpfe mit spitz auslaufender Haartracht. Hier erweist sich das Wort Nagelkopf zurecht als echter „Kopf" auf dem Nagel. Wer hat schon darüber nachgedacht, daß manche Nägel vor 2000 Jahren echte „Köpfe" trugen? Diese Nägel mit echten Köpfen sind nach Emilie Riha (Kästchen, Truhen, Tische - Möbelteile aus Augusta Raurica, Augst 2001, Tafel 3/21-23) Zierbeschläge (Aufsätze, Applike) von römischen Möbelstücken, besonders von Truhen.

Phallus- Anhänger gegen Unbill

Den Abschluss der Kleingeräte sollen die Pferde-Anhänger bilden.

Die Kalkrieser Forscher haben unter ihren Funden neben ihrer viel bewunderten Gesichtsmaske auch immer wieder einen Phallus-Pferdeanhänger gezeigt. Dieser Anhänger sollte die abergläubischen römischen Reiter gegen Unbill und Ungück schützen. Der Verfasser konnte auf einem Spanien-Urlaub im Raum Cordoba einen täuschend ähnlichen Phallusanhänger bei einem Antiqitätenhändler erwerben.

Die drei in verschiedene Richtungen zeigenden Phalli bilden zusammen mit dem Ring etwa das Bild des Posthorns der Deutschen Post. Sie waren manchmal bis zu acht Stück an den Riemen des Pferdegeschirrs eines einzigen Pferdes aufgehängt.

Der Anzahl nach waren aber am stärksten Weinblätter nachahmende Dreiblatt- und Fünfblattanhänger vertreten. Sie prangten meist am Stirnband der Pferde und sind so vielfach an Pferdereliefs abgebildet.

Ein derartiger, leicht fragmentarischer Dreiblattanhänger aus Messing liegt vom Gelände von castra Vetera I vor. Ein ähnliches Stück wurde von Annabel K. Lawson zusammen mit einer Reihe weiterer Formen im Jahrbuch des Römisch-Germanischen Zentralmuseums, 25. Jahrgang, S. 150, Mainz 1978, abgebildet. Der Dreiblattanhänger aus Vetera I

Abb. 13a/b/c/d
Fundstücke aus dem ehemaligen Römerlager castra Vetera I

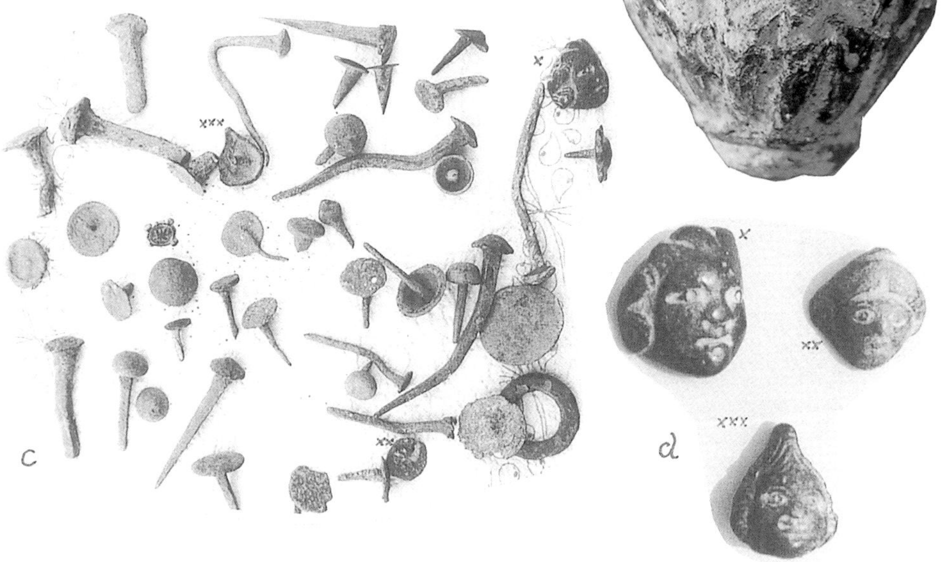

a) Fingerspitzenschoner für Bogenschützen

b) Ortbandkopf von der Schwertscheide eines römischen Schwertes, Länge 2,6 cm

c) einige Dutzend Nägel aus Buntmetall, teilweise mit echten Köpfen aus der Sammlung Werner Winkels, Essen

d) drei der Köpfe der unter c) gezeigten Nägel, die als Applike auf Möbelteilen Verwendung fanden

wurde metallurgisch von Heinz Hake, Institut für Werkstoffkunde, Universität Hannover untersucht:

80,3% Kupfer; 18,3% Zink; 1,6% Blei; 0,28% Eisen; 0,19% Zinn; 0,10% Silizium; 0,012% Nickel; 0,011% Antimon. Es ist also ein Messing-Anhänger (Kupfer/Zink-Legierung). Typisch sind die niedrigen Gehalte an Nickel und Antimon, wie sie auch ähnlich niedrig in umfang-

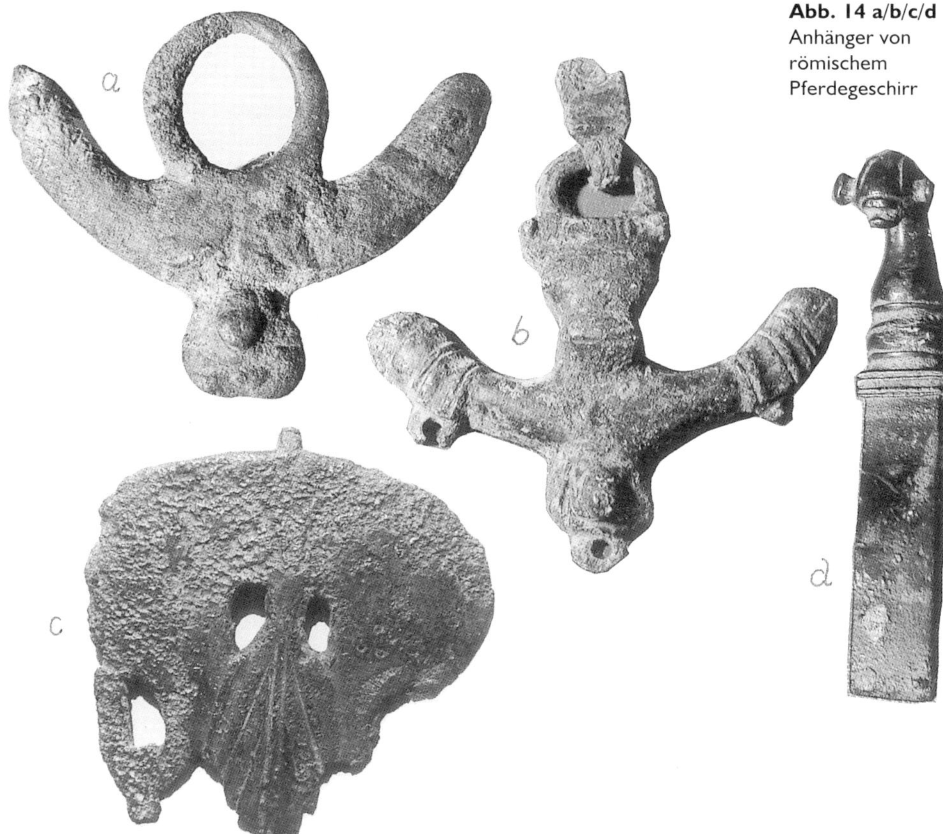

Abb. 14 a/b/c/d
Anhänger von römischem Pferdegeschirr

a) Phallusanhänger aus Cordoba/Spanien in Form des Posthorns mit drei Phalli nach rechts, links und vorn; unten Hodensack, Breite 5,6 cm

b) Phallusanhänger aus castra Vetera I mit Kopf-Darstellung unter der Befestigungsöse und drei weiteren Ösen für zusätzliche Anhänger, Sammlung W. Winkels

c) Dreiblattanhänger (castra Vetera I), war meist auf der Stirn der Pferde befestigt: rechtes „Blatt" ist abgebrochen, metallurgische Analyse im Institut für Werkstoffkunde in %: Pb 1,592, Zn 18,302, Sn 0,189, Ni 0,012, Cu 80,308, Si 0,103, Sb 0,011, Fe 0,282.
Damit zeigt das Messingstück eine für die
spätaugusteische Zeit typische Reinheit an Nickel (Ni) und Antimon (Sb) und eines Eisengehalts von ca. 0,3 - 0,6 %. Breite wie Länge 4,4 cm.

d) Best erhaltener römischer Riemenhaken aus dem Rheinufer auf der Höhe von Alt-Büderich, Sammlung W. Winkels reichen Analysen von römischen Buntmetallstücken aus Haltern von Joseph Riederer (in: Martin Müller, Die römischen Buntmetallfunde von Haltern, Philipp von Zabern, Mainz 2002) festgestellt worden sind. In ihrem Internetbeitrag „Dem Euro der Römer auf der Spur“ hat Sabine Klein, Institut für Mineralogie, Universität Frankfurt, „eine drastische Abnahme der Verunreinigungen des Kupfers am Beispiel von Antimon (Sb), Arsen (As), Nickel (Ni) und Silber (Ag)“ in römischen Kupfermünzen vom Beginn der Regierungszeit des Augustus (16 v. Chr.) bis 12 n. Chr. festgestellt.

Hier bietet sich unter Umständen die Möglichkeit, spätaugusteische Buntmetallstücke aufgrund ihrer hohen Reinheit von mittelalterlichen zu unterscheiden, wenn in Reihenversuchen die bisherigen Beobachtungen des Verfassers abgesichert werden könnten, daß die Reinheit von Buntmetallfragmenten im Mittelalter wieder abgenommen hat. Die Analyse eines frühneuzeitlichen Knaufs einer Parierstange durch Heinz Hake ergab z. B. den darin enthaltenen etwa dreißigfachen Nickelgehalt gegenüber dem des Anhängers aus castra Vetera I und dem der meisten römischen Buntmetallfundstücke aus Haltern. Hier könnte eine dankenswerte Aufgabe für einen jungen Wissenschaftler darin liegen, derartige vergleichende Reihenanalysen augusteischer und mittelalterlicher Buntmetall-Fundstücke durchzuführen.

Ein Phallusanhänger vom Gelände castra Vetera I hat eigene Ösen als zusätzliche Anhängevorrichtungen weiterer kombinierter Anhänger. Dieser Phallusanhänger enthält noch in seiner Hauptanhängevorrichtung seltene Reste der Aufhängung.

Statistik für römische Klassifizierung von Fingerhüten

Interessant ist es, den Versuch zu unternehmen, statistische Überlegungen einzusetzen, um Fundstücke möglicherweise als römisch klassifizieren zu können. Ein derartiger Versuch ist um so wichtiger, als in der Vergangenheit u. U. in großer Zahl auf römischen Fundplätzen auftauchende, nach Meinung des Verfassers echte römische Fundstücke, als mittelalterlich angesehen und nicht entsprechend aufbewahrt und registriert worden sind. Infolgedessen fehlen derartige Fundstücke in den römischen Abbildungskatalogen, obwohl sie in großer Zahl auf römischen Fundplätzen auftraten.

Als Paradebeispiel für den Versuch dieser statistischen Klassifikation römischer Fundstücke bieten sich die Fingerhüte aus Buntmetall an, die in großen Mengen im Gelände des ehemaligen Römerlagers castra Vetera I, aber auch auf anderen römischen Fundplätzen gefunden worden sind. Paul Steiner bildet in seinem Buch (Kataloge West- und Süddeutscher Altertumssammlungen, I. Xanten, Abb17/89) einen entsprechenden Fingerhut aus Buntmetall ab und schreibt: „Fingerhut, in einem Garten vor dem Marstor gefunden (ob römisch?)“

Abb. 15a/b/c/d
Fingerhüte aus dem
Gelände von
castra Vetera I

a) Zwei geschlossene und zwei offene Fingerhüte aus Buntmetall
b/c Ein bleierner Fingerhut mit Inschrift auf Mittelband mit lateinischen Buchstaben

d) Eine Auswahl an Fingerhüten aus dem Gelände castra Vetera I, die aus statistischen Gründen ihre Herkunft aus der römischen Lagerzeit haben könnten (Sammlung W. Winkels)

Das Gelände von castra Vetera I auf dem Fürstenberg bei Xanten umfaßt eine Fläche von etwa 60 ha Größe, auf der sich in verschiedenen Bauphasen von 12 v. - 70 n. Chr. ständig römische Standlager mit Holz- und später Steinbauten befunden haben. Die Lager sind dabei bis zum Ende der Feldzüge in das rechtsrheinische Germanien (16 n. Chr.) stets nur als Winterlager, danach dauernd als Standlager von 1-2 Legionen benutzt worden. Nach der Varusschlacht waren dort über viele Jahre hinweg die beiden Legionen V und XXI gemeinsam stationiert.

82 Jahre römische Garnison in Vetera I

Um statistische Überschlagsrechnungen zu ermöglichen, wird eine durchschnittliche Belegung von Vetera I mit 1,5 Legionen mit insgesamt 7500 Legionären über den Zeitraum von 82 Jahren angenommen. Während der Winterlagerzeit von 12 v. bis16 n. Chr. werden weiterhin ca. 100 Wintertage Belegung mit je 16 aktiven Aufenthaltsstunden (8 Stunden Nachtruhe) der Legionäre vorausgesetzt. Damit errechnen sich 336 Millionen aktive Personenaufenthaltsstunden (7500 Legionäre x 100 Wintertage x 28 Jahre x 16 aktive Tagesstunden), in denen Ausrüstungsgegenstände verloren gehen konnten.

Für die Zeit ab 17 n. bis 70 n. Chr., dem Jahr der Zerstörung des Lagers während der Civilis-Aufstände, also während der Dauer von 54 Jahren, war das Lagergelände ganzjährig besetzt. Während dieser Zeit wurden tagsüber natürlich vielfach außerhalb des Lagers Baumaßnahmen durchgeführt (Straßen-, Städte-, Hafen-, Brücken-, Wasserleitungsbau). Zum täglichen Training gehörte die Errichtung von Übungslagern. Ziegeleien und Töpfereien wurden betrieben, Ackerbau auf lagereigenem Gelände durchgeführt.

Dennoch dürfte im Jahresdurchschnitt eine weitaus höhere Aufenthaltsdauer je Legionär im Lager als zur Feldzugszeit zu verzeichnen gewesen sein. Geht man von einem durchschnittlich nicht höheren Außenaufenthalt der Legionäre als 10 Stunden aus, so müßten nach Abzug der Nachtruhe für den aktiven Aufenthalt in castra Vetera I noch sechs aktive Personenaufenthaltsstunden täglich je Legionär vorausgesetzt werden können. Damit würden sich unter diesen Voraussetzungen und Annahmen 886 950 000 aktive Personenaufenthaltsstunden errechnen (7500 Legionäre x 54 Jahre x 365 Tage x 6 Stunden).

Addiert man die aktiven Personenaufenthaltsstunden der Winterlagerzeit und die der Standlagerzeit, so ergibt sich als Gesamtsumme die Zahl von 1 222 950 000 aktiven römischen Personenaufenthaltsstunden innerhalb der 82 Jahre Benutzungsdauer, in denen Münzen, Bekleidungs- und Ausrüstungsgegenstände in den Boden des Lagers gelangen konnten.

Nach der Zerstörung von Vetera I wurde das neue Lager Vetera II an anderer Stelle in der Rheinebene aufgebaut. Das Gelände von Vetera I wurde im Mittelalter bis in die Neuzeit nicht überbaut. Eine mittelalterliche Klosteranlage wurde ca. 200 m entfernt vom Lagergelände errichtet.

Bis zum Ende der römischen Provinzherrschaft, die hier mit etwa 400 n. Chr. angenommen werden soll, ist sicher noch manches römische Stück in den Boden des Geländes von castra Vetera I geraten. Hier ist eine statistische Erfassung der Aufenthaltstunden römischer Menschen schwer möglich. Dieser Zeitraum wird deshalb unberücksichtigt gelassen.

Nach 400 n. Chr. mit Beginn der frühmittelalterlichen Nutzung des Geländes wird Ackernutzung bis zum heutigen Zeitpunkt angenommen.

Geht man für das frühe Mittelalter von der Zuordnung der Lagerfläche zu landwirtschaftlichen Betrieben im Raume Birten aus, von wo diese 60 ha Acker an maximal 100 Sommertagen bestellt und abgeerntet wurden, so müssen weitere Voraussetzungen für die Zahl der Arbeitskräfte für den Einsatz gemacht werden. Geht man für eine mittelalterliche Vollbauernstelle von 12 ha Größe von einem Arbeitskräftebesatz mit fünf Familienangehörigen aus, die jeweils 10 Stunden an den angeführten 100 Tagen auf dem Acker arbeiteten, so ergeben sich jährlich 25000 Personenaufenthaltsstunden auf dem Lagergelände von castra Vetera I (5 Personen x 5 Höfe x 100 Tage x 10 Stunden).

Heute würden natürlich mit modernen Maschinen ausgerüstete zwei Arbeitskräfte diese Fläche in weniger als 30 Tagen bewirtschaften.

1600 Jahre Ackerbau in Mittelalter und Neuzeit im Gelände Vetera I

Dennoch soll dieser sicher zu hoch angenommene mittelalterliche Arbeitsaufwand über die ganze Periode von 400 n. Chr. bis heute zugrunde gelegt werden. In dieser Zeit wären dann maximal 1600 Jahre x 25 000 Stunden = insgesamt 40 Millionen aktive Personenaufenthaltsstunden auf dem römischen Lagergelände von castra Vetera I von Ackerbau betreibenden Personen zu verzeichnen gewesen. Dagegen hätten dann die Römer in nur 82 Jahren ca. 30 mal so viele aktive Personenaufenthaltsstunden als die Bauern und deren Arbeitskräfte auf dem Lagergelände verbracht. Damit wären dann auch die Möglichkeiten bei den römischen Legionären, Münzen und Bedarfsgüterteile zu verlieren, wenigstens 20 - 30 mal höher gewesen als bei den Ackerbau betreibenden Menschen nach der Römerzeit. Selbst wenn diese Zahlen noch hier und da verändert werden könnten, hat der Verfasser keinen Zweifel an der höheren Aufenthaltsdauer der Römer als an der der mittelalterlichen und neuzeitlichen Ackerbauern.

Konkret ausgedrückt:

Von den Fingerhüten aus Buntmetall aus dem Lagergelände von castra Vetera I stammen nach obiger Berechnung möglicherweise ca. 20 - 30 mal soviel Fingerhüte aus römischer als aus mittelalterlicher bis neuzeitlicher Herkunft.

Auch diese letzte Zuordnung ist noch zu günstig für die Ackerbauern angesetzt, die wohl kaum zum Ackern Fingerhüte mit auf das Feld genommen haben dürften. Dagegen ist vorstellbar, daß die römischen Legionäre bei ihren täglichen Reparaturarbeiten an den Textilien, Wagenplanen und der Lederausrüstung immer wieder Nadeln und Fingerhüte benutzen mußten.

Auch im Teutoburger Wald sind auf den römischen Fundplätzen Fingerhüte geborgen worden.

Die Statistik führt zu der Erkenntnis, daß die Fingerhüte von castra Vetera wahrscheinlich auf die römische Besatzung zurückzuführen sind. Es ist vermutlich ungerechtfertigt, daß die amtliche Archäologie derartige Fingerhutfunde nicht berücksichtigt hat.

Die gleiche statistische Überprüfung ließe sich für Schnallenrahmen anführen, von denen eine Vielzahl auf dem Gelände von Vetera I, aber auch im Teutoburger Wald gefunden wurde. Verbreitete Auffassung ist es, diese Schnallenrahmen seien „mittelalterliche bis neuzeitliche Schuh- oder sogar Hutschnallen". Offensichtlich jedoch hatten nach o. a. Statistik die Römer bereits diese Schnallenrahmen für die Privatkleidung in großer Zahl in Gebrauch. Es sollte nämlich hier bedacht werden, daß die römischen Soldaten die überwiegend längste Zeit in ihrem Lagerleben bequeme Zivilkleidung trugen, während die bisher in den Katalogen römischer Fundstücke berücksichtigten Schnallen weitgehend zur militärischen Rüstung gehörten.

Sind römische Schnallen als „mittelalterlich" aussortiert worden ?

Die Schnallen rundweg nur als mittelalterlich/neuzeitlich zu erklären, dürfte falsch sein. Offensichtlich sind aus dieser Einschätzung heraus auch derartige Fundstücke aus der Halde von Vindonissa wie in vielen anderen römischen Lagern als nichtrömisch heraussortiert worden. Diese nicht begründete mittelalterliche Klassifikation früherer Jahre bedürfte heute einer wissenschaftlichen Überprüfung.

Ähnliche Überlegungen sollten auch für die meist als frühneuzeitlich bezeichneten „Knöpfe" aus Buntmetall gelten, die der Verfasser bisher auf allen ihm bekannten römischen Fundplätzen mit starker, typisch antiker Patina angetroffen hat. Wo sind diese vermutlich tatsächlich antiken „Beschläge" in den römischen Fundkatalogen, so wie sie Jürgen Oldenstein (Zur Ausrüstung römischer Auxiliareinheiten, Philipp von Zabern, Mainz 1976, Tafel 51, Abb. 591-596) als einziger benennt und abbildet?

Es fehlt hier eine saubere Altersdatierung, die technologisch leider heute noch nicht möglich ist. Von castra Vetera aus lippeaufwärts möchte der Verfasser nunmehr alte und neue Römerlager und -straßen vorstellen, die, in einer Ganzheitsschau betrachtet, dann zu der Vorstellung des römischen Verbundsystems aus einer Lagerkette, Landwehren und Straßen, zur Vorstellung von der „Lippe-Linie“ führen. In den späteren Kapiteln dieses Buches kommen dann die neuen Erkenntnisse über offensichtlich in den Jahren 11 v. bis 9 n. Chr. aufgebaute römische Verbundsysteme zwischen den vermutlichen Standlagern im Weserbergland und dem zweiten römischen Aufmarschlager in Mainz hinzu.

Das Caesarlager und die Meuterei

So beeindruckend die archäologischen Grabungen und die Leistungen vieler ehrenamtlicher und hauptamtlicher Forscher in der Darstellung und Bewahrung der Reste römischer Anlagen in Xanten gewesen sind, so erfolgreich und wichtig waren die Untersuchungen eines preußischen Hauptmannes von 1867-1870 für das gesamte Lippegebiet.

Es war Ludwig Hölzermann, dessen Verdienste bei der Erforschung des von castra Vetera ausgehenden römischen Straßen- und Lagersystems an der Lippe bisher nur ungenügend gewürdigt worden sind. Hätte man auf dessen Erkenntnissen aufgebaut, wäre man in der Erforschung der „Lippe-Linie der Römer" schon sehr viel weiter.

Der Verfasser befaßt sich in den folgenden Kapiteln mit den Erkenntnissen Hölzermanns und weist die Richtigkeit seiner Aussagen in vielen Fällen nach.

Er sieht es auch als seine Pflicht an, den Lebenslauf dieses großen Forschers, der leider allzu früh sterben mußte, darzustellen:

Ludwig Hölzermann war der Sohn eines Offiziers des Lippischen Bataillons, des nachmaligen Salinenrendanten Hölzermann, und als dessen dritter Sohn zu Salzuflen am 20. August 1830 geboren. Als sein Vater im Jahre 1843 zum Amtsrentmeister in Detmold ernannt wurde, siedelte er mit demselben nach Detmold über und besuchte das dortige Gymnasium. Danach entschloß er sich zur militärischen Laufbahn und wurde, nachdem er den „Cursus" auf der Divisionsschule in Münster absolviert hatte, im Jahre 1851 zum Secondelieutenant im Lippischen Bataillon ernannt.

Später erwarb er sich wesentliche Verdienste um die Aufstellung einer im Detmolder naturwissenschaftlichen Museum befindlichen Münzsammlung.

Hauptmann Hölzermann zur Forschung vom Militärdienst beurlaubt

Als im Jahre 1867 in Folge der Militärconvention mit Preußen das Lippische Bataillon der Preußischen Armee einverleibt wurde, trat auch Hölzermann, schon vorher zum Hauptmann ernannt, mit über und wurde als „Compagniechef" dem 50. Infanterie-Regiment in Posen zugeteilt. Hier setzte er seine früheren Forschungen über die Kriegszüge der Römer und Franken im nordwestlichen Deutschland fort und erhielt Ende der sechziger Jahre, zu diesem Zwecke auf „höhere Verwendung beurlaubt", wiederholt Gelegenheit, an Ort und Stelle durch sorgfältige Untersuchung der Spuren der römischen Militärstraßen und Standlager an beiden Ufern der Lippe etc. seinen Forschungen eine feste Grundlage zu geben.

Leider setzte der Ausbruch des Krieges gegen Frankreich allen Plänen des unermüdlichen Forschers unerwartet ein zu frühes Ende. Er zog mit seinem Regiment in den Kampf, und schon in der Schlacht bei Wörth am 6. August 1870 traf ihn an der Spitze seiner Kompagnie eine feindliche Kugel in die Brust. Vier Tage später erlag er der tödlichen Wunde im Lazarett zu Sulz.

So beschreibt Otto Preuß in dem 1878 vom Verein für Geschichte und Altertumskunde Westfalens posthum in Münster herausgegebenen Werk „Lokaluntersuchungen - die Kriege der Römer und Franken betreffend..." den allzu kurzen Lebenslauf dieses genialen Forschers.

Nicht nur die auf der Basis hervorragender topographischer Analysen angefertigten Lithographien von Landwehren, frühgeschichtlichen und mittelalterlichen Burgen, „Wällen aus der Urzeit" und „Römerlagern" sind ungehobene Schätze für die heutige Forschung, sondern auch besonders seine strategisch-logistischen Betrachtungen über die römischen Kriegszüge sind für den heutigen Forscher unverzichtbar.

Wäre er nicht im Alter von 40 Jahren gefallen, so hätte er sicherlich die Römerforschung an der Lippe noch weiter vorangebracht.

Seine „Uebersichts-Karte der Römischen und Germanischen Straßen und Lager an der Lippe" (Abb. 2) wird in den folgenden Kapiteln noch oft Grundlage von Untersuchungen und Auswertungen des Verfassers sein.

Römische Straßen und Lager auf Hölzermanns „Uebersichtskarte"

Schnell läßt sich auf dieser Übersichtskarte erkennen, daß Hölzermann nördlich wie südlich der Lippe germanische, aber auch römische Straßen eingezeichnet hat, an denen er neben germanischen Anlagen eine ganze Anzahl von römischen Lagern und Brückenköpfen vorstellt.

Einige dieser wichtigen Aufzeichnungen über römische Straßen und Lager sind von dem Verfasser nachgeprüft worden. Eine günstige Entwicklung nahmen diese Nachprüfungen durch das Studium der russischen Satellitenaufnahmen auf den CD-ROM-Scheiben der Fa. TOP WARE, Art. Nr. 641. Es konnte z. B. der Verlauf der Römerstraße Hölzermanns zwischen Dolberg/Hamm und Liesborn an mehreren Stellen auf diesen Aufnahmen in Form von meist hellen Bändern (Verfestigungen des Bodens) bestätigt werden.

Von castra Vetera aus, lippeaufwärts gesehen, fällt zunächst das „Caesarlager" südlich der Lippe auf. Über dieses Lager schreibt schon vor Hölzermann der Forscher Friedrich Carl Ferdinand Freiherr von Müffling, genannt Carl von Weiss (Die Römerstraßen am rechten Ufer des Nieder-Rheins, Berlin/Posen 1834):

„Dieses Lager war noch bis vor wenigen Jahren in seinem Umfang und seinen Formen erkenntlich und gehört zu den von den Quellen-Schriftstellern erwähnten Sommerlagern, welche vor und nach der Hermannschlacht durch Tiberius in der Zeit der Defensive bezogen wurden."

Auf der Karte des französischen Hauptmanns Le Coq, Blatt 15 von 1805, lassen sich für das Gebiet östlich von Gahlen Strukturen erkennen, die auf ehemalige Römerlager zurückgeführt werden könnten. Möglicherweise sind es teilweise die Umrandungen, die Freiherr von Müffling in der gleichen Zeit sah.

Recherchiert ein „Geländekundiger“ mit „Erfahrung im Erkennen von Resten ehemaliger römischer Lager“, so ist es nicht schwer, an der von Hölzermann eingezeichneten Stelle südlich der Lippe, westlich von Dorsten und östlich des Dorfes Gahlen wenn auch bescheidene, aber doch noch deutliche Reste eines riesigen römischen Lagers auszumachen. Es scheint ein römisches Vierlegionenlager gewesen zu sein.

Das „Caesarlager“ geht nach von Müffling auf die Zeit nach der Varusschlacht unter „Caesar Tiberius“ bzw. „Caesar Germanicus“ zurück. Könnte für den Namen Caesarlager ein Quellenhinweis beim römischen Historiker Tacitus in dem I. Buch seiner Annalen zutreffen?

Das Sommerlager der Römer bei den Ubiern

Im 31. Kapitel verweist Tacitus nämlich darauf, daß das „untere Heer“ des auch noch das „obere Heer“ umfassenden Gesamtheeres des Germanicus unter dem Befehl von Aulus Caecina im Todesjahr des Augustus (14 n. Chr.) „im Sommerlager im Gebiet der Ubier lag“.

Dort im Sommerlager entwickelte sich nun nach dem Aufstand der pannonischen Legionen (VIII, IX, XV) im Gefolge des Todes von Augustus ein noch größerer und heftigerer Aufstand, über dessen Darstellung durch Tacitus in diesem Kapitel noch berichtet werden soll.

Zum Schluß dieser Schilderung erwähnt Tacitus, daß Caecina die I. und XX. Legion aus dem Sommerlager in die Hauptstadt der Ubier (Köln) in das Winterlager führte. Als Winterlager der V. und XXI. Legion wird von Tacitus (Ann. I/45) das 60 Meilen von der Ubierhauptstadt entfernte castra Vetera angegeben.

Konnte das genannte Sommerlager dieser Legionen im Land der Ubier das Caesarlager bei Gahlen/Dorsten sein? Zur Klärung dieser Frage sollten Untersuchungen über das Wohngebiet der Ubier erfolgen.

Der ursprünglich rechtsrheinisch siedelnde Stamm hatte sich bereits 55 v. Chr. bei Caesars erstem Brückenbau über den Rhein als überaus römerfreundlich erwiesen. Dadurch baute sich natürlich eine große Feindschaft zu den römerfeindlichen Stämmen wie den Sugambrern und zu den die Römer unter Ariovist bedrängenden Sueben auf. Um die befreundeten Ubier zu retten, siedelte sie Marcus Vipsanius Agrippa unter römischem Schutz auf die linke Rheinseite um. Dort errichteten sie auf dem Boden Kölns ihre Hauptstadt. Ihre rechtsrheinischen Gaue fielen an die Sugambrer.

Damit kann das Sommerlager der römischen Niederrheinarmee im Jahre 14 n. Chr. im Land der Ubier nicht rechtsrheinisch, sondern nur linksrheinisch gelegen haben. Offensichtlich warteten viele Baumaßnahmen im linksrheinischen Hinterland der Ubier auf die vielen tausend Hände der Legionäre. Z. B. könnte man hier den Gesteins- und Tonabbau für Ziegeleibetriebe nennen. Daß die römischen Legionäre den Ziegeleibetrieb unterhielten, ist sowohl literarisch als auch archäologisch bewiesen. Außerdem mußten Straßen und Wasserleitungen, z. B. die Eifelwasserleitung nach Köln, gebaut werden. Weiterhin war es offensichtlich für die Disziplin der täglich exerzierenden und Übungslager errichtenden Truppe wichtig, in ein Sommerlager zu ziehen.

Obwohl somit das Caesarlager von Gahlen/Dorsten als Standlager der Germanicusarmee im Sommer 14 n. Chr. ausscheidet, besteht vermutlich dennoch ein innerer Zusammenhang.

Der dramatische Aufstand der römischen Niederrhein-Legionäre

Ausgangspunkt ist dabei der Aufstand dieser niederheinischen Legionen nach dem Tode des Augustus im August des Jahres 14 n. Chr. Die Dramatik dieser Empörung der Legionäre geht aus der Niederschrift des Tacitus hervor (Annalen I/31 ff., in Wilhelm Goldmann Verlag, München, auch in Curt Woyte, Antike Quellen ....):

„Dieses untere Heer verfiel in eine rasende Wut, die bei der einundzwanzigsten und fünften Legion begann und auch die erste und zwanzigste mit sich riß. Sie lagen nämlich im Sommerlager im Gebiet der Ubier und hatten keinen oder nur leichten Dienst.

Auf die Kunde vom Tod des Augustus beginnt die stadtrömische Masse (der frisch ausgehobenen Legionäre), die an Zügellosigkeit gewöhnt war und Strapazen nicht ertragen konnte, auf ihre unerfahrenen Kameraden einzureden:

Gekommen sei die Zeit, wo die Veteranen rechtzeitige Entlassung, die jungen Krieger höheren Sold, alle zusammen Milderung ihrer Mühsale fordern und für die Grausamkeit der Hauptleute Rache nehmen könnten.....

Legionäre erstechen ihre Centurionen

Auch der Legat (Caecina) schritt nicht ein; der Wahnsinn von immer mehr Leuten hatte ihn um seine Fassung gebracht. Ganz von Sinnen stürzen sie sich plötzlich mit gezückten Schwertern auf die Centurionen, die von jeher des Soldatenhasses Zielscheibe und seines wütenden Ausbruches waren. Sie schlagen sie zu Boden.... Dann werfen sie die Körper zerfetzt und zerfleischt, zum Teil schon entseelt vor den Wall...

Nicht vereinzelt und nicht auf Eingebung weniger, sondern gemeinsam flammten sie auf......

Sowie er (der herbeigeeilte Germanicus) aber die Meuterei berührte und fragte, wo der Soldatengehorsam, wo der Ruhm der alten Manneszucht geblieben sei, wohin sie denn die Tribunen, die Centurionen vertrieben hätten, da entblößten sie alle zusammen ihre Körper und halten ihm die Narben, ihre Wunden und die Striemen der Geißelhiebe vor. Dann beschweren sie sich mit verworrenen Rufen über die hohen Preise der Dienstablösung, über den kärglichen Sold und über die Härte der Arbeiten.... Es gab auch einige, die die Auszahlung der vom verewigten Augustus ausgesetzten Legate forderten.....

Die Soldaten merkten wohl, daß diese Zugeständnisse (von Germanicus und den Legionsbefehlshabern) nur für den Augenblick erfunden waren, und verlangten daher sofortige Durchführung. Die Entlassung (der 20 Jahre dienenden Legionäre) wird durch die Tribunen schleunigst vorgenommen, die Schenkungen verschob man, bis jede Legion im Winterquartier lag.

Die Leute der fünften und der einundzwanzigsten Legion wollten nicht eher abziehen, bis ihnen noch im Sommerlager das Geld ausbezahlt sei; es wurde aus der Feldkasse der Freunde des Caesar (Germanicus) und dessen eigener Kasse zusammengeschossen...."

Die Wut der Legionäre auf den toten Augustus

Die Tacitusworte lassen die Wucht dieser Meuterei, den Zorn der Soldaten ahnen, der sich in den vielen harten Jahren der Feldzüge in Germanien aufgestaut hatte. Die Wut entlud sich nicht nur im Morden an den unterdrückenden Centurionen, sondern auch an Augustus, der ihnen diese harten, ungerechten Jahre bei kärglichem Sold auferlegt hatte.

Augustus lebte nicht mehr. Aber auf vielen Bronzemünzen, die die Legionäre in ihren Taschen hatten, prangte das verhaßte Portrait. Was lag näher, als dieses Portrait mit Dolchhieben zu mißhandeln, um wenigstens einen Teil ihrer Wut abzureagieren.

Auf Hunderten an Bronzemünzen, die in Kalkriese aber auch in castra Vetera gefunden wurden, befinden sich diese Dolcheinhiebe. Peter Kehne (Zur Datierung von Fundmünzen aus Kalkriese ....., in: Rainer Wiegels: Die Fundmünzen von Kalkriese..., Bibliophilis, Möhnesee 2000) fragt, ob angesichts dieser massenhaft auf den Kalkrieser Fundmünzen auftretenden Dolcheinhiebe nicht von einer „kollektiven Gefühlsentladung" gesprochen werden kann. Gerade diese gemeinsamen Zornausbrüche waren ja im Tacitustext genannt worden. P. Kehne unterstellt damit, daß die Dolch- und Messereinhiebe damit aus dem Aufstand des Jahres 14 n. Chr. stammen könnten und damit Kalkriese als Ort der Varusschlacht widerlegt sei.

Dolcheinhiebe auf Augustusmünzen

Diese Einhiebe kommen nicht auf den Fundmünzen aus dem Römerlager von Anreppen vor, das spätestens nach der Varusschlacht nicht wieder besetzt wurde (vgl. Kapitel Römerlager Anreppen) und damit zur Zeit der Empörung der Legionäre im Jahre 14 n. Chr. nicht mehr bestand. Damit gibt es zunächst einmal ein erstes wichtiges Indiz dafür, daß die Einhiebe tatsächlich aus einem Vorfall aus der Zeit nach der Varusschlacht stammen könnten.

Abb. 16a/b/c/d
Münzen mit Verletzungen

a) Bronzemünze aus dem ehemaligen Römerlager castra Vetera mit absichtlich vorgenommener Verletzung des Hauptes des Augustus:
Die Form der Verletzung lässt auf ein Messer mit stumpfer Spitze und einseitiger Schneide schließen, Sammlung R. Bökemeier.

b) Zwei Gaius-Lucius-Denare aus Kalkriese (Fundmeldung durch Wilhelm Dräger, Hannover, vorgenommen) enthalten als große Seltenheit auf Denaren jeweils einen ähnlichen Messer- bzw. Dolcheinhieb am Hals bzw. an hinterer Wange, ähnlich wie bei Bronzemünze unter a), Sammlung W. Winkels.

c) Avers eines Quinars mit drapierter Viktoriabüste,(Wert = $^{3}/_{4}$ eines Denars) aus castra Vetera I mit Doppelschramme, vermutlich mechanische Verletzung

d) Revers des gleichen Quinars mit Pegasus-Darstellung, Crawf. 341/3, 90 v. Chr. Rom, Q. Titius, Sammlung R. Bökemeier

Es wird noch weiterer Untersuchungen der Münzspektren vieler Fundplätze bedürfen, um einen tatsächlichen Zusammenhang der Dolcheinhiebe auf den Augustusbildnissen der Münzen vom Niederrhein mit der Meuterei im Jahre 14 n. Chr. im Sommerlager im Land der Ubier nachzuweisen.

Setzt man diese zeitliche Zuordnung der offensichtlich absichtlich vorgenommenen Verletzungen auf den vielen Augustus-Kupfer- und Bronzemünzen der Funde von Kalkriese voraus, muss die Schlacht in Kalkriese nach dem Jahre 14 n. Chr. stattgefunden haben.

Es kann dann, diesen Umständen entsprechend, nur die Schlacht des Caecina mit den vier oben genannten niederrheinischen Legionen im Jahre 15 n. Chr. gewesen sein.

Sie wurde landschaftsgenau von Tacitus für das Gelände von Kalkriese beschrieben (Ann. I/63-68, vgl. auch Buch des Verfassers: Die Varusschlacht, Tübingen 2000).

Germanicus dämmt den Aufstand ein.

Germanicus gelang es, unter Aufbietung aller Kräfte und finanzieller Mittel, den Aufstand einzudämmen. Vor allem aber konnte er die Emotionen der Legionäre in Kampfeslust gegen den Feind umwandeln. Zu diesem Zweck rief er zum Feldzug gegen die südlich der Lippe wohnenden Marser auf, die schließlich viele ihrer Kameraden in der Varusschlacht getötet hätten.

Da offensichtlich nach der Varusschlacht die bisherige Brücke über den Rhein abgebaut worden war, um den siegreichen Germanen den Übergang über den Rhein zu erschweren, mußte eine neue Brücke errichtet werden.

Den Brückenbau über den Rhein im Spätsommer des Jahres 14 n. Chr. durch Germanicus erwähnt Tacitus im Zusammenhang mit dem nach Eindämmen der Revolte noch im gleichen Jahr von Xanten aus in das Marsergebiet vorgenommenen Vernichtungsfeldzug (Annalen I/49-50):

„Die Truppen waren noch in drohender Erregung. Da erwachte plötzlich in ihnen das Verlangen, gegen den Feind zu ziehen und so ihre Greueltaten (an den Centurionen) zu sühnen....

Germanicus gab der Kampfeslust seiner Truppen nach, ließ eine Brücke schlagen und setzte 12000 Legionssoldaten sowie 26 Kohorten Bundesgenossen und 8 Reitergeschwader, die sich bei der Meuterei keinen Verstoß gegen die Disziplin hatten zuschulden kommen lassen, über den Rhein.....

Dann jedoch überquerte das Römische Heer den Cäsischen Wald (südlich der Ruhr).... Man erreichte und umstellte die Dörfer der Marser (im Gebiet von Nieder- und Obermarsberg, Volkmarsen im nördlichen Hessen).“

Aufgrund dieser Ortsangaben und Wegebeschreibung muss die Rheinbrücke allein aus strategischen Erwägungen heraus von Germanicus südlich der Einmündung der Lippe über den Rhein errichtet worden sein.

Über den genauen Ort der Rheinbrücke besteht noch keine völlige Klarheit. Auch gab es unterschiedliche Auffassungen darüber, wo zur Römerzeit die Lippe in den Rhein mündete.

Zunächst hatte H. von Petrikovits versucht, die Flußbetten des Rheins über den Verlauf von 2000 Jahren in einer Gesamtkarte des römischen Geländes von Xanten darzustellen (in Heinz Günter Horn, Die Römer in Nordrhein-Westfalen, Theiss Verlag, Stuttgart 1987, S. 619).

Detlef von Detten (in J.-S. Kühlborn, Germaniam Pacavi, Münster 1995) verändert die Rheinverläufe nach H. von Petrikovits aufgrund neuerer Forschungsergebnisse erheblich. Während von Petrikovits die Lippeeinmündung zur Römerzeit weit nordwestlich von Wesel sah, beläßt von Detten die Lippemündung an ihrem heutigen Ort. Nördlich von castra Vetera und damit weit unterhalb der Lippeeinmündung sieht von Detten den besten Ort für die erste römische Rheinbrücke bei Xanten (bis zur Varusschlacht):

„Der Streckenabschnitt zwischen Flürener Bogen und westlichem Rheinknie bot zur römischen Zeit am ehesten die Möglichkeit für einen Rheinübergang.....

Die erste Römerbrücke über den Rhein bei Bislich

Es mag daher auch kein Zufall sein, dass gerade wenig nördlich von diesem Streckenabschnitt des relativ ruhig dahinströmenden Flusses auf dem Westsporn (östlich vom Rhein) der Niederterrasse drei römische Übungslager angelegt waren....."

Diese Auffassung von Dettens wird durch eine Vielzahl von römischen Funden am wahrscheinlichen Standort der Brücke in Nähe der alten Fähre Xanten nach Bislich hinüber bestätigt. Dieser Standort wird durch eine historische Quelle verifiziert.

Cassius Dio berichtet (54/33):

„Gleich zu Beginn des Frühjahres (11 v. Chr.) zog Drusus ins Feld (von castra Vetera aus), setzte über den Rhein und bezwang die Usipeten (am Niederrhein nordwestlich von Wesel). Dann schlug er über die Lippe eine Brücke (von Norden nach Süden), fiel ins Land der Sugambrer ein...."

Damit dürfte es klar sein, dass die Drususbrücke über den Rhein sich nördlich der Lippemündung, also bei Bislich befunden haben muß. Vermutlich wurde sie nach der Varusschlacht abgebaut.

Jetzt aber, 25 Jahre nach dem ersten Brückenbau, mußte unter seinem Sohn Germanicus eine neue Brücke in das südlich der Lippe liegende Land der Marser errichtet werden. Nach den vielen Funden auf der

Verbindungsachse castra Vetera - Alt-Büderich muß man an diesem Ort die Rheinbrücke des Germanicus (und damit südlich von der Lippeeinmündung) suchen.

Damit bekommt das Caesarlager von Gahlen/Dorsten möglicherweise seine Bedeutung als wichtiges Etappenlager der Germanicus-Armee im Spätsommer des Jahres 14 n. Chr. beim Aufmarsch gegen die Marser.

Vom Caesarlager an der Lippe aus konnten die römischen Legionäre der Germanicusarmee vermutlich auf der anderen Flußseite im Gelände des heutigen Ortes Holsterhausen die verfallenden Reste der früheren Marschlager ihrer Kameraden unter Drusus, Tiberius, Lucius Domitius Ahenobarbus und Varus sehen.

Das Marschlager von Holsterhausen

Der eine oder andere Centurio mochte sich möglicherweise noch an die damalige Zeit (11-9 v. Chr.) unter Drusus erinnern, als man mit Schwung und Siegesvertrauen daran ging, ganz Germanien zu erobern. Die Marschlager von Holsterhausen hatten zu der 2. Station der nördlichen Lippe-Lagerstandorte nach dem Abmarsch aus der Basisstation castra Vetera gehört, weil sie sich, ca. 30 km vom Basislager Vetera I westlich des Rheines entfernt, lokalisieren.

Bei ihren Aufmärschen die Lippe aufwärts haben die Römer immer wieder die gleichen Lagerstandorte im Abstand eines Tagesmarsches der Legionen von etwa 12- 13 Meilen (18 -20 km) benutzt.

Diese Aussage wird durch die Grabungsergebnisse des Provinzialrömischen Referats des Westfälischen Museums für Archäologie im Jahre 2000 bekräftigt.

In Holsterhausen, in dem bis dahin nur ein großes Marschlager bekannt war, wurden im Baugebiet Koldenfeld und beim Kreskenhof durch Grabungen die Reste von mindestens 4 weiteren Marschlagern entdeckt (Neujahrsgruß, Münster 2001), deren Zahl sich bis heute noch weiter erhöht hat.

In diesem Neujahrsgruß heißt es auf S. 96:

„Das bislang bekannte Marschlager und das neue von Koldenfeld sind den Münzfunden zufolge in der Ära des Hauptlagers von Haltern genutzt worden. Diese Zeit setzt man allgemein mit den Feldzügen des Tiberius und Varus gleich. Im Bereich des Kreskenhofes sind die Verhältnisse ganz anders zu bewerten.

Die dort vergleichsweise häufig gefundenen Nemausus-Münzen legen nahe, daß hier mehrmals die Armee des Drusus in Holsterhausen eine temporäre Zwischenbasis bezogen hat. Ob auch noch das Heer des Germanicus den Standort Holsterhausen benutzt hat, ist ungewiß."

Folgt man Hölzermann und den vorherigen Argumenten des Verfassers, so waren die römischen Lager nördlich der Lippe weitgehend den römischen Heereszügen bis zur Varuszeit zuzuordnen und sind im Gefolge der Varusschlacht sämtlich vernichtet worden. Die Germanicuszüge der Jahre 14 und 15 n. Chr. wären dann eher auf der Südtrasse erfolgt.

Der Hinweis Hölzermanns auf die unzerstörten Lager südlich der Lippe mag sowohl für das Caesarlager als auch für das später noch zu besprechende Lager „Bumanns Burg" gelten. Auf jeden Fall sollten die neuen Grabungsergebnisse des Provinzialrömischen Referats in Münster hinsichtlich der wiederholten Nutzung eines geeigneten Geländes beim Aufsuchen weiterer römischer Lagerzentren beachtet werden.

Im Testfall müßte sich der erste, immer wieder benutzte Lagerstandort nach Brückenüberquerung von Bislich östlich von castra Vetera im Abstand von etwa 15 km befunden haben. Dort, mitten in der Aufmarschlinie auf das über 30 km von castra Vetera entfernte Holsterhausen zu, liegt der kleine Ort Drevenack.

Hier sollten sich die Reste von mindestens ebensoviel Marschlagern befinden wie in Holsterhausen.

Drevenack, erster Lagerstandort ab Xanten

Nach einem Besuch im Dünengelände von Drevenack leicht nördlich der Lippe ist man nach diesen Vorüberlegungen überzeugt, ein ideales römisches Lagergelände gefunden zu haben. Der Verfasser hat keinen Zweifel, daß der erste Lagerstandort von castra Vetera aus gesehen lippeaufwärts in Drevenack lag. Dieser Ort konnte leicht bei Rheinüberquerungen nördlich der Lippeeinmündung erreicht werden.

Aber auch bei einer südlich der Lippeeinmündung vorgenommenen Rheinüberquerung konnten die heranmarschierenden Heere schnell über eine Furt bei Drevenack die nördlich dieses Flusses verlaufende römische Straße erreichen.

Die russischen Satellitenaufnahmen zeigen dementsprechende Teilstücke eines ehemaligen alten Weges Richtung Kreskenhof/Holsterhausen und scheinen die Furtstelle in Krudenburg/Drevenack festzulegen.

Eckhard Bremer (Die Nutzung des Wasserweges zur Versorgung der Römischen Militärlager an der Lippe, Geographische Kommission für Westfalen, Bd. 31, Münster 2001, S. 35) veröffentlicht einen Ausschnitt aus der Lippekarte von 1766 (Staatsarchiv Münster), aus der die damalige Lippesituation beim Haus Krudenburg klar hervorgeht. Auf der Karte sind umfangreiche Sandbänke und Inseln erkennbar, die für die Errichtung einer Wassermühle genutzt wurden. Die großen Sandbänke werden auch zur römischen Besatzungszeit einen idealen Furtübergang ermöglicht haben. An derartigen Flußübergängen war es zum Beispiel für Drusus im Jahr 11 v. Chr. leicht möglich, die literarisch bezeugte Brücke von Nord nach Süd zu schlagen.

Im Neujahrsgruß hatten die Münsteraner Archäologen die Nemausus-Münzen als Beweis für die Zuordnung der Lager Kreskenhof/Holsterhausen zu der Drususarmee in den Jahren 11-9 v. Chr. angeführt. Diese Nemausus-Münzen spielen im nächsten Kapitel „Oberaden - ....und die Nemaususmünzen" eine wichtige Rolle und sollen deshalb den Übergang zu dem Kapitel über dieses große, schon früh entdeckte Römerlager bilden.

Farbtafel I

Römische Fundmünzen aus dem Gelände von castra Vetera I mit Gegenstempeln

Siehe auch Abb. 6 a/b

Stärkste Korrosionen auf einer Kupfermünze mit Gegenstempel des Varus (VAR in verbundener Schreibweise)

Messingmünze (Nemausus-Dupondius) mit schwächerer Korrosion, aber zwei Verletzungsstellen mit Gegenstempel des Augustus (AVG)

Münzen sind im Landesmuseum Bonn registriert und werden demnächst in einer Dauerausstellung im Industriemuseum Lohne ausgestellt werden.

Farbtafel II

Siehe auch Abb. 65 a

Von rheinländischen Archäologen als römisch klassifizierte Fundstücke aus Wistinghausen/Währentrup und Stapelage/Lage im nördlichen Vorfeld der beiden wichtigen Paßstraßen Wistinghauser und Stapelager Schlucht, die durch den Teutoburger Wald in Richtung zur oberen Lippe führen

Der durch das Grabungsteam in der vom Verfasser durchgeführten, amtlich genehmigten Grabung "Auf denWindhaufen" in Stapelage/Lage (April 2003) offengelegte, vermutliche einstige Entwässerungsgräben
Der offensichtlich nur kurzzeitig benutzte Graben hat seine Parallelen in Entwässerungsgräben römischer Lager , z. B. Oberraden.

Das rätselhafte Medallion von Wistinghausen mit Nielloplattierung

Finderin:
Georgine Haniel

Siehe auch
Abb. 113 a/b

Farbtafel IV

Siehe auch
Abb. 68 a/b/c

Der mit Silbertauschierungen und Silberplattierung dekorierte römische Riemenhaken vom Winnfeld:
In Verf. bekannten römischen Fundkatalogen gibt es viele ähnlich geformte Haken, jedoch kein ähnliches vergleichbar kostbar dekoriertes weiteres Exemplar.

Finder:
Rolf Bökemeier/
Werner Winkels

Siehe auch
Abb. 115/116

Silber- und nielloplattierte vermutliche Schildnägel aus Wistinghausen/Teutoburger Wald und aus dem Gelände des möglichen römischen Lagers Sommersell/Weserbergland, jeweils von oben und unten gesehen
Reste der Nielloplattierung sind auf den beiden Stücken links oben zu erkennen.

Finder: Dieter Kirchhoff und Franz-Josef Blaschke

Infrarot-Farbbild vom Gelände westlich von Lüchtringen und nörd ich von Corvey an der Weser:
In der linken Mitte vorn ist eine ovale Umrandung von ca. 6 ha Größe zu erkennen. War es eine der ovalen bzw. polygonalen Lagerumrandungen der Drususarmee mit großer Ähnlichkeit zu der Umrandung des neu entdeckten Römerlagers Hedemünden? Lüchtringen liegt an der linken Bildkante, Corvey oben rechts im Wolkenschatten. Foto: Alfons Koch, Fürstenberg/Weser

Siehe auch Abb. 92/93 a/b

Erst im September 2004 im Archiv wiederentdecktes Infrarot-Farbbild vom Gelände des bzw. der vermutlichen Römerlager von Sommersell/Weserbergland. Links im hell abgebildeten Feld sind dunkle Reste und Umrandungen des im Buch besprochenen möglichen Römerlagers Sommersell zu erkennen. Unten rechts ist die polygonale Doppelumrandung möglicherweise des ältesten Vorgängerlagers auszumachen. Im dunklen Winkel der Wallhecke mit vorgelagertem Graben oben rechts sind dunkel die Reststrukturen von fünf möglichen ehemaligen römischen Kasernen zu sehen (vgl. Abb. 99 des möglichen Römerlagers Büren). Die rechte Bildkante ist schon heute durch ein kräftig expandierenden Tonabbau-Unternehmen abgebaggert. Es wäre höchste Zeit für Rettungsgrabungen. Foto: Alfons Koch PC-Bearbeitung des fast schwarzen Dias: Gerhard Steinborn

Farbtafel VIII Siehe auch Abb. 118

Die wahrscheinlich seit vorgeschichtlicher Zeit bestehenden Ackerfluren der Region Marienmünster/Weserbergland, in der Herbert Hoinkis die Umrandung eines vermutlichen Römerlagers fotographieren konnte.

Oberaden – Die Baumringe und Nemaususmünzen

Seit Wiederentdeckung der Annalen des Tacitus suchen Heimatforscher und Fachwissenschaftler nach dem berühmten Römerlager Aliso.

Zu Beginn des 20. Jahrhunderts meldete sich der Pfarrer Otto Prein zu Wort. Er glaubte, Aliso in Oberaden/Bergkamen entdeckt zu haben. In seiner Schrift „Aliso im Lippe-Seseke-Winkel zu Elsey-Oberaden" kämpfte er für die Auffassung, daß die Wallreste auf der „Burg" in Oberaden ebenso wie dort gemachte römische Funde auf das gesuchte Römerlager Aliso zuträfen. Er begründete seine Lokalisierung auch mit dem Hinweis, der Name des Hofes Elsey sei gleichzusetzen mit dem Flußnamen Elison, an dessen Einmündung in die Lippe nach antiken Quellen Aliso von Drusus errichtet worden sei. Die Seseke sei also einstmals der Elison gewesen.

Als man daraufhin die ersten Grabungen auf der „Burg" von Oberaden durchführte, entdeckte man 1911 gleichzeitig direkt an der Lippe, ebenfalls auf der Basis der konkreten Hinweise Otto Preins, eine stark befestigte Anlage mit Straßenzügen und römischen Töpferöfen, das Uferkastell Beckinghausen.

Nun schien alles klar. Der Pfarrer hatte das lange gesuchte Römerlager Aliso gefunden.

Aber schon bei den Grabungen Ende der 30er Jahre stellte man fest, daß die in Haltern für eine Datierung so wichtige reichhaltig gefundene Terra sigillata aus der Werkstatt des Ateus in Oberaden nicht vorhanden war. Oberaden mußte also vor Haltern, vor Ateus, erbaut worden sein und zur Zeit der Lager in Haltern und auch in Aliso nicht mehr existiert haben.

Otto Preins römische Funde von der Fachwelt falsch bewertet.

Selbst wenn Otto Prein sich bei der Festlegung auf das Kastell Aliso für Oberaden geirrt hat, so ist doch seine Leistung als freier Forscher hoch einzuschätzen. Immerhin erging es ihm bei der Vorstellung seiner Fundstücke vor der Fachwelt nicht viel anders als vielen anderen freien Forschern. Seine Scherben wurden zunächst als fränkisch bzw. mittelalterlich bewertet.

Erst als die Funde derartig massiv und unwiderlegbar römisch waren, erfolgten dann die Grabungen, wobei er dann aber leider zu den Grabungen nicht mehr herangezogen wurde.

Ludwig Bänfer spricht in einem Festvortrag im Herbst 1957 zur Würdigung der Arbeit Preins über eine „unwürdige Behandlung des Forschers: „Schon waren auch die Geschäftemacher am Werk. Sie hatten es verstanden, den Entdecker, einen in solchen Dingen ganz weltfremden Mann, auszuhorchen, um dann von den Grundbesitzern das Recht der Untersuchung zu erlangen. So kam das Museum in Dortmund in dessen Besitz und bedeutender Funde. Damit blieben dem Entdecker persönliche Zurücksetzungen und üble Behandlung nicht erspart."

Otto Prein ist, unabhängig von diesen negativen Begleitumständen, nicht das Verdienst abzusprechen, die entscheidenden Anstöße für die archäologischen Untersuchungen im Römerlager Oberaden und dem dazugehörigen Uferkastell Beckinghausen gegeben zu haben.

Zu der sicheren Erkenntnis, daß Oberaden zeitlich nicht zu Aliso paßt, kam es erst in jüngerer Zeit.

Über die Baumringforschung (Dendrochronologie) und zum anderen aber über die Münzforschung hat man die entscheidenden Nachweise erbracht, daß das Römerlager Oberaden von 11 - 8/7 v. Chr. vor den Römerlagern in Haltern bestanden hat.

Da Aliso aber von 11 v. Chr. bis 16 n.Chr. - mit Unterbrechung - von den Römern besetzt war, konnte Oberaden nicht Aliso gewesen sein. Damit ist es sicher:

Wie kann man eigene Baumringforschungen unternehmen?

Otto Prein hat ein großes Römerlager entdeckt, nicht aber Aliso.

Der Weg bis zu dieser klaren Datierung und Gegenaussage war aber weit. Die beiden Datierungsverfahren sind so interessant, daß der Verfasser den Leser einladen möchte, seinen ereignisreichen, individuellen Erkenntnisweg zu diesen Forschungsverfahren mitzugehen:

Darüber, wie man an alten Eichenbalken deren Alter feststellen kann, bestehen heute im allgemeinen klare Vorstellungen. Man kennt die jährlich durch das Wachstum der Bäume entstehenden Jahresringe. Auch weiß man, daß in feuchten, warmen Jahren das stärkste Wachstum an Bäumen zu beobachten ist und damit entsprechend breite Baumringe entstehen. Umgekehrt entstehen nur schmale Baumringe in extrem trockenen und auch kalten Jahren.

Die Probe kann man leicht selbst durchführen, wenn man an den Stämmen oder Stümpfen frisch gefällter Buchen oder Eichen die Jahre an den Baumringen rückwärts zählt. So kommt man z. B. von 2003 nach 56 Ringen an einen besonders schmalen, an praktisch allen Baumscheiben auszumachenden Ring. Er steht für das geringe Wachstum des Jahres 1947 kurz nach Ende des zweiten Weltkrieges.

Der Verfasser hat den Sommer dieses Jahres als „Badeanstalt-Sommer" in guter Erinnerung. Jeden Tag gleich nach der Schule und natürlich jeden ganzen Tag während der Ferien fand sich die „Clique" der Fünfzehnjährigen im dörflichen Bad zusammen.

Der trockene Frühling und der Bilderbuchsommer ohne Regen ließ die Bäume nur wenig wachsen. Sie ergaben einen extrem schmalen

Baumring zwischen deutlich größeren. Entsprechend gibt es einen sehr schmalen Jahresring für den extrem trockenen, übermäßig warmen Sommer 2003.

Von diesem Basisjahr 1947 ausgehend, lassen sich natürlich auch an dickeren, 200 Jahre alten Eichenstämmen, die möglicherweise ein Förster zeigen kann, die unterschiedlichen Wachstumsjahre bis zu Beginn des 19. Jahrhunderts sicher zurückverfolgen.

An Eichen aus dem Schaumburger Wald kann man z. B. nach dem Jahre 1883 für mindestens drei Jahre einen abrupten Rückgang in den Jahresringbreiten erkennen. Das waren die Folgen des gewaltigen Ausbruchs des Vulkans Krakatau, der so viel Asche und Staub in die Atmos-

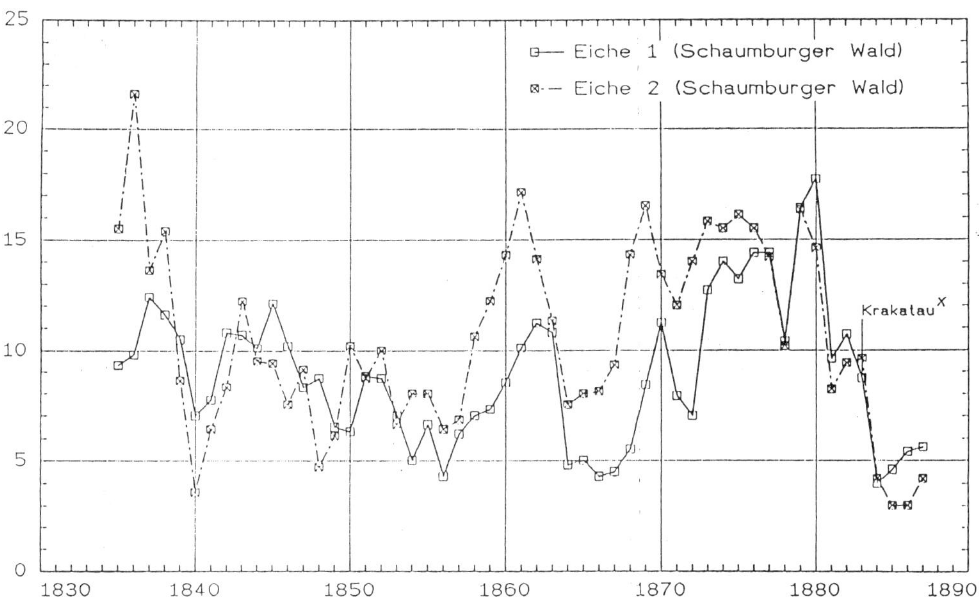

Abb. 17
Jahresringstärken in Form von Jahresringindizes an zwei Eichen aus dem Schaumburger Wald

Der vom Verf. verwendete Jahresringindex berücksichtigt das unterschiedliche Wachstum von Bäumen an unterschiedlichen Bodenstandorten. Eine Eiche auf trockenem Boden wächst z. B. durchschnittlich langsamer mit schmaleren Jahresringen als eine Eiche, vielleicht nur 100 m entfernt auf tiefgründigem, feuchten Boden mit jeweils stärkeren Jahresringen. Der Index bezieht also die jeweiligen individuellen Standort-Baumringstärken eines Baumes auf seinen Gesamtdurchmesser, multipliziert mit 10. Durch die Indexzahlen werden die Baumringmessungen benachbarter Bäume vergleichbarer. Dennoch zeigt sich auch an den Meßdaten dieser beiden benachbarten Eichen nur eine Vergleichbarkeit über längere Zeitabschnitte. Um sichere Aussagen zu machen, sind Zeiträume von mindestens 30 Vergleichsjahren notwendig. Auffällig ist der starke Abfall der Indizes und damit der Baumringstärken nach 1883, dem Zeitpunkt des Ausbruchs des Krakatau.

Jahresringindex = (Jahresringbreite x Jahresringanzahl x10) :
(Gesamtbreite der gemessenen Jahresringe) jeweils in mm.

phäre wirbelte, daß in den folgenden Jahren die Sonnenstrahlen nur schwächer durchdringen und die Erde infolgedessen nur geringer erwärmen konnten.

Das Studium der Baumringe ist spannend und läßt manchen Einblick in die Geschichte erkennen. So auch, wenn man noch ältere Baumstämme untersuchen will. Dabei ist man manchmal auf schriftliche Hinweise und Urkunden angewiesen. So z. B. auf die Grundstücksakten des Klosters Loccum, in denen verzeichnet ist, daß im Jahre 1627 in den Klosterwaldungen viele 80-jährige Eichen gefällt wurden, um sie im Festungsbau für die Stadt Stolzenau an der Weser zu verwenden. Durch Zufall kam der Verfasser dazu, als durch Kiesabbau gerade diese Eichenstämme des Festungsgrabens von Stolzenau ausgebaggert wurden. Da eine starke Motorsäge vorhanden war, kostete es wenig Mühe, einige Baumscheiben zu bekommen.

Fäll- und Einbauzeit dieser Eichenstämme waren also nach den Urkunden mit dem Jahr 1627 und damit die ältesten Jahresringe für die erhaltenen Baumscheiben genau bekannt.

Auf dieser Basis war es nun nicht schwer, einen Baumring-Wachstumskalender von 1627 bis auf etwa 1550 zurück festzustellen. Interessanterweise war dabei deutlich der Beginn der sogenannten „Kleinen Eiszeit“ erkennbar, die sich über das 16. bis zum 19. Jahrhundert erstrecken sollte. In dieser Zeit wuchsen die Gletscher in den Alpen.

Abb. 18
Baumscheibe einer etwa 80-jährigen Eiche aus dem Loccumer Wald: Sie wurde 1627 für den Bau des Festungsgrabens von Stolzenau/Weser gefällt.

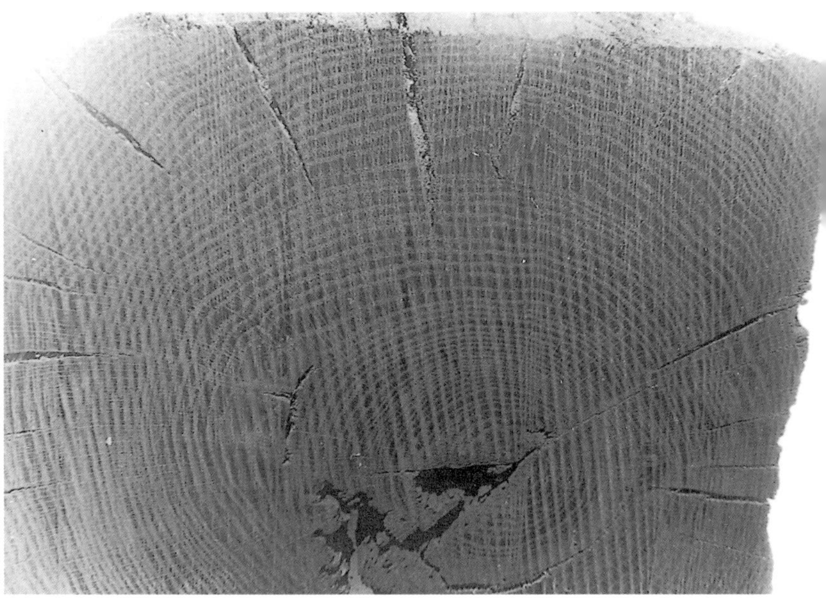

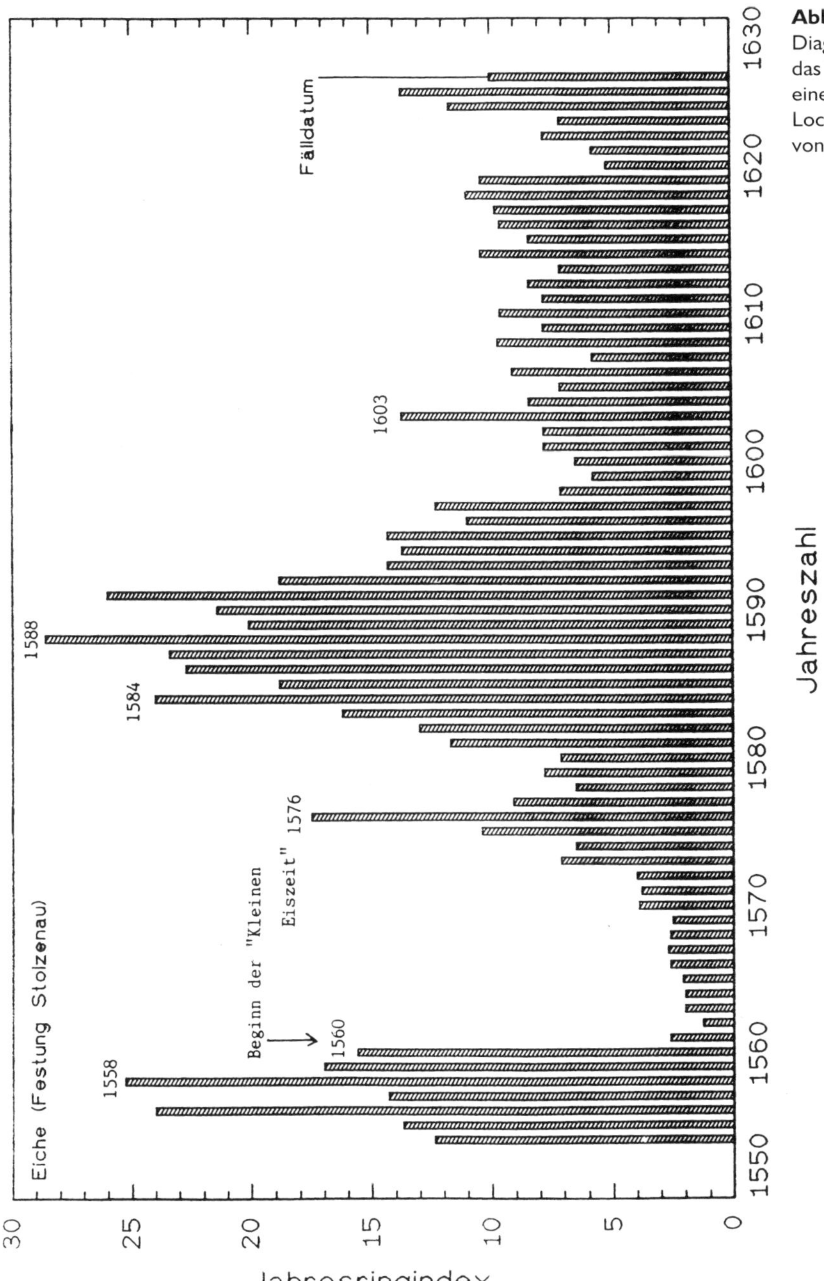

Abb. 19
Diagramm für das Wachstum einer Eiche im Loccumer Wald von 1554 - 1627

Die Jahresringe einer der Eichenpfähle der Festung Stolzenau: Deutlich ist der Beginn der „kleinen Eiszeit" zu erkennen, wie auch der nasseste Frühsommer der jüngeren Geschichte im Jahre 1588, dem Jahr des Unterganges der spanischen Armada.

$$\text{Jahresringindex} = \frac{\text{Jahresringbreite x Jahresringanzahl x 10}}{\text{Gesamtbreite der gemessenen Ringe}} \text{ in mm (Index nach Vorschlag des Verf.)}$$

Seit Ende des 19. Jahrhunderts jedoch nimmt die Größe dieser Gletscher kontinuierlich und in jüngerer Zeit schneller wieder ab. Damit befinden wir uns heute eindeutig in einer Erwärmungsphase, die durch die modern erzeugten Klimagase noch beschleunigt wird.

Der Beginn der Kältephase in der „Kleinen Eiszeit" im 16. Jahrhundert zeigt sich deutlich auf den Stolzenauer Baumringscheiben. Sie lassen nämlich schlagartig ab 1561 einen extrem starken Rückgang in den Baumringstärken erkennen. Die Menschen sind vermutlich damals bis in den Beginn der 70er Jahre des 16. Jahrhunderts durch extrem kalte, wachstumsfeindliche Jahre geplagt worden. Überraschend wirken dann die starken Jahresringe von etwa 1585 - 1595 mit dem absoluten Maximum im Jahre 1588, ehe die folgenden schmalen Jahresringe erneut Jahrzehnte an Kälte und Trockenheit anzeigen.

Das Maximum im Jahre 1588 zeigt nämlich den regenreichsten Sommer der Neuzeit mit 77 in Luzern ermittelten Regentagen in den drei Sommermonaten an, den Sommer, in dem die spanische Armada vernichtet wurde. Menschen, die zwischen 1560 - 1630 lebten, haben nach den Stolzenauer Stämmen mit dem Klima Pech gehabt.

Sie sind wahrlich nicht durch schöne Sommer verwöhnt worden und mußten außerdem im Winter Eis, Schnee und Kälte, den Beginn der „Kleinen Eiszeit", hinnehmen.

Klimageschichte der Schweiz von 1525-1860

Diese aus den Baumscheiben abgeleiteten Klimaentwicklungen lassen sich hervorragend durch die Aufzeichnungen aus den schweizerischen Klimastationen stützen, die es außerordentlich genau und umfassend seit dem Beginn des 16. Jahrhunderts gibt (Christian Pfister, Klimageschichte der Schweiz 1525-1860, Verlag Paul Haupt, Bern und Stuttgart 1988). Interessanterweise gab es vor Beginn der „Kleinen Eiszeit" nach diesen Aufzeichnungen im Jahre 1540 einen extrem warmen Sommer, in dem die „Burschen sich noch nach Weihnachten im Rhein bei Schaffhausen tummelten."

Über ähnlich einwandfrei bestimmbare Baumstämme wie die der Stolzenauer Befestigungsgräben kann man immer weiter in die Klima- und Wachstumsperioden der Vergangenheit vorstoßen.

Man geht dabei von Baumscheiben aus, deren erste Baumringe die letzten von älteren Baumscheiben sind. Damit kann man sich stufenweise in immer ältere Zeiten „vorarbeiten", d. h. immer ältere Zeitabschnitte in ihren typischen Baumringmustern darstellen.

Mittlerweile liegen nach dieser stufenartigen Erfassung Baumringkalender bis 9969 Jahre v. Chr. vor (Jahrbuch „Archäologie in Niedersachsen 2001", S. 15).

Mit Hilfe derartiger, für Norddeutschland geeichter Baumringkalender konnte man auch die Baumstämme aus der Holz-Erde-Mauer der

Lagerumwehrung von Oberaden genau datieren. Die Eichen waren ab 11 - 8 v. Chr. gefällt worden. Keine Eiche war jünger.

Andererseits erlauben auch die Münzfunde eine ähnliche Festlegung. Dabei spielen die in Nemausus (heute Nimes) geprägten Kupfermünzen eine entscheidende Rolle.

Abb. 20 a/b

Eine Nemausus-Münze aus dem Vorfeld der Wistinghäuser Schlucht/Teutoburger Wald (Feld des Hofes Krawinkel): Die Münze gehört zur Serie I (12-8/7 v. Chr.).

Finder: Henry Hörig, 1994

a) Avers: Links = Haupt des Agrippa mit Kielspitzen in dem nicht mehr erkennbaren Kranz „corona navalis“, rechts = Haupt des Augustus ohne Kranz: Durch die azentrische Prägung ist die Inschrift unten nicht zu erkennen (DIVI F). Oben steht „IMP“ (Imperator).

b) Revers: Hier sind nur teilweise Krokodil und Palme erkennbar = Embleme der Stadt Nemausus (Nimes in Südfrankreich). Inschrift: COL NEM (colonia Nemausus)

Die Nemausus-Münzen sind leicht zu erkennen. Auf ihrer Rückseite sind neben einer Palme und einem Krokodil, Symbolen für die Provinzstadt Colonia Nemausus, auch deren Anfangsbuchstaben „COL NEM“ geprägt worden.

Die Vorderseite zieren zwei Häupter, nämlich links das des Marcus Vipsanius Agrippa und rechts das des jungen Augustus.

Auf der abgebildeten Münze sieht man eigenartige „kielförmige Spitzen“ auf der Stirn des Agrippa, während Augustus, stark verfremdet, mit rundlichem Gesicht und Stoppelhaaren dargestellt ist.

Die kielförmigen Spitzen führen uns in eine dramatische Zeit der augusteischen Frühgeschichte, in die Zeit der Bürgerkriege nach dem gewaltsamen Tode Caesars im Jahre 44 v. Chr.

Zur Vorgeschichte der Kielspitzen:

Marcus Antonius, der zum Todeszeitpunkt Caesars Konsul war, gelang es, das Volk durch feurige Reden posthum für Caesar einzunehmen und eine Front gegen die Mörder Caesars, die ja im Grunde die Republik retten wollten, aufzubauen.

Er übernahm allein 6000 Mann von Caesars besten Veteranen als Leibwache und trieb mit Caesars Verfügungen einen Machtmißbrauch zu seinen persönlichen Gunsten.

Octavian erbt den Großteil des Vermögens von Caesar.

Während dieser Zeit meldete der 18-jährige Octavianus seine Ansprüche an, da er als Großneffe und Adoptivsohn Caesars 3/4 des Vermögens von Caesar geerbt hatte.

Octavian zahlte aus dem geerbten Geld größere an das Volk ausgesetzte Summen und zog nun seinerseits die Gunst des Volkes auf seine Seite. Auch große Teile des Heeres stellten sich unter sein Kommando.

Nach verschiedenen taktischen Manövern der beiden ehrgeizigen Männer wurden zunächst gemeinsam die gegnerischen Heere des Senats geschlagen.

Marcus Antonius und C. Julius Caesar Octavianus nahmen anschließend sogar noch einen dritten Heerführer, Aemilius Lepidus, zur besseren Machtaufteilung für das ganze römische Weltreich in ihren Dreimännerbund (Triumvirat) auf.

Es war bereits das 2. Triumvirat, das dem 1. Triumvirat mit Pompejus, Caesar und Crassus aus dem Jahre 60 v. Chr. folgte.

Aber so wie schließlich der Bürgerkrieg zwischen den Anhängern der Senatspartei um Pompejus und Caesar das 1. Triumvirat beendete, so hielt auch das 2. Triumvirat nur einen Zeitraum von 43 - 36 v. Chr.

Octavian gelang es, in diesem Jahre mit seiner neu aufgestellten Flotte mit dem Admiral Vipsanius Agrippa gegen die Senatsflotte unter Sextus Pompejus (einem Sohn des Caesargegenspielers Gnaeius Pompejus) zu siegen. Agrippas Flotte vernichtete von 300 Schiffen des Pompejus 283. Anschließend zog Octavian mit seinen Legionen gegen Lepidus, dessen Legionen zu ihm übergingen.

M. Antonius stellte eine riesige Flotte und ein großes Heer auf. Für beide benötigte er große Geldmittel. Da er die offizielle Berechtigung zum Prägen von Münzen hatte, hat er in der Zeit von 32 - 31 v. Chr. eine hohe Zahl an Denaren mit den Zeichen aller Legionen, auch der des Heeres des Oktavian, jeweils auf der Rückseite dieser Münzen prägen lassen, die sogenannten Legionsdenare. Auf der Vorderseite zeigten die

Münzen jeweils eine Galeere und enthielten dort den Hinweis auf den staatlichen Prägeauftrag für M. Antonius. Diese Legionsdenare spielen im letzten Kapitel dieses Buches noch eine wichtige Rolle.

Angesichts dieser Entwicklungen war es nur noch eine Frage der Zeit, wann es zum Machtkampf zwischen Octavian und M. Antonius kommen mußte, der inzwischen als Liebhaber der ägyptischen Königin Kleopatra vergaß, sein größeres Heer und seine stärkere Flotte auf den Kampf zu rüsten.

Wilhelm Müller in K. F. Becker's Weltgeschichte (Gebrüder Kröner Verlag, Stuttgart 1884) schildert die große Entscheidungsschlacht zwischen den Flotten der beiden Rivalen im Jahre 31 v. Chr. in Actium an der Ostküste Griechenlands:

Die Seeschlacht der Römerheere bei Actium 31 v. Chr.

„Am Eingange zum ambrakischen Meerbusen, auf dem südlichen der beiden Vorgebirge, das den Namen Actium führte, lagerte das Landheer des Antonius, das des Octavian auf dem nördlichen. Vor dem Eingange zur Bucht standen die Riesenschiffe des Antonius, gedeckt hinter ihnen die 60 ägyptischen Schiffe der Kleopatra.

Halbkreisförmig standen in einer Entfernung von acht Stadien (4 1/2 km) auf hoher See die Schiffe des Octavian. Antonius sah ein, dass er nur zu Lande seinem Gegner überlegen sei, seine eigenen Truppen wünschten eine Landschlacht, und die erfahrensten Heerführer rieten gleichfalls dazu und baten ihn, Kleopatra zu entfernen. Allein Kleopatra wünschte eine Seeschlacht, und der schwache Antonius gab ihren Bitten nach. So wurde denn, im Angesichte der Landheere, die untätig dem Schauspiele zusehen mußten, die Seeschlacht bei Actium geliefert (2. September 31 v. Chr.), welche über die Geschicke Roms entscheiden sollte. Den Seeungetümen des Antonius konnte der Admiral Octavians, Vipsanius Agrippa, in ihrer geschlossenen Linie nicht beikommen; er suchte sie daher aufzulösen, um sie einzeln anfallen zu können. Durch geschickte Operationen brachte er die beiden feindlichen Flügel zum Vorgehen. Dadurch wurden sie von ihrem Mitteltreffen getrennt und boten den schnellsegelnden Fahrzeugen des Agrippa eine Öffnung, durch welche sie rasch eindrangen, um die einzelnen Schiffe des Feindes zu umringen.

Trotzdem wogte der Kampf lange unentschieden hin und her; denn die Truppen des Antonius fochten mit unerschütterlicher Tapferkeit. Da brachte ein ganz unerwartetes Ereignis dieselben aus der Fassung. Kleopatra gab nämlich, wohl in verräterischer Absicht, plötzlich den Ägyptern Befehl zu fliehen. Die erstaunten Feinde sahen die 60 Schiffe mit vollen Segeln davonfahren.

Antonius, der das Schiff der Kleopatra am Purpursegel erkannte, wollte nicht von der Geliebten lassen und segelte ihr nach. Eine Zeitlang kämpften die übrigen Schiffe noch weiter, bis es Agrippa gelang, eine größere Anzahl derselben in Brand zu stecken.

Nun hörte die Gegenwehr auf, und sie ergaben sich Octavian. Das Landheer unter Canidius wartete sehnsuchtsvoll und treu auf seinen unwürdigen Führer. Als er nach sieben Tagen nicht erschienen war, streckte es die Waffen und trat zu Octavian über."

Agrippa hatte eine zweite große Seeschlacht für Octavian gewonnen. Er erhielt zur öffentlichen Anerkennung die „corona navalis" (Schiffsschnabel-Krone). Sie wurde für die Wegnahme eines feindlichen Schiffes nur an Konsuln verliehen.

Beides traf für Agrippa zu. Da es aber viele eroberte Schiffe waren, hatte seine corona navalis viele Schiffsschnäbel. Sie sind auf seinem Vorderkopf auf der Nemausus-Münze erkennbar.

Octavian wird Imperator über das römische Weltreich.

Antonius und Kleopatra verübten in Alexandria Selbstmord. Octavian dagegen war Alleinherrscher über das römische Weltreich geworden. Der Senat erteilte ihm den Titel „Imperator". Die entsprechende Abkürzung „IMP" steht über beiden Köpfen der Vorderseiten aller Nemaususmünzen.

Augustus selbst wollte aber seit dieser Zeit in Erinnerung an seinen Adoptivvater „Caesar" heißen.

Unter den beiden Häuptern steht auf der ersten Serie der Nemaususmünzen (von 16/15 v. Chr.) noch DIVI F (DIVI FILIUS – Sohn des Vergöttlichten). Auf der hier vorgestellten Münze ist die Prägung azentrisch durchgeführt worden, weshalb nur die oberen Ränder von DIVI F zu erkennen sind.

Auf der zweiten Serie der Nemaususmünzen (7-3 v. Chr.) trägt Augustus eine Eichenkrone, die „corona civica", die für die Lebensrettung eines Mitbürgers verliehen wurde.

Die späte dritte Nemaususprägung (10-14 n.Chr.) enthält auf der Vorderseite P P (Pater Patriae - Vater des Vaterlandes), einen weiteren Titel des Augustus.

In Oberaden gibt es unter den Bronzemünzen nahezu ausschließlich Nemaususmünzen der Serie I. Überhaupt nicht vertreten sind die sogenannten Lugdunum-Altar-Münzen, die frühestens ab 10 v. Chr., dem Weihezeitpunkt des Altars in Lugdunum (Lyon), geprägt werden konnten. Da derartige Münzen in Oberaden nicht gefunden wurden, muß die Errichtung des 54 ha großen Römerlagers Oberaden im Jahre 11 v. Chr. durch Drusus erfolgt sein, der in diesem Jahr die südlich dieses Lagers wohnenden Sugambrer bekämpfte. Nach der Niederwerfung der Sugambrer und dem Tode des Drusus (9 v. Chr.) sah Tiberius als übernehmender Feldherr im Jahre 8 v. Chr. keine Notwendigkeit, dieses Lager weiter aufrecht zu erhalten, umso mehr, als man nunmehr die Weser und das Cheruskerland als Ziel der Eroberungsbemühungen hatte.

Nicht nur die Nemaususmünzen von Oberaden zeichnen sich durch eine wunderschöne blaugrüne Patina in bestem Erhaltungzustand aus.

Abb. 21
Die Nemausus-Münze von Vogelbeck/Leine

Auch der Nemausus-Dupondius von Vogelbeck an der Leine besitzt diese Patina. Frank Berger stellt diese schöne Münze unter dem spektakulären Titel „Drusus an der Leine?" im Einbecker Jahrbuch (Band 44, Einbeck 1995) vor. Der Verf. stellte hierzu den Beitrag „Nemausus-Münze an der Leine - ein elektrochemisches Lokalelement" in das Internet (www.fan-nds.de, Römerforschung).

Praktisch fast alle Nemaususmünzen von allen Fundplätzen, z. B. von Marktbreit in Bayern, von der Sparrenberger Egge in Bielefeld und auch die abgebildete Münze von der Wistinghauser Schlucht/Teutoburger Wald zeigen ähnlich gute Erhaltungszustände, während die gleichzeitig gefundenen Lugdunum-Münzen extrem stark korrodiert sind. Für das Verständnis dieses Tatbestandes ist zunächst folgende Aussage Markus von Kaenels (in: W. Schlüter/R.Wiegels, Rom, Germanien und die Ausgrabungen von Kalkriese, Rasch Verlag, Osnabrück 1999, S. 366) zu beachten:

„Die Münzreform des Augustus, die in Rom vermutlich im Jahre 23 v. Chr. einsetzte, brachte ein völlig neues System von aufeinander abgestimmten Erzeinheiten in Messing (Sesterz und Dupondius) und Kupfer (As und Quadrans)". Nach dieser Münzreform bestehen die Lugdunum-Asse überwiegend aus Kupfer, eine Tatsache, die sich leicht am rötlichen Anschliff dieser Münzen erkennen läßt. Die Nemausus-Dupondien enthalten dagegen Messing (Legierung aus Kupfer und Zink). Diese Feststellung läßt sich durch den goldgelben Anschliff bestätigen.

Der voneinander abweichende Korrosionsgrad von Nemausus-Dupondien und Lugdunum-Assen vom gleichen Fundort läßt sich durch unterschiedlich ablaufende elektrochemische Vorgänge erklären. Während das nahezu reine Kupfer der Asse den Bodensäuren schutzlos ausgesetzt ist und in der Regel starke Oberflächenzerstörungen erfährt, haben sich auf den Nemausus-Münzen häufig glatte, blaugrüne Patina-Schutzschichten gebildet.

Für die Legierung in feuchter Umgebung gilt folgende Ausführung von W. Botsch, E. Höfling, J. Mauch (Chemie, Diesterweg und Salle, Frankfurt 1977, S. 217):

Nemausus-Dupondien bilden im Boden Lokalelemente.

„An einer Legierung... bilden sich bei Anwesenheit von Wasser kurzgeschlossene galvanische Zellen... sogenannte Lokalelemente."

Hans Rudolf Christen (Struktur Stoff Reaktion, Diesterweg und Salle, Frankfurt 1974, S. 320) weist darauf hin, daß das unedlere Metall (hier Zink) im elektrochemischen Lokalelement oxidiert wird, d. h. in Ionenform in Lösung geht und seine Elektronen zum edlen Metall schickt, „während am edleren Metall (hier Kupfer) Wasser zu Wasserstoff und Hydroxidionen (unter Aufnahme der vom Zink aufgenommenen Elektronen) reduziert wird."

Als Ergebnis stellt sich eine starke Korrosion des unedleren Zinks dar, während das edlere Kupfer durch den ständig erhaltenen Elektronenzufluß vor der Korrosion geschützt wird (Anodenschutz).

Die blaugrüne Patina der Nemaususmünzen könnte durch folgende Hypothese des Verfassers erklärt werden: Wie bei Feuerstein auf zunächst frischen, rauhen Abschlagflächen in Jahrtausenden eindringende Wassermoleküle durch sogenannte Hydratkomplexe die gequollene und dadurch glatte Feuersteinpatina bilden, so könnten bei den Nemausus-Münzen die entstehenden Hydroxid-Ionen ähnliche Quellungsvorgänge durch Hydroxo-Komplexbildung in den äußeren Schichten des Messings hervorrufen. Das Ergebnis wäre dann die glatte, farblich typisch blaugrüne Patina des Kupfer-Hydroxo-Komplexes.

Doch nach dieser Exkursion in die Elektrochemie zurück zum Gelände von Oberaden. Das Drusus-Lager dort ist durch geschickte Ausnutzung der Höhenlinien des Geländes mehreckig (siebeneckig), also polygonal, errichtet worden. Es besitzt einen starken Graben und eine Holz-Erde-Mauer.

Von der Größe und dem Umfang der hölzernen Innenausbauten her gesehen, ist es ein Zweilegionenlager gewesen.

Zum Lager gehört das von O. Prein entdeckte Kastell Beckinghausen direkt an der Lippe. Hier konnten in geschützter Weise Entladungsvorgänge von den römischen Frachtschiffen auf der Lippe erfolgen. Wahrscheinlich ist dieses mit dreifacher Wallgrabenanlage stark befestigte Kastell auch noch in späteren Jahren nach Räumung des Mutterlagers Oberaden genutzt worden.

Der auf der Basis der Grabungen von 1906-1914 dokumentierte Grundriß des Lagers Oberaden wird auch heute noch in vielen Publikationen abgedruckt, z. B. auch in Johann-Sebastian Kühlborn, Germaniam Pacavi, Landschaftsverband Westfalen-Lippe, Münster 1995.

Der Lagergrundriß zeigt deutliche Untergliederungen durch Lagerstraßen in Rechtecke von 600-800 Quadratmeter Größe.

In den Rechtecken standen die Baracken der Legionäre. In den Straßen waren holzverschalte Kanäle für die Ableitung des Oberflächenwassers eingebaut.

Tiberius errichtete Grenzwälle an der Lippe.

Tiberius gab (8/7 v. Chr.) nach Übernahme der Kommandogewalt über die römische Niederrheinarmee das große Lager Oberaden südlich der Lippe auf. Er errichtete neben Grenzwällen in Abständen von bis zu 10 Kilometern auf beiden Seiten der Lippe offensichtlich nördlich der Lippe mit seinen Legionen eine befestigte Römerstraße mit Wachtlagern im Abstande von jeweils einem Tagesmarsch bis an die obere Lippe.

Von castra Vetera aus übernahm jetzt im Abstand von drei Tagesmärschen (Drevenack I, Holsterhausen II, Haltern III) das römische Lagerzentrum Haltern die Brückenkopffunktionen im rechtsrheinischen Germanien, die vorher Oberaden unter Drusus innegehabt hatte.

Römisches Lagerzentrum Haltern

Die frühe Entdeckung des ersten römischen Lagers an der Lippe verdanken wir dem passionierten Oberstleutnant F. W. Schmidt, der bereits 1838 über Wall-Grabenanlagen eines römischen Lagers auf dem Annaberg/Haltern berichtete. Carl Schuchardt unternahm sechzig Jahre später (1899-1901) dort die erste Grabung. Er stellte schon damals die komplette Umrandung eines etwa 7 ha großen Lagers in Form eines Dreiecks mit Rundecken fest, dessen Umwehrungen sich genau den Höhenlinien anpaßten.

Als Umwehrung fand er einen 2,5 m breiten und 1,65 m tiefen Graben und einen Erdwall, der an eine äußere Palisadenwand angeschüttet gewesen wäre. In der Palisadenwand hätten sich ehemals 30 Türme befunden.

Die Form dieser Umwehrung weicht von den Formen von nahezu allen übrigen bekannten Lagern und Kastellen im Lippegebiet ab. Unter der Voraussetzung der Exaktheit der Angaben Schuchardts muß man damit eine frühe Bauweise in der 30-jährigen römischen Eroberungsphase annehmen, die später nicht mehr wiederholt wurde.

Seit den Grabungen Schuchardts setzten sich die Entdeckungen von Resten weiterer römischer Anlagen fort.

Schiffsanlegeplätze in Haltern

So wurde 1901 von Sanitätsrat A. Conrads der Fundplatz „Am Wiegel" entdeckt. Nach den dortigen Grabungsergebnissen und der Lage am ehemaligen Lippeufer ist ein „Schiffsanlegeplatz" als wahrscheinlich anzunehmen. Wegen der heutigen Bebauung werden exakte Ergebnisse nicht mehr möglich sein.

Ähnliche Untersuchungsprobleme bestehen nach vollzogener Bebauung bei den „Uferkastellen Hofestatt." Auch hier sind wir auf die frühen Grabungsergebnisse (1901-1904) angewiesen, die handfeste Hinweise auf ehemalige Schiffsbesatzungen durch Besitzerinschriften auf Terra sigillata ergaben.

J.-S. Kühlborn (Germaniam Pacavi, Landschaftsverband Westfalen-Lippe, Münster 1995) sieht die Uferkastelle folgendermaßen:

„Die römischen Truppen verfügten demnach neben den Militäranlagen für die Bodenstreitkräfte auch über eine kleine Marinebasis."

Die ausgiebigsten Grabungen über lange Jahre hinweg bis in die neueste Zeit wurden auf dem Silverberg von Haltern vorgenommen. Dort entdeckte man ein großes, frühes Feldlager von 34,5 ha und das sogenannte Hauptlager von etwa 18 ha Größe, das einwandfrei das Feldlager überlagerte.

Als man das neue Westfälische Römermuseum in Haltern erbaute, stellte man fest, daß sich unter dem Feldlager noch ein weiteres Marschlager in einfacher Bauweise befand.

Bei den jüngsten Grabungen des Provinzialrömischen Referats des Museums für Archäologie in Münster fand man im Jahre 2000 im neuen „Ostlager" im Grunde eine Sensation, ein bogenförmiges, in das Lager zurückweichendes Tor in der Umwehrung, ein sogenanntes clavicula-Tor. Derartige Tore hatte man bisher frühestens in die Zeit um 70 n. Chr. eingeordnet.

Clavicula-Tore waren auch im Lager Kneblinghausen bei Rüthen/Büren festgestellt worden. Wegen der bis vor kurzem herrschenden Ansicht, diese Art Tore hätte es erst nach 70 n. Chr. gegeben, war der römische Charakter des Lagers Kneblinghausen zunächst in Zweifel gezogen worden. Nach dem Auffinden eines clavicula-Tores in Haltern sind diese Zweifel nunmehr beseitigt.

Es sollte nicht unerwähnt bleiben, daß der Seminaroberlehrer Hartmann im Auftrage der Altertumskommission für Westfalen bereits 1901-1907 hier Grabungen durchführte und den römischen Charakter des Lagers auch aufgrund der clavicula-Tore erkannte. Es hat nunmehr fast 100 Jahre gedauert, bis dem „Heimatforscher" Gerechtigkeit widerfuhr.

Grabungen im Römerlager Haltern

Die Grabungen im Hauptlager Haltern waren über viele Jahrzehnte hinweg sehr erfolgreich, so daß man heute sehr genau die Innenbebauung dieses mit breiten, tiefen Doppelgräben und Holz-Erde-Mauer so stark befestigten Standlagers kennt.

Nach der Anzahl und Größe der hölzernen Kasernen kann man von einer Belegung mit mindestens 6-7 Kohorten und entsprechender Anzahl an Hilfstruppen ausgehen. Es hatte hier also nicht ganz eine Legion (10 Kohorten) ihre Unterkunft und wahrscheinlich jahrelang ihr Winterlager. Da ein Bleibarren mit der Legionsangabe XIX und weitere archäologische Belege für die ehemalige Anwesenheit der XIX. Legion sprechen, ist der Winteraufenthalt dieser Varuslegion in diesem Lager anzunehmen. Die nicht im Hauptlager untergebrachten drei Kohorten der Legion konnten leicht in Wachtkastellen zur Sicherung der Lippestraße abgeordnet gewesen sein. Ein derartiges Kastell wird später für Dolberg vorgestellt werden.

Südwestlich vom Hauptlager fand man bei diesen jüngsten Grabungen in Haltern auch eine römische Straße.

Diese Straße hatte aber auch schon Oberstleutnant Schmidt in der ersten Hälfte des 19. Jahrhunderts entdeckt. Seine entsprechenden „Tagebuch-Notizen" (aus: Hermann Veltmann, Funde von Römermünzen in Westfalen und Oberschlesien, J. G. Kisling, Osnabrück 1885) lauten: „Der Processionsweg von Haltern nach der St. Annenkapelle läuft von Haltern bis zur 3. Station auf einem hohen Erddamme. Dieses ist die römische Straße, und auf ihr wurde noch in letzter Zeit eine Goldmünze von Augustus und ein schönes Votivbildchen des Merkur gefunden. Sowie man auf dem Wege von Haltern nach Olphen die Steverbrücke passiert hat, erscheint dieser Erddamm von Neuem und zieht in gerader Richtung über die Haide nach Hulleren. Zu beiden Seiten desselben liegen viele römische Grabhügel, von denen der verstorbene Arzt Dr. Wesener zu Dülmen mehrere geöffnet und in ihnen römische Urnen und Münzen gefunden hat.

Diese Grabhügel liegen sowohl in der Westruper Haide, als in dem Buchenwalde, der zu dem jetzt verschwundenen Schlosse Niemen gehörte. Die in den geöffneten Grabhügeln gefundenen Münzen gehören den Familien: Norbana, Tituria und Augustus. Die gefundenen Gegenstände sind noch im Besitze der Wittwe des Dr. Wesener zu Dülmen." An dieser Stelle interessieren uns weniger die leider nicht dokumentierten Grabungen Weseners als vielmehr die Hinweise Schmidts auf die Römerstraße.

Genau an den gleichen Orten sah sie noch dreißig Jahre später Hauptmann Ludwig Hölzermann. Er zeichnete die erhaltenen Trassenstücke z. B. beim Kastell Annaberg und bei Hullern exakt in seine „Lippekarte" ein. Es wäre hochinteressant, genaue Forschungen nach diesen Straßenresten vorzunehmen. Südöstlich von Hullern befinden sich die Hölzermannschen Teilstücke dieser Straße in größeren Waldflächen, so daß die Wahrscheinlichkeit groß ist, heute noch erhaltene Trassenstücke zu finden.

Römerstraßen an der Lippe

Insgesamt gesehen, bestätigen diese Straßenteilstücke die These des Verfassers, daß es, von castra Vetera ausgehend, nördlich der Lippe bis nach Anreppen und von dort südlich des Flusses bis nach Schloß Neuhaus/Paderborn eine feste Römerstraße gegeben hat.

Das Teilstück Dolberg bis Liesborn war offensichtlich dabei eine abkürzende Schnellstraße Richtung obere Lippe und Teutoburger Wald im Raum Bielefeld/Detmold. Die Tatsache, daß hier nördlich der Lippe die Römerstraßen neben dem vermutlich schon vorhandenen Hellweg Soest-Geseke-Paderborn-Horn-Hameln weit südlich der Lippe so intensiv ausgebaut worden sind, zeigt die Hauptrichtung der römischen Expansion seit der Rückkehr des Tiberius im Jahre 4 n. Chr. auf den Raum Herford/Bad Salzuflen und von dort weiter zur Weser auf Bremen zu.

Greifen wir noch einmal die Römerstraße Haltern-Hullern-Olfen auf. Es dürfte im Abstande eines Tagesmarsches von 18-20 km östlich vom römischen Lagerzentrum Haltern ein weiteres Marschlagerzentrum nach dem Muster von Holsterhausen an dieser Straße gegeben haben. In diesem Abstand an der verlängerten römischen Trasse liegt „Bork". Hochwahrscheinlich läßt sich „Bork" auf „Burg" zurückführen. Geht man von Parallelität aus, so müßten, wie auf der Geländeerhebung „Burg" von Oberaden, auch in „Bork/Burg" auf der Mittelterrasse der Lippe ehemals ein oder mehrere Römerlager gelegen haben.

Nicht weit südöstlich von Bork liegt der Heikenberg, eine Anhöhe, auf der Hülsenbeck bereits zu Beginn des 19. Jahrhunderts ein Römerlager vermutet hatte. Ludwig Hölzermann schloß sich Hülsenbeck an. Aufgrund seiner Recherchen konnte er noch die Umrisse des Lagers auf dem Hügel Heikenberg unweit der Lippe zeichnen. Leider ist der Heikenberg heute völlig besiedelt. Umfangreichere Grabungen sind deshalb dort nicht mehr zu erwarten.

Römische Marschlager im Raum Bork/Lippe

Geht man jedoch von häufigen Heereszügen der römischen Truppen lippeaufwärts aus, so müßten im Raum Bork/Heikenberg vielfältige Reste von römischen Marschlagern auszumachen sein.

Nach den bisherigen Betrachtungen sind für die nördlich der Lippe verlaufende Haupttrasse der Römerstraße zusammenfassend die römischen Lagerstandorte Drevenack, Holsterhausen, Haltern und Bork/Heikenberg jeweils in Abständen von 15-20 km festzuhalten.

Bei früheren Forschungen ist bereits angemerkt worden, daß das Hauptlager Haltern seit seinem Bestehen überwiegend mit Einheiten aus den Varuslegionen besetzt gewesen sein muß. Schließlich sind die drei „Varuslegionen" XVII, XVIII, XIX seit 15 v. Chr. von Augustus an den Niederrhein beordert gewesen, wo sie ihre Winterquartiere bis zu ihrem Untergang im Jahre 9 n. Chr. gehabt haben.

Die Münzen von Haltern

In Haltern fand man insgesamt ca. 3500 Münzen, die leider teilweise nach dem 2. Weltkrieg verloren gegangen sind.

Diese Münzen aus Haltern spielten in einigen Publikationen im Vergleich mit den Münzfunden von Kalkriese eine wichtige Rolle bei der Frage, ob die Varusschlacht in Kalkriese zu lokalisieren sei.

Im Kapitel „Vergleich der Legionszeichen auf römischen Legionsdenaren verschiedener Fundplätze" in diesem Buch stellen diese römischen Heeresmünzen von Haltern neben denen aus zwei Denar-Verwahrfunden aus den niederländischen Orten Feins und Onna im Vergleich mit den Münzfunden vom Schlachtfeld Kalkriese ein weiteres Beweismaterial des Verfassers bei der Klärung der Frage dar, ob Kalkriese der Ort der Varusschlacht gewesen sein kann.

Dem Leser wird die Auflösung dieser spannenden Frage später in dem entsprechenden Kapitel, gewissermaßen als Gegenprobe zu den nachfolgenden Untersuchungen an der Lippe und im Cheruskerland, angeboten.

Die Römer an der Lippe – auf den Spuren Ludwig Hölzermanns

12. Juni 2001:

Heute beginnt zusammen mit Wilhelm Dräger die lange zuvor abgesprochene Exkursion an die mittlere Lippe. Mit Hilfe von guten topographischen Karten und denen von Ludwig Hölzermann (Lokaluntersuchungen die Römer und Franken betreffend...., Münster 1878) sollen zwei nach Hölzermann ehemalige „Römerlager" aufgesucht werden. Weiter soll nach Resten der Römerstraße Hölzermanns zwischen Dolberg und Liesborn geforscht werden.

Am „Lager an den Hünenknäppen" auf dem Hof Große-Berkhof von Dolberg erwarten wir Werner Winkels, Essen, der sich dort zum alleinigen Zweck einfinden will, uns einige „hochinteressante" Funde vorzuführen.

Werner Winkels wartet bereits am Treffpunkt und hat seine „Schätze" ausgebreitet. Da liegen zunächst 40-50 wegen ihrer Fundlage im Gelände castra Vetera I hochwahrscheinliche römische Buntmetall-Nägel (vgl. statistische Klassifikation in Kapitel Römische Münzen und Kleinfunde..) der verschiedensten Form auf der Kofferhaube. Die stärkeren Nägel sind alle Vierkantnägel mit und ohne unterschiedlich großen Köpfen.

W. Winkels' Sammlung enthält die bereits erwähnten Zier-Nagelköpfe (Möbel-Zierbeschläge) der Sonderklasse. Bis zu 2,5 cm große Engel-, Madonnen- und Fratzengesichter als Nagelköpfe weisen auf den Rückseiten meist die abgebrochenen Nagelschäfte auf.

Der Verfasser und W. Dräger machen sich nach dieser Fundinspektion hoch motiviert an die Untersuchung möglicher Spuren des Hölzermannlagers von Dolberg.

Die Burg an den Hünenknäppen

Hölzermann schreibt über diese im Volksmund genannte „Burg an den Hünenknäppen":

„Die gegen die Lippe-Niederung unter einem Winkel von 15-20 Grad abfallenden, vielfach zerrissenen Abhänge des Plateaus, welches sich von Dolberg bis gegen Ahlen und Beckum ausdehnt und allmälig in die weite westfälische (Münstersche) Ebene übergeht, werden in unmittelbarer Nähe der Burg „Hünenknäppe" (d. h. Hünenabhänge) genannt, eine Benennung, welche sich mehr auf die von den Landleuten dortiger Umgebung vermutheten ehemaligen Erbauer und Bewohner der Burg, als auf die Entstehung der Abhänge zu beziehen scheint" (Die „Hünen" lebten dort in der Völkerwanderungszeit, der Verf.).

Ausschnitt aus den Karten Ludwig Hölzermanns

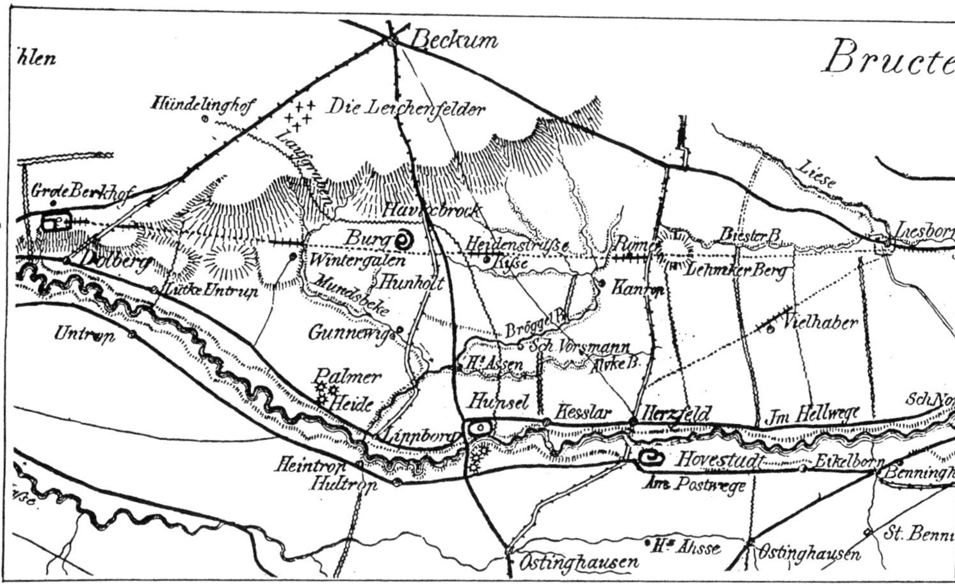

Die alte im Volksmund „Heidenstraße" genannte Verbindung ist nach Ludwig Hölzermann eine ausgebaute, meist auf einem Damm verlaufende Römerstraße gewesen . Sie verläuft in der oberen Kartenhälfte links vom „römischen Lager Grote Berkhof"/ Dolberg nach Liesborn, rechts auf dem Kartenausschnitt. Die Straße ist punktiert und zeigt an fünf Stellen Gitterstruktur. Dort sah Hölzermann 1867-1870 noch jeweils den Straßendamm der römischen Straße. Der jetzige Hofbesitzer Rentrop-Wintergalen konnte dem Verfasser bestätigen, dass sein Vater nach dem 2. Weltkrieg diesen Damm auf seinem Grundstück eingeebnet habe. In die begleitenden Gräben seien „leider Steine verfüllt worden, die heute beim Ackerbau sehr stören würden."
Die alte Trasse lässt sich an mehreren Stellen mit Hilfe der russischen Satellitenaufnahmen in der Feldflur lokalisieren (helle Bänder).

Abb. 22
Die Heidenstraße nach Ludwig Hölzermann

Hölzermann stellt nun ein etwa rechteckiges, mit gleichmäßig abgerundeten Ecken versehenes Lager von ca. 2,3 ha Größe dar, dessen Wall und Graben um etwa 1867 noch zu drei Vierteln vorhanden waren.

Er bezeichnet diese Anlage als „Prätorium" eines größeren Lagers (von etwa 8-9 ha Größe), dessen Umwallung mindestens teilweise noch von dem Hofbesitzer Grote Berkhof und dem Hofrat Essellen (einem bekannten zeitgenössischen Beckumer Heimatforscher) gekannt worden sei. Nach den Angaben dieser Männer zeichnete Hölzermann neben der exakten Lage seines „Prätoriums" mit punktierten Linien den Hauptwall des großen Lagers ein.

Mitten durch das „Hauptlager" verläuft ein Bach, der am Westrand des Lagers eine 6 m tiefe Schlucht, die „Teufelsschlucht", gerissen hat.

Abb. 23
Die Hünenknäppe von Dolberg

Es sind für diese Landschaft typische Abhänge, hinter denen nach Hölzermann und nach Nachforschungen durch den Verfasser vermutlich einst Römerlager gestanden haben. Am Abhang der linken Bildhälfte stand einst der Südwall eines etwa 2,3 ha großen Kastells, dessen Umrandung noch von Hölzermann als „Praetorium" vorgefunden worden ist. Die dichte Baumgruppe im Hintergrund ist der Bewuchs der 6 m tiefen Teufelsschlucht. Die Jägerkanzel steht auf einer künstlichen Erhöhung, möglicherweise einst Standort eines römischen Wachtturms.

An der Südseite dieses Baches im Lagerinneren hat Hölzermann einige Kreuze für Waffenrestfunde eingetragen. Er schreibt dazu über die Fundumstände:

„Um die Schlucht auszufüllen (zum Zwecke einer Wiesenanlage) liess der Schulze (Grote Berkhof, der Verf.) das südliche Ufer in der Tiefe von etwa 2-3 Fuß abgraben, wobei man auf eine Menge Lanzenspitzen, Gebisse aus Eisen, Hufeisen und Knochen stieß, welche derart durcheinander lagen, dass man schließen mußte, es habe an dieser Stelle ein heftiger Kampf stattgefunden. Leider wurden diese Alterthümer an Privatpersonen verschenkt...bis auf eine eiserne Lanzenspitze."

Hölzermann bildete diese Lanzenspitze ab, die jedoch wenig typisch ist. Sie könnte auch germanischen Ursprungs sein.

Der „Kampf" könnte sich zwischen „römischen Verteidigern" vom Lagerinneren aus gegen von außen angreifende Germanen abgespielt haben, die bereits den nördlichen Wall überwunden hatten. Die auch durch germanische Lanzen gefallenen Römer hätte man dann liegen gelassen bzw. an Ort und Stelle verscharrt, wo sie gefallen wären.

Es ist nun gar nicht schwer, sich am Südrand des „Hünenknäppen-Abhanges" das Römerlager vorzustellen. Es gibt keine bessere Lage mit

Die Hünenknäppe vor dem nach Hölzermann einstigen „römischen Hauptlager", dessen Umrandung noch in der ersten Hälfte des 19. Jahrhunderts nach dem Zeugnis des damaligen Schulzen Grote Berkhoff und des Hammer Geheimrats Essellen erhalten war. **Abb. 24**

idealer Fernsicht über die Lippeaue nach Südosten wie nach Südwesten. Am Westrand schützt die Schlucht des Baches, der im Norden in das große Lager integriert gewesen ist. Etwa mitten vor dem vermutlichen ehemaligen Lager liegt eine künstliche Erhöhung, worauf ein geschlossener Jagdsitz einem passionierten Jäger mit gutem Fernglas einen Panoramablick bis in die Stuben der Häuser des nahen Ortes Dolberg gewährt. Auf dem künstlich geschaffenen Hügel hat möglicherweise einst der römische Wachtturm des Lagers gestanden.

Der Verfasser hatte bereits eine Woche vorher genau am von Hölzermann eingezeichneten Ort des Südrandes des von diesem benannten „Prätoriums" in dem dort frisch gemähten Wiesengelände einen etwa 5 m breiten Streifen mit braunen Stengeln einer Pflanze gesehen: Sauerampferstengel dicht an dicht, aber nur im ca. 150 m langen Streifen!

Heute haben sich bereits neue Blätter an den Sauerampferpflanzen gebildet. Der Streifen des vermutlich ehemals 5 m breiten Grabens ist noch deutlicher geworden.

Wie sieht das westliche Endstück dieses Streifens aus?

Es ist nicht zu fassen! Der Sauerampferstreifen endet ca. 20 m vor der tiefen Bachschlucht und bildet eine Rundecke genau an der von Hölzermann eingezeichneten Stelle. Es kann keinen Zweifel geben: Nach Einfüllen der Wallerde in den 5 m breiten Graben ist die Erde des

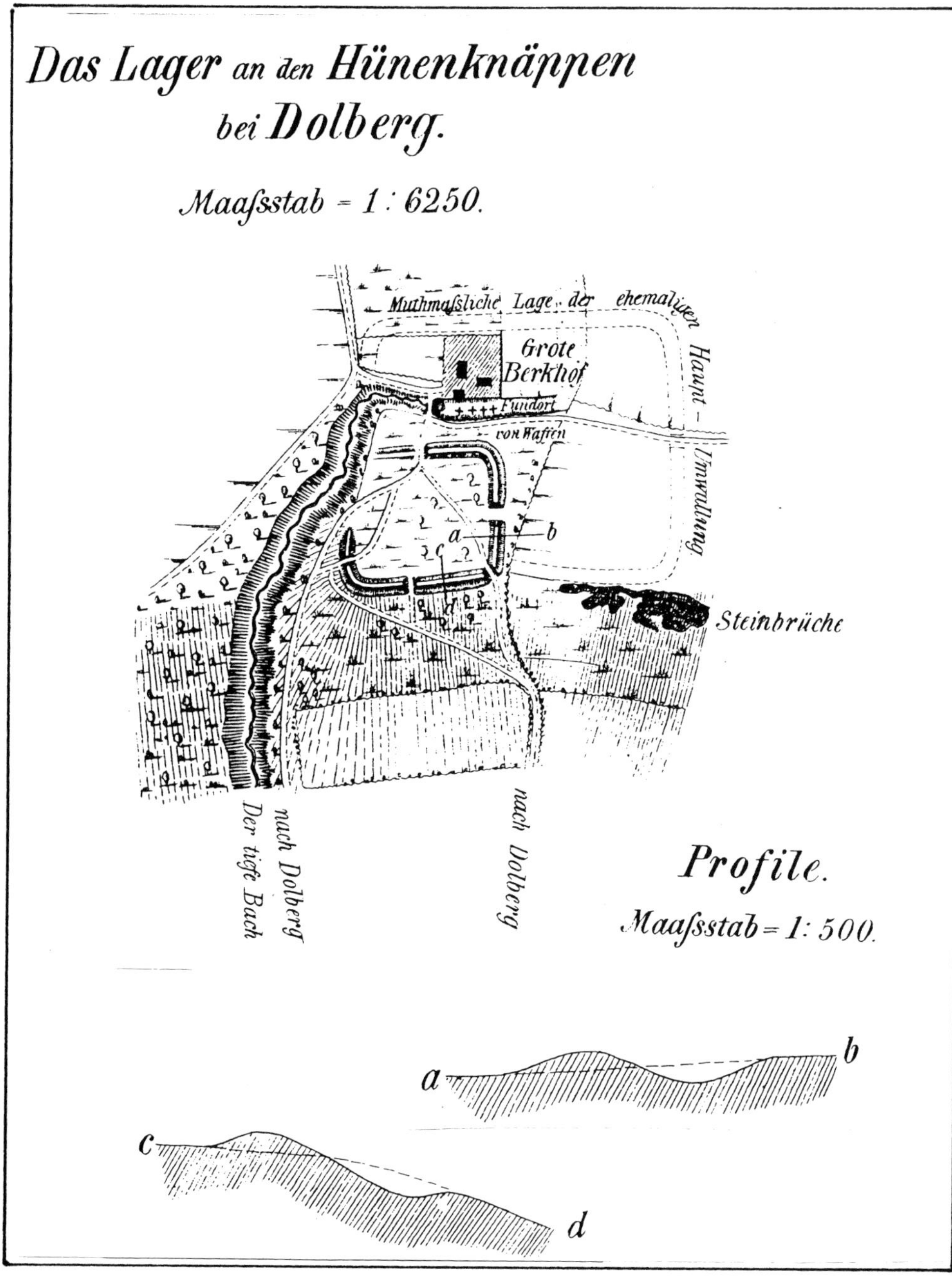

Abb. 25 Das Lager an den Hünenknäppen bei Dolberg (nach Hölzermann): Kastell und Hauptlager, Wallquerschnitte und Bezeichnungen wurden vom Verfasser in komprimierter Weise zusammengestellt. Die Nordwestecke ist bereits leicht in die Teufelsschlucht abgerutscht.

Diese künstlich geschaffene Erhöhung vor dem Hauptlager wird durch einen Jagdstuhl genutzt. Hier wird der Fernblick nach Osten deutlich: Am Horizont der Kühlturm des ehemaligen Thorium-Reaktors von Hamm-Uentrop.

Abb. 26
Der „Wachtturmhügel"

Untergrundes z. T. nach oben geraten, die das Wachstum des Sauerampfers jetzt begünstigt.

Beide Männer diskutieren das Befundergebnis im Vergleich mit der Hölzermannkarte:

Das „Prätorium" könnte ein römisches Wachtlager für eine Kohorte bzw. eine Reiterale an einer wichtigen Stelle der Römerstraße nördlich der Lippe gewesen sein.

Bei einem Vormarsch des römischen Heeres baute man einfach um das Wachtlager herum ein großes Marschlager. Im Bedarfsfalle lag gleich nebenan auf dem Golzberg eine ideale Großfläche für ein weiteres Feldlager.

Nach dieser ersten Tagesetappe beginnt nun die Suche nach der Römerstraße Hölzermanns. Der Verfasser hatte bereits vor einer Woche beim Hof Rentrup-Wintergalen vom Besitzer gehört, daß er noch einen (den von Hölzermann verzeichneten !) Straßenwall gesehen habe, den sein Vater kurz nach dem 2. Weltkriege einebnete. Leider kämen immer wieder beim Pflügen die Steine hoch, die von dem Damm in den vorgelagerten Graben gefüllt worden seien.

Von der „via praetoria" des Lagers „Burg Hünenknäppen" führt auf Hölzermanns Zeichnung diese bereits bei Rentrup-Wintergalen entdeckte „Römerstraße" direkt nach Osten, eben in Richtung Rentrup-Wintergalen.

Abb. 27
Verfasser am Teilstück eines 8 m breiten abgeflachten Walles

Ist es ein Teilstück der ehemaligen Hölzermannschen Römerstraße? Aufgrund der im Hintergrund vorhandenen Bombentrichter lässt sich erkennen, dass der Wall keine Schotterung enthält. War es deshalb möglicherweise der Südwallrest eines weiteren Römerlagers direkt am hier steil abfallenden Abhang der Hünenknäppe?

Vom Lager an den Hünenknäppen/Dolberg selbst, ca. 300 m vom vermutlichen ehemaligen Lagerrand entfernt, sehen nun beide Männer in Richtung Rentrup-Wintergalen einen Waldbusch von ca. 100 m Länge. Nichts wie in den Busch! Könnten dort noch Reste des nach Osten führenden ehemaligen Straßendammes liegen?

Nach 10 Minuten intensiver Suche steht der Verfasser mitten in einem „Wald" von rotgeflecktem Schierlingskraut an einem ca. 8-10 m breiten und ca. 50-60 cm hohen Damm. Die „Römerstraße"? Es ist mindestens ein etwa 50 m langer Rest eines gleichmäßig geformten Walles vorhanden, in dem anschließend drei Bombentrichter die Strukturen zerstört haben. Dennoch haben diese von den Anwohnern bestätigten Bombentrichter etwas Positives: An ihren Rändern läßt sich zweifelsfrei ermitteln, dass sich im Damm keinerlei Schotterreste befinden. Wenn es denn ein Rest der Hölzermannschen „Römerstraße" war, dann war sie nicht geschottert oder durch Kiesauflage befestigt. Ein derartiger weicher Damm konnte nicht als Straße dienen. Sicherlich bleibt noch die Möglichkeit, daß einstmals auf dem Damm Steinplatten als Pflasterung gelegen haben, die später entnommen worden sind.

Eher aber ist dieser Dammrest das Überbleibsel des Walles eines weiteren Hünenknäppen-Lagers in ähnlicher topographischer Lage wie das Lager Hünenknäppen/Große Berkhof.

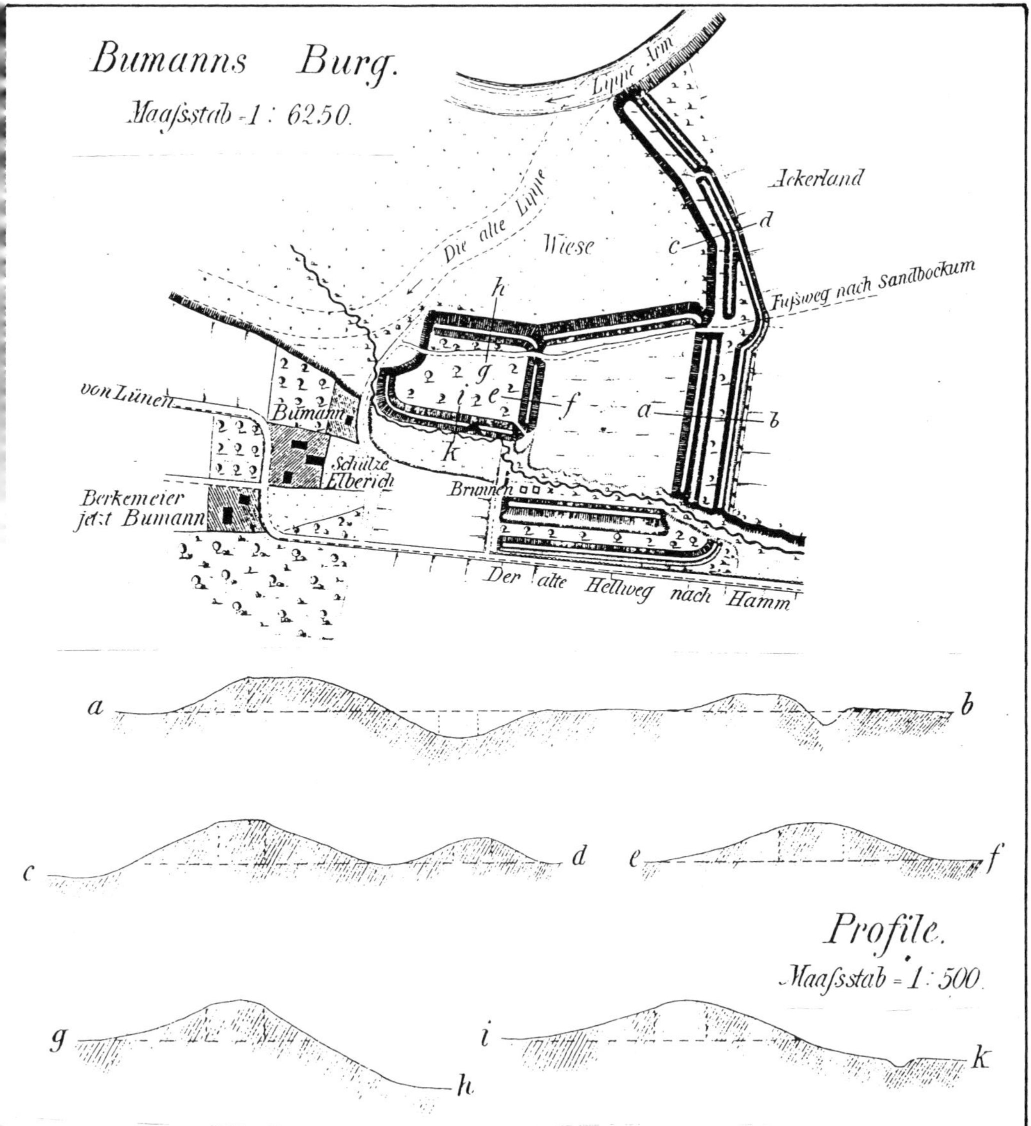

Platzsparende Darstellung der Originalzeichnungen von Ludwig Hölzermann von dem „Römerlager Bumanns Burg“ südlich der Lippe bei Sandbokum.

Abb. 28
Bumanns Burg nach Hölzermann

Die zweite Etappe ist also ebenfalls ein voller Erfolg.

Wie sieht es mit Station drei aus? „Bumanns Burg“ an der Autobahnausfahrt Hamm-Bergkamen der A1 ist nach Hölzermann ein ehemaliges Römerlager.

Schnell wird dort deutlich, daß die von Hölzermann eingezeichneten Wälle alle noch vorhanden sind. Es sind noch immer gewaltige Wälle. Fremd erscheint die „innere Burg", die nach Hölzermann das „Prätorium" des einstmals größeren Römerlagers darstellt.

Die ganze Westhälfte des Großlagers ist zu Beginn des 19. Jahrhunderts eingeebnet worden. Hölzermann schreibt (S. 58):

„Weiter westlich....setzten sich die Wälle einst bis an die plötzliche Abbiegung (an der südwestlichen Rundecke) des Helweges fort und scheinen, dieser folgend, sich...an die Lippeniederung angeschlossen zu haben, wie solches an der östlichen Seite des Lagerraumes noch jetzt der Fall ist.

Die Zerstörung der westlichen Lagerhälfte

Bumann giebt an, der letzte etwa 20 Schritte lange Rest dieser zerstörten Wälle sei erst durch seinen Vater gegen das Jahr 1820 abgetragen worden....Der westlichste Theil der ehemaligen Umwallung musste nach Anlage des sehr alten Schulzenhofes natürlich schon weit früher der Zerstörung anheimfallen, weil derselbe der freien Benutzung des Hofraumes hinderlich war.

Die Hauptumwallung bildete demnach ein allseitig geschlossenes, nicht ganz regelmäßiges Viereck von 300 Schritten Breite und gegen 600 Schritten Länge, dessen Haupt-Ausgangsthor genau auf der südlichen Seite lag und unmittelbar auf den Helweg führte."

Dieser letzte Satz Hölzermanns weist nach Meinung des Verfassers auf den eigentlichen Kern des vermutlichen ehemaligen Römerlagers. Überraschenderweise wird diese Deutung durch die Querschnittszeichnungen Hölzermanns bestätigt.

Die beiden Außenwälle weisen die für römische Anlagen typischen Gräben auf, die einstige römische Spitzgräben gewesen sein könnten.

Die Innenwälle mit den Schnitten e/f und i/k besitzen einen derartigen Spitzgraben nicht. Möglicherweise sind es spätere Ausbauten durch die Sachsen während der Karolinger-Feldzüge.

Der Wall g/h fällt stark zur sumpfigen Lippeniederung ab und braucht deshalb keinen Graben. Er wird wahrscheinlich zum ursprünglichen Römerlager gehört haben. Der Vorwall c/d in dem Niederungsvorland des Lagers hatte möglicherweise einstmals Gräben, die durch vielfache Lippeüberflutungen zugeschwemmt worden sind.

Da das Lager selbst auf einem leicht erhöhten trockenen Sander liegt, mußte man die im Sommer sicher begehbare Niederung bis zur Lippe durch den Vorgraben sichern. Der Verfasser schließt dessen Erbauung durch die Römer nicht aus. Außerdem hätte man im Sommer im Vorlager der Niederung Pferde für die Reiterei halten können. Aber auch die bereits erwähnte Funktion als zeitweiliges Lager der Hilfstruppen ist denkbar.

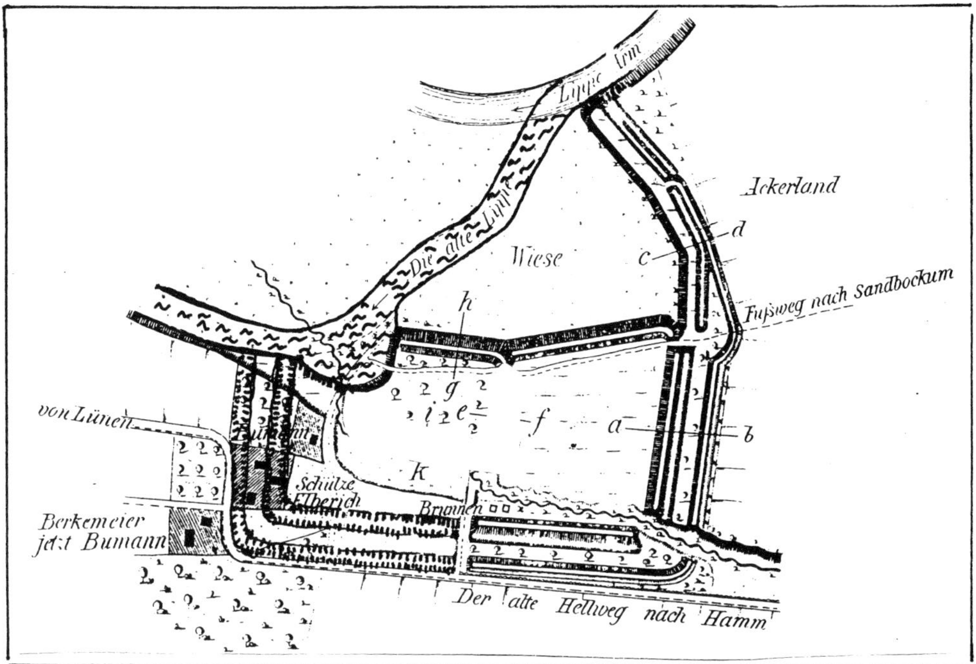

Westlich ist die von Hölzermann beschriebene Wallanlage eingezeichnet worden. Der von Hölzermann als „Praetorium“ benannte Lagerbestandteil ist vom Verfasser als mögliches späteres Bauwerk (Sachsenzeit) fortgelassen worden. Damit ergibt sich nunmehr eine typische römische Lager-Anlage mit Hafen und Vorlager (Annex), im Norden bis zur Alten Lippe reichend. Ähnliche Annexe sind z. B. vom römischen Lagergelände Kops Plateau in Nijmegen bekannt.
Die Größe des somit dargestellten möglichen Hauptlagers liegt etwa bei 16-18 ha.

Abb. 29
Teils auf den Angaben Hölzermanns beruhende, durch den Verfasser modifizierte Darstellung von Bumanns Burg

Die sich dem ehemaligen Lippeufer anpassende Einbuchtung des Restes des Nordwestwalles ist wieder typisch römisch. Eine sehr ähnliche Einbuchtung weist z. B. das römische Lager Anreppen auf.

Möglicherweise lag in dieser Einbuchtung einstmals ein Hafen, so wie er auch für die Einbuchtung in Anreppen diskutiert wird. Hölzermann schreibt dazu:

„Diese (die Lippeniederung vor der Einbuchtung) bildete an dieser Stelle einen so tiefen Sumpf, daß dessen Boden an manchen Stellen mit den längsten Stangen nicht erreicht werden konnte. Zur allmäligen Ausfüllung desselben wurden nach Bumanns Angabe, schon mehr als 3000 Karren Erde hineingefahren. Trotzdem versank ihm dort im Jahre 1864 ein Wagen mitsamt den Pferden.

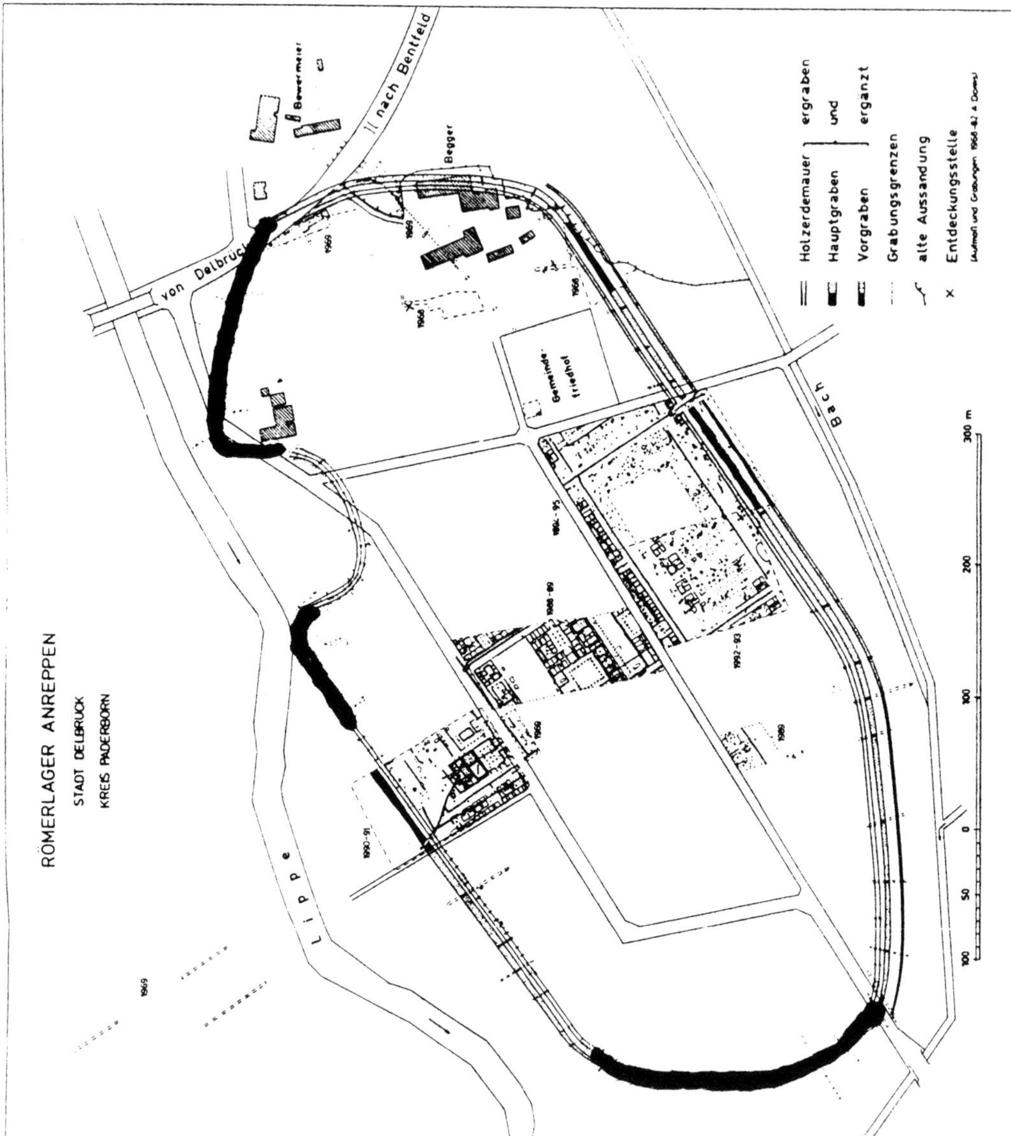
RÖMERLAGER ANREPPEN
STADT DELBRÜCK
KREIS PADERBORN
von Delbrück
nach Bentfeld
Begger
Gemeinde-
friedhof
Lippe
Bach
Stemmeckebach
Holzerdemauer
Hauptgraben
Vorgraben
ergraben
und
ergänzt
Grabungsgrenzen
alte Aussandung
Entdeckungsstelle
300 m

◁ **Abb. 30**
Ergänzte Umrandung des Römerlagers Anreppen:
Die hier ergänzte Umrandung (durchgezogene Striche) des Römerlagers Anreppen nach A. Doms hat das Ziel, die Ähnlichkeit der Einbuchtung (mögliche Hafenbucht) wie an Bumanns Burg (vgl. Abb. 37) aufzuzeigen (aus: J.S. Kühlborn, Germaniam Pacavi, Münster 1995).

Unter diesem angefahrenen Sand des Spargelgeländes liegt das von Hölzermann beschriebene einstige „Hafenbecken des Römerlagers Bumanns Burg".

Abb. 31
„Hafengelände"
nach Hölzermann
in Bumanns Burg

Eine derartige Beschaffenheit der Niederung konnte durch den Strom der Lippe niemals erzeugt werden, ...bleibt nur die Annahme übrig, daß sich an dieser Stelle einst ein durch Menschenhände ausgegrabenes Hafen-Bassin befand."

Das etwa 15 ha große Hauptlager war durch Doppelgraben und Doppelwall zuzüglich des Vorwalles zur Lippe hin stark befestigt und erweckt den Eindruck eines Standlagers. Dieser Eindruck wird verstärkt durch den vermutlichen Hafen.

Von der Größe her gesehen könnten in Bumanns Burg mehrere Kohorten, notfalls bis zu einer Legion und möglicherweise zusätzlich eine Ale Reiter, über längere Zeiträume hin gelegen haben.

Wie mochte die Geschichte der Bumanns Burg gewesen sein?

Voller Fragen steigen die beiden Forscher in das Auto. Zwei Höfe an der von Hölzermann bezeichneten Römer-Trasse sollen für den Rest des Nachmittags als letzte Stationen der Exkursion noch aufgesucht werden.

Zunächst zum ehemaligen Hof Risse. Dort hat Hölzermann ein längeres Stück Römerstraße direkt hart nördlich des Hofes eingezeichnet. Nach den topographischen Karten kann es nur der heutige Hof „Große Kersting" sein.

Die Besitzerin hat dort eingeheiratet und meint, „der Hof Risse hätte etwas weiter entfernt gelegen und sei durch Brand vernichtet worden." Zum dazutretenden Schwiegervater: „Oder, Opa, weißt Du etwas vom Hof Risse?" Der weiß sofort, daß die eigene Vorgängerfamilie „Risse" hieß. Aber die Römertrasse kennt niemand mehr, und das Gelände zeigt keinerlei Anzeichen des ehemaligen Trassen-Damms.

Auf einem Stück gerader Straße, das genau in der von Hölzermann eingezeichneten Richtung liegt, geht es nun zum ehemaligen Hof „Römer". Das kann nur der heutige Hof „Löhner" sein. Die jungen Eheleute „Löhner" bestätigen den Kauf des Hofes durch den Großvater von der Familie Römer.

Sie sind sehr interessiert und hilfsbereit und zeigen den alten, blind endenden Feldweg auf einem flachen Damm, genau auf Hölzermanns Trasse. Diese Trasse verläuft schnurgerade etwa 400 m lang zurück in Richtung auf den ehemaligen Hof Risse, von dem die beiden Männer gerade gekommen waren.

Der Hof „Römer" auf der „Römerstraße"

Das heutige Wohnhaus Löhner steht jedoch jetzt südlich von dem früheren zweimal abgebrannten Wohnhaus „Römer" mitten auf der „ehemaligen Römerstraße".

Ob der Familienname Römer wohl etwas mit der früheren Römerstraße zu tun gehabt hat? Der alte, dort im Volksmund gebrauchte Name „Heidenstraße" könnte ein weiteres Indiz sein.

Ein erfolgreicher Exkursionstag geht zu Ende.

Beide freien Forscher haben das angenehme Gefühl, wichtige Entdeckungen auf den Spuren Ludwig Hölzermanns gemacht zu haben und – daß diese nicht die letzte Exkursion in dieser Sache gewesen ist.

Dieses Gefühl hatte nicht getrogen. Die nächste Prospektion lässt nicht lange auf sich warten. Bereits 14 Tage später untersuchen Werner Winkels und der Verfasser erneut das Gelände Große Berkhoff in Dolberg.

Der Südgraben des Kastells hebt sich nun, scharf abgegrenzt, in einer nicht zu überbietenden Deutlichkeit durch kniehohe Sauerampfer- und Distelpflanzen ab. Sowohl die südwestliche spitzwinklige Ecke als auch

Der 5 m breite Sauerampferstreifen hat zwei Rundecken und zeigt heute noch den Südgraben des Kastells am von Hölzermann eingezeichneten Standort am Abhang der Hünenknäppe. Im Hintergrund die Bäume der Bachschlucht „Teufelsschlucht". Im Herbst standen die vertrockneten Sauerampferstengel etwa 1 m hoch und markierten überdeutlich den ehemaligen Lagergraben.

Abb. 32
Der Sauerampferstreifen von Dolberg

die stumpfwinklige Südostecke des Kastell-Parallelogramms sind klar erkennbar. Ludwig Hölzermann hat also 1867-1870 die Form des damaligen Kastells genau wiedergegeben. Zu diesem Kastell gibt es in Form und Größe ein ähnliches Vergleichslager: das 2,3 ha große Kastell Nr. 5 in Asberg. Dort lag nachgewiesenermaßen für die Zeit ab 70 n. Chr. die Reiterale „ala Moesica" (Günter Horn, Römer in Nordrhein-Westfalen, Konrad Theiss Verlag, Stuttgart 1987, S. 561/563). Da auch Hölzermanns Angaben mit 150 Meterschritten für die Seitenlänge stimmen, war das Kastell von Große Berkhoff/Dolberg ebenfalls 2,3 ha groß.

Nach der Topographie mußte der Hauptweg vom Gelände Schulze-Berkhoff nach Dolberg als Verlängerung der „via principalis" des Hauptlagers direkt an einem Wäldchen vorbei, gewissermaßen über die Kirche von Dolberg hinweg, zur Lippe führen.

Das Wäldchen? Der erfahrene Stratege Werner Winkels beäugt das Wäldchen. Warum ist dort ein Wäldchen? Wir müssen hinein!

Für zwei nicht mehr gerade junge Männer ist das Überwinden zweier dichter Stacheldrahtzäune schon ein kleines Problem.

Abb. 33
Blick vom „Südgraben des Kastells" auf Dolberg

Links ist das Wäldchen zu sehen, in dem heute noch der Westwall mit Graben und Rundecke eines vermutlich dritten Lagers zu sehen ist. Dort fanden Werner Winkels und Verfasser die römische Amphorenscherbe.

Das Auewäldchen mit großen Flächen Efeu und lichten Laubbäumen hat den Charakter eines Hains. Aber die Haine hatten ja einen germanischen Ursprung, hier weisen viele Merkmale auf die Römer hin.

Gleich zeigt sich ein Wall mit Rundecke und vorgelagertem Graben. Er strebt auf einen stärkeren Wall mit breiterem Graben zu und ist mit ihm baulich verbunden. Also zwei Wälle aus der gleichen Bauzeit.

Der vorgelagerte kleinere Wall erweist sich als angelagertes kleineres Rechteck, als Annex.

Der Hauptwall ist noch heute am Fuße sechs Meter breit und etwa 0,7 m hoch. Der Graben ist nach Westen hin gerichtet und zeigt im Norden eine typisch römische Rundecke.

Das hiermit möglicherweise angezeigte ehemalige Lager erstreckte sich also auf der Niederterrasse zu Füßen des mehrfach genannten Hölzermannschen Hauptlagers nach Osten hin.

W. Winkels schiebt mit dem Stiefel Laub und Zweige an einer tiefer gelegenen Stelle mitten im Annex beiseite. Liegen da gelbe Mergelsteine im sonst schwarzen Humusboden?

Vor diesem Westwall liegt, mit ihm integriert, ein Annex.
In ihm fanden Werner Winkels und Verfasser die römische Amphorenscherbe.

Abb. 34
Wall und Graben des möglichen Römerlagers im Wäldchen von Dolberg (3. Lager)

Abb. 35 a/b
Die Amphorenscherbe aus dem Annex des vermutlichen 3. Römerlagers von Dolberg auf einer Amphorenscherbe aus castra Vetera I

a) Unterseite mit vergleichbaren Schleifspuren von der Herstellung beider Amphoren

b) Oberseite mit ebenfalls ähnlicher Struktur.

Das gibt es nicht! Es sind zweifellos Scherben einer römischen Amphore. W. Winkels erkennt den Keramiktyp sofort. Er hat von diesen Scherben Hunderte vom römischen Rheinübergang unterhalb von castra Vetera bei Xanten in seinem Besitz.

Er läßt keinen Zweifel daran: Römische Amphoren-Scherben aus dem frühen 1. Jahrhundert!

So rundet sich nun auch diese Sondage zu einem vollen Erfolg.

Neben den beiden Hölzermann-Lagern ist man nun vermutlich auf ein drittes Lager in Dolberg gestoßen. Also gab es hier möglicherweise ein römisches Lagerzentrum.

Überraschend wäre ein Lagerzentrum in Dolberg nicht, denn die Römer haben immer wieder die gleichen Plätze bei ihren Heereszügen für die Errichtung von Marschlagern genutzt. Es hätte auch die annähernd richtige Entfernung vom Heikenberg gehabt, wo Hölzermann ein Römerlager eingetragen hatte.

Der rätselhafte Wall mit Bombentrichtern

In diesem Licht sollte noch einmal auf den rätselhaften Wall mit den Bombentrichtern östlich des Hölzermannschen Hauptlagers verwiesen werden, der sich u. U. als Rest eines vierten Lagers innerhalb dieses wahrscheinlichen Römerzentrums Dolberg nachweisen lassen könnte. Südlich vor diesem Wall am Rande der Hünenknäppe sind weitere Reste alter, von Menschenhand durchgeführter Erdbewegungen sichtbar. Reste der alten Hölzermannschen Römerstraße?

In Recherchen auf russischen Satellitenaufnahmen (TOP WARE, Art. Nr. 641) lassen sich Fortsetzungen dieser möglichen Römerstraße als helles Band (Bodenverfestigungen) genau in Richtung des Gutes Rentrup-Wintergalen in mehreren längeren Abschnitten feststellen.

Das römische Lagerzentrum am Nordknie der Lippe in Haltern und ein vergleichbares Zentrum am zweiten Nordknie der Lippe in Dolberg könnten deutliche Parallelitäten des Geländes aufweisen.

Wie zogen nun die römischen Heere weiter die Lippe aufwärts? Aufgrund der wiederaufgefundenen Teilstücke der mutmaßlichen Römerstraße nach Hölzermann gab es von Dolberg aus also die „Heidenstraße" gewissermaßen als bereits erwähnte direkte „Schnellstraße" über den Hof Rentrup-Wintergalen nach Liesborn an die obere Lippe.

Neben dieser abkürzenden Straße führte wahrscheinlich auch die bisherige Lippetrasse weiter flußaufwärts, was sehr deutlich durch das von Hölzermann direkt an der Lippe eingezeichnete Lager Hunsel demonstriert wird. Folglich müssen zwischen Dolberg und Anreppen weitere römische Lagerstationen gelegen haben, die in den nahezu 30 Jahren der Eroberungszüge der Römer in das zentrale Germanien immer wieder benutzt worden sind.

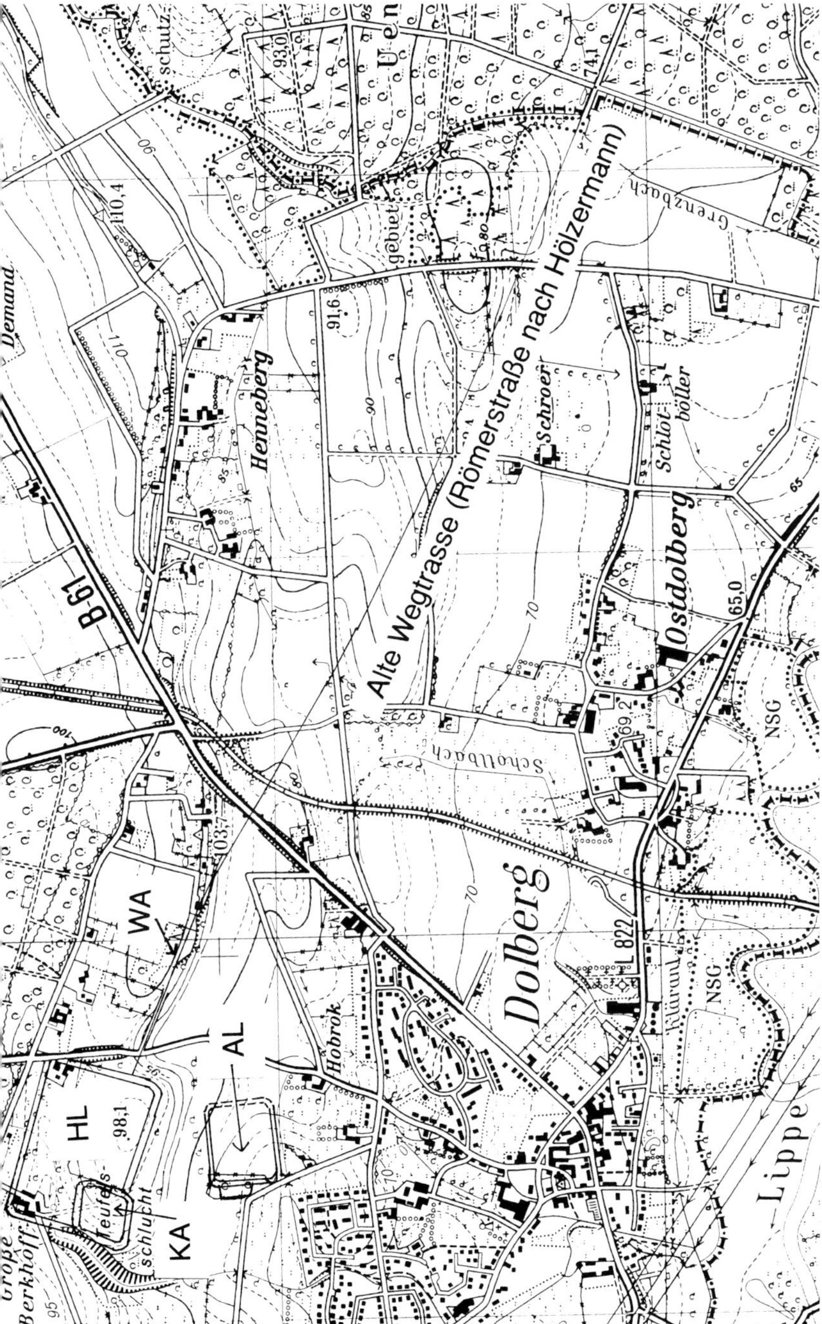

Abb. 36
Römisches Lagerzentrum Dolberg

HL = Hauptlager nach Hölzermann
KA = Kastell (Prätorium nach Hölzermann) von ca. 2,3 ha Größe
AL = 3. Lager mit heute noch erhaltenem Graben, Wall und Annex der Westumrandung von ca. hochzurechnender Größe von ca. 4,5 ha, möglicherweise Alenkastell
WA = heute noch vorhandenes Wallstück, möglicherweise eines 4. Lagers: Hart südlich vom Wall sind umfangreiche Erdarbeiten aus alter Zeit erkennbar (Teilstück der Hölzermannschen Römerstraße?).

Abb. 37
Graben aus dem Römerlager Anreppen

Dieser im Schaukasten des Grabungsgeländes von Anreppen abgebildete Graben des Römerlagers zeigt in Form und Größe ein hohes Maß an Ähnlichkeit mit dem in nebenstehender Abbildung dargestellten „Trockengraben" von Dolberg.

Abb. 39

Panoramabild vom Gelände des „Hauptlagers von Schulte-Berkhoff" nach Hölzermann:

Links: das „Lagergelände",

Rechts: die Hünenknäppe, davor die Lippeaue

Hintergrund: Der Pfeil markiert das Wäldchen mit dem Wallstück des möglichen 4. Lagers,
rechts oben der Kühlturm des stillgelegten Atomkraftwerkes Hamm-Uentrop.

Abb. 38
„Trockengraben“
von Dolberg

Dieser für einen „Trockengraben“ in unüblicher Form und Größe sehr gut gepflegte Graben von Dolberg liegt rechtwinklig zu den heute noch vorhandenen Wall- und Grabenabschnitten des möglichen dritten römischen Lagerstandortes (vgl. AL in Abb. 36). Dieser Graben war nach den Anliegern „schon immer da“. Man weiß nicht, wer ihn hergestellt hat. Er würde als Graben der Südumfassung des dritten Lagers in idealer Weise passen.

Abb. 40
Trasse der ehemaligen „Heidenstraße“

Dieser etwa 400 m lange Feldweg nordöstlich des Hofes Kösterkamp liegt auf der von Hölzermann eingezeichneten Römerstraße (Heidenstraße) und paßt genau zu alten Wegestrukturen in westlicher Fortsetzung auf russischen Satellitenaufnahmen, die dort als helle Bänder erscheinen. Diese Strukturen sind jedoch befriedigend nur auf dem Monitor eines PC zu erkennen.

Bei den bisher besprochenen Lagern an der Lippe ließen sich Oberaden und Beckinghausen dem ersten Feldherrn dieser Eroberungszeit, Drusus (11 - 9 v. Chr.), das Caesarlager bei Dorsten vermutlich dem jungen Heerführer Germanicus für die Zeit von 10 -14 n. Chr. zuordnen.

Tiberius könnte ein weiteres Lager zugeschrieben werden. Als er nämlich nach seinem freiwillig gewählten „Verbannungsort“ Rhodos im Jahre 4 n. Chr. erneut den Oberbefehl über das germanische Heer übernahm, ließ er sein Heer nach dem erfolgreichen Jahresfeldzug 4/5 n. Chr. mitten in Germanien „am Haupt der Iulia“ („ad caput Iuliae“) überwintern.

Seit den 80er Jahren hatte der Verfasser die Suche nach diesem berühmten tiberianischen „Winterlager“ aufgenommen. Leider hat hier Ludwig Hölzermann keine Hilfestellung bieten können.

Im nächsten Kapitel soll über die Nachforschungen nach diesem Lager berichtet werden.

Winterlager „ad caput Iuliae"

Über den triumphalen Empfang des Tiberius durch seine Legionäre im Frühjahr des Jahres 4 n. Chr. besitzen wir durch Velleius Paterculus genaue Kenntnis (II/104, in Curt Woyte, Antike Quellen, R. Voigtländers Verlag, Leipzig 1916):

„Die Soldaten vollends vergossen bei seinem Anblick Freudentränen. Dieser Eifer, dieser unerhörte Jubel bei der Begrüßung, diese Gier seine Hand zu fassen, wobei sie sich nicht enthalten konnten, hinzuzufügen: „Du bist es wirklich, Feldherr! Wir haben Dich gesund und heil wieder! Ich war mit Dir, mein Feldherr, in Armenien, ich in Rätien, mich hast Du in Vindelizien, mich in Pannonien und mich in Germanien beschenkt!"

Den sich anschließenden Feldzug des Jahres 4 n. Chr. beschreibt Velleius Paterculus (II/105) wie folgt:

„Tiberius rückte sofort in Germanien ein, bezwang die Kanninefaten, die Attuarier (Chattuarier) und die Brukterer, während sich die Cherusker - aus ihrem Stamme wurde bald danach Arminius durch die Niederlage, die er uns beibrachte, nur zu berühmt - von selbst unterwarfen. Dann setzte er über die Weser und unternahm einen Vorstoß in das jenseitige Land...

Die Feldzüge des Tiberius

Der Sommerfeldzug dieses Jahres wurde bis in den Dezember ausgedehnt und brachte Tiberius den Vorteil des glänzenden Sieges. Die Kindesliebe war es, die ihn nach Rom zurückkehren ließ, wiewohl der Winter die Alpenpässe beinahe unwegsam gemacht hatte.

Liebevolle Fürsorge führte ihn zu Beginn des Frühlings (5 n. Chr.) nach Germanien zurück, wo er mitten im Lande am Haupte der Iulia (ad caput Iuliae) die Truppen bei seiner Abreise nach Italien Winterquartiere hatte beziehen lassen."

Wo nun lag das berühmte Winterlager des Tiberiusheeres im Winter 4/5 n. Chr. „mitten im Lande (im „Freien Germanien!"), am Haupte der Iulia"?

Es gibt Interpreten, die das Haupt eines Flusses an der Quelle sehen. Andere plazieren es an die Mündung in einen anderen Fluß. Nimmt man parallele „caput-Nennungen" aus Tacitus, so stellt man in über einem halben Dutzend Nennungen fest, daß stets die Flußmündung gemeint ist.

Wo nun mündet die Iulia in die Lippe? Auch hier hat es „Legionen" von Forschern gegeben, die alle möglichen Nebenflüsse der Lippe zur Iulia gemacht haben. Nur einen haben sie nicht berücksichtigt. Das aber tat Friedrich Wilhelm Dustmann, der 1997 brieflich darauf hinwies, daß die heutige Gieseler, die bei Cappel (westlich von Lippstadt) in die Lippe mündet, zwei Nebenflüsse mit den Namen „Güller" und „Gülle" besitzt und daß es möglich sei, daß in römischer Zeit die Gülle dem ganzen Flußsystem ihren Namen gegeben habe. Die sprachliche Ableitung des römischen Namens „Iulia“ aus dem germanischen „Gulia“ und daraus wiederum zur heutigen „Gülle“ erscheine logisch.

Als der Verfasser daraufhin auf seiner topographischen Karte von 1982 die Mündung der „Iulia-Gülle-Gieseler“ suchte, erlebte er eine Überraschung: Genau gegenüber der Gieseler(Iulia)-Einmündung hatte er in den 80er Jahren auf dem dortigen Plateau das Gelände für ein mögliches Römerlager umkreist.

Bildflug durch F. W. Dustmann

Nach Rücksprache mit F. W. Dustmann beflog dieser mit einem Kleinflugzeug das Gelände und machte eine Luftaufnahme von diesem Plateau am „Haupte der Iulia“ mit einem aufregenden Ergebnis:

Quer über das helle Ackergelände zogen sich parallel drei dunkle, breite Streifen und davor ein weiterer breiterer Streifen, der sich schließlich im stumpfen Winkel von den anderen drei parallelen Streifen entfernte.

Nach Besichtigung des Geländes war eine leichte Senke in dem sonst absolut ebenen Acker festzustellen, so als ob dort einst ein Graben oder ein Bachlauf gewesen wäre, wo der Boden nach dem Verfüllen sich leicht gesenkt hätte. Als Erklärung bietet sich an, daß der östlich von diesem Gelände heute noch künstlich abgelenkte Baagebach hier einst eine weitere Ablenkung gehabt haben könnte. Dann wäre eine etwa 20 ha große Fläche im Norden, Westen und Süden vom Baagebach umgrenzt und geschützt worden. Im Osten dagegen hätte sich die Lippe bzw. ein trapezförmig ausgebildeter Seitenarm der Lippe schützend angeschlossen.

Nur Schutz durch einen natürlich entstandenen Seitenarm der Lippe?

Der Seitenarm schließt so präzise trapezförmig mit Ecken an das Plateaugelände an, daß es schwer fällt, hier einen manuellen Einfluss auszuschließen, der diesem Seitenarm eine Hafenfunktion gab. Was soll aber ein Hafen in völlig menschenleerer Gegend einzig mit zwei Bauernhöfen weit und breit?

Wenn denn der Seitenarm einstmals ein Hafen gewesen sein sollte, dann konnte er einst nur einer großen Menschenmenge gedient haben, z. B. einigen der vier oder allen Legionen des Tiberius samt Hilfstruppen und Troß, vielleicht für 30 000 bis 40 000 Menschen. Hierhin konnte der Nachschub vom Niederrhein aus über die Lippe herantransportiert werden.

Aus dem Winterlager „ad caput Iuliae“ aus günstiger Verkehrs- und Geländesituation heraus hätte der Feldherr Tiberius im darauf folgenden Frühjahr des Jahres 5 n. Chr. zum größten seiner Feldzüge in das Innere Germaniens (zu den Chaucen und Langobarden) zeitig aufbre-

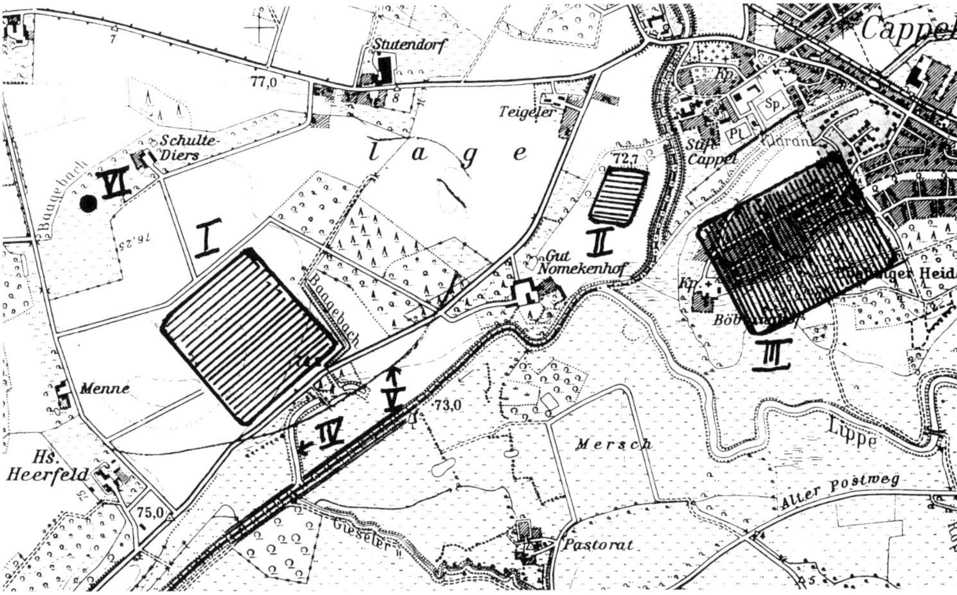

Die von F. W. Dustmann aufgrund der Nebenflüsse Gülle und Güller als Gulia/Iulia angesehene heutige Gieseler weist neben Luftbild- und topographischen Strukturen möglicherweise auf den berühmten Winterlagerstandort des Tiberiusheeres 4/5 n. Chr. hin. Dustmann sieht am Standort II eine weiteres kleineres römisches Lagergelände, während Oberstleutnant Schmidt in der ersten Hälfte des 19. Jahrhunderts im Winkel des Zusammenflusses von Glenne und Lippe Reste eines großen Römerlagers gesehen haben will. Das Gelände des unter I eingezeichneten möglichen Römerlagers war gemäß des anliegenden Hofes Haus Heerfeld vermutlich einst das „Heerfeld“ des großen Römerheeres. IV = trapezförmiger Altarm der Lippe = möglicher ehemaliger Hafen für das Lager auf dem „Heerfeld“, V = bereits in den 80er Jahren vom Verfasser umkreistes Gelände für ein mögliches Römerlager

Abb. 41
Gelände an der Einmündung der Gieseler in die Lippe westlich von Cappel/Lippstadt

chen können. Er stand in diesem Winterlager westlich von Lippstadt bereits „mitten in Germanien“.

Die inneren drei dunklen Linien des Dustmannschen Luftfotos wären dann auf zwei Doppelgräben und die Holz-Erde-Mauer zurückzuführen.

Für diese Lokalisation römischer Anlagen gibt es auch einen numismatischen Hinweis. In Fundmünzen des Römischen Reiches in Deutschland (Bernard Korzus, Bd. VI, Westfalen) steht nämlich lapidar:

„Liesborn/ westlich vom Hof Schulte Nomke/Suderlage (heute Nomekenhof) vor 1938 ein paar römische Münzen“.

Etwa 700 m „westlich vom Hofe Schulte Nomke“ liegt das eben skizzierte wahrscheinliche Winterlagergelände des Tiberius.

Abb. 42
Das Gelände östlich von Haus Heerfeld

Es könnte sich um das ehemalige „Heerfeld" der Tiberiusarmee im Winter 4/5 n. Chr. handeln.

Wesentlich ergiebiger als der Name Nomekenhof ist der Name des westlich an diese Fläche angrenzenden Hofes „Haus Heerfeld". Ist es nicht das „Haus", das dem „Heer-Feld", dem Feld des großen Heeres, anliegt? Derartige Namen erhalten sich bekanntlich über lange Zeiträume, wie es z. B. der Begriff „Heerweg" für alte Trassen belegt.

Wenn es denn die Archäologie wissen will, ob dort wirklich das Hauptlager des Tiberiusheeres lag, dann müßte nur ein Baggerquerschnitt durch die dunklen Streifen auf dem Dustmannschen Luftfoto gezogen werden, um die möglichen Spitzgräben anzuschneiden.

Nimmt man die vorzüglichen englischen Luftbildaufnahmen aus den letzten Monaten des zweiten Weltkrieges hinzu, so lassen sich auf dem vermutlichen Lagergelände ebenfalls Strukturen erkennen, die auf mögliche römische Lagerumfassungen mit Wall und Graben, einschließlich von Rundecken direkt vor dem „Trapezhafen", hinweisen könnten. Vor allem wird darauf der damals noch nahezu komplett erhaltene Trapez-Seitenarm in geometrisch korrekter Form mit Ecken abgebildet, während natürlich gebildete Seitenarme Rundungen aufweisen, die einst das Wasser spülte.

Unten links ist das Haus Heerfeld zu erkennen. Von dem Busch an der Straße unten rechts verlaufen drei parallele dunkle Streifen der möglichen ehemaligen Umfassung des möglichen Römerlagers zur Mitte hin (Pfeil). Weiter nach links ist ein weiteres dunkles abknickendes Band vorgelagert, das u. U. dem dort ehemals abgelenkten Baagebach zugeordnet werden könnte.

Abb. 43
Das „Heerfeld" aus der Luft nach Friedrich Wilhelm Dustmann

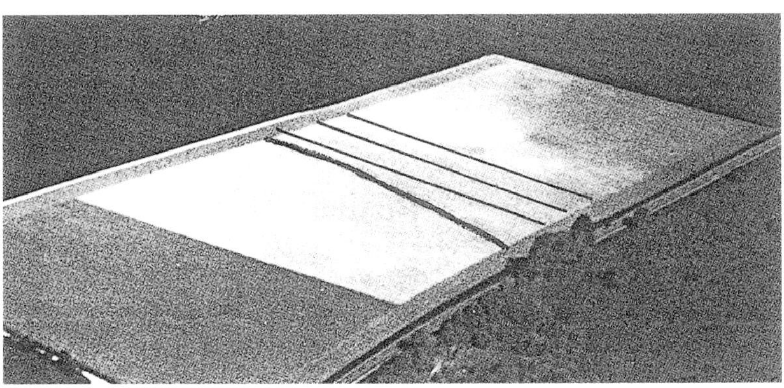

Abb. 44
Das „Heerfeld" mit nachgezogenen „Bändern" aus dem Luftbild von F. W. Dustmann

Abb. 45 Reste eines Lippe-Altarms direkt vor dem möglichen römischen Lagerstandort Heerfeld/Cappel/Lippstadt mit auffälliger Trapezform

Berücksichtigt man noch die von August Schierenberg (Römer im Cheruskerlande, Frankfurt 1862, S. 32) gemachte Mitteilung über die Entdeckung von Resten eines nahe gelegenen ehemaligen großen Römerlagers im Winkel von Glenne und Lippe durch Oberstleutnant Schmidt, so verstärken sich die Indizien für ein römisches Lagerzentrum auf dem Heerfeld von Cappel/Lippstadt. Es hätte für ein großes Heer wie das Tiberiusheer mit üblichen vier Legionen ein vielfältiges Lagerzentrum sein müssen, denn neben den vermutlich vier Legionen (Anzahl für Bildung des kampferprobten agmen quadratum) befanden sich in diesem großen Tiberiusheer, wie praktisch in jedem römischen Heer, eine ganze Reihe von Hilfstruppeneinheiten, sicherlich auch die zahlenmäßig im ganzen Kontigent stark vertretenen Kohorten und Alen aus dem gallischen Raum. Vermutlich wurden diese Hilfstruppen nicht alle in den Legionslagern mit untergebracht. Vor allem die reinen Reiterverbände, die Alen, hatten wegen der hohen Anzahl an Pferden eigene Ansprüche an Form und Größe ihres Lagers.

Für ein derartiges Alenlager gibt es möglicherweise nordwestlich von Haus Heerfeld, an das vermutliche Großlager angrenzend, gewisse Indizien. In dem dort vorhandenen Wäldchen liegen Teile einer Wall-

Hier ist die regelmäßige Trapezform des Altarms mit Ecken zu erkennen, wie sie in der Natur durch Hochwasserausspülung nicht entstehen können. Die menschliche Bearbeitung ist auch deshalb wahrscheinlich, weil das davor liegende Lippeflußbett durch menschlichen Einfluß reguliert worden ist. Die zeitweilige Hafenfunktion in menschenleerer Landschaft ist deshalb nicht auszuschließen. Am rechten Bildrand ist der Nomekenhof erkennbar. Westlich von diesem, also auf dem Heerfeld, sind römische Münzfunde dokumentiert (B.Korzus, FMRD, BD. 6 Westfalen, Gebr. Mann Verlag, Berlin 1971). Die gestrichelte Linie soll in etwa das mögliche Lagergelände umgrenzen.

Abb. 46
Ausschnitt aus englischer Luftaufnahme 1091 vom 22. 3. 1945 vom Lippe-Altarm vor dem Heerfeld/ Cappel/Lippstadt (mit Genehmigung des Air Photo Archive, University Keele/England)

Graben-Umrandung mit Rundecke vor, ebenso wie eine Tränke. Verblüffend sind jedoch drei parallel in geringem Abstand verlaufende „Waldwege", die einen Rundbuckelquerschnitt mit etwa 6 m Damm-Breite und zwei begleitenden Straßengräben haben. Diese untypische Bauweise für neuzeitliche „Waldwege" drängt dem Kenner römischer Straßen geradezu den Eindruck von der römischen Bauweise auf. Genau so sehen auch die Römerstraßen in Rheinland-Pfalz aus, so z. B. die Römerstraße von Wörth (Trauth, Eine Wanderung auf der Römerstraße im Bienwalde, Pfälz. Museum, Pfälzische Heimatkunde 1924). Schon Trauth hat darauf hingewiesen, daß das Material für den Damm aus den Gräben entnommen worden sein soll. Der Mergelschotter der sehr festen Dämme nordwestlich von Haus Heerfeld stammt offensichtlich aus dem mergeligen Unterboden der Gräben.

Abb. 47 a/b/c/d/e
Reste möglicher Römerlager in Liesborn und Cappel-Lippstadt

a) Torsituation des von Hölzermann vermuteten möglichen Römerlagers auf der „Römerheide" westlich von Liesborn: Der Wall in der möglichen Torsituation verläuft bogenförmig nach außen.

b) Der Ostwall des möglichen Römerlagers „Römerheide"

c) Wall und Graben mit Rundecke eines möglichen Römerlagers in Größe von ca. 5 ha nordwestlich von Haus Heerfeld

d) Einer von insgesamt vier aus den seitlichen Gräben mit rundlichem Querschnitt dick aufgeschotterten, parallel verlaufenden „Waldwegen" nordwestlich von Haus Heerfeld mit großer Ähnlichkeit zu römischen Limesstraßen.
Eine Packlage aus massiven Steinen im Untergrund ist jedoch nicht vorhanden

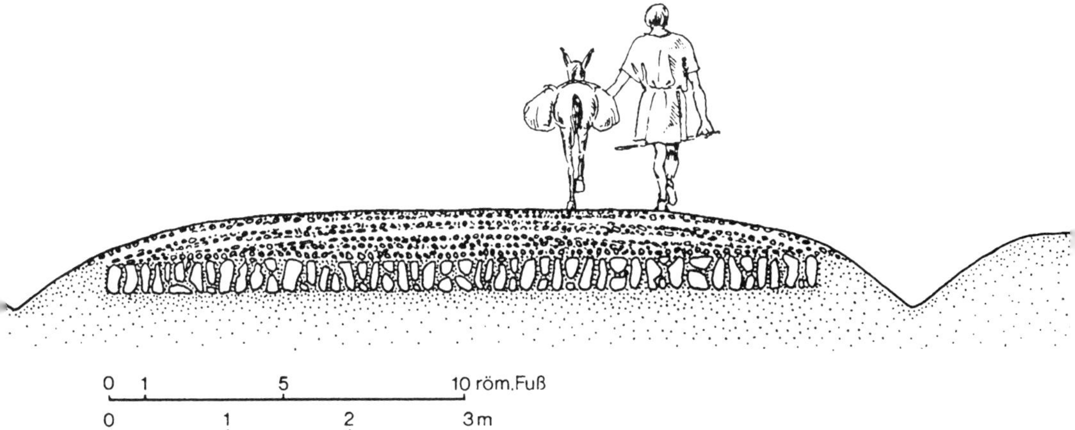

e) Typisch römische Limesstraße nach D. Baatz und F. R. Hermann (Die Römer in Hessen, Theiss, Stuttgart 1982, S. 111)

Rein logistisch sind drei parallele, „römerstraßenähnliche Waldwege" in teilweise weniger als 100 m Abstand neben einer weiteren vierten derartigen festen Straße zur Lippe (an einer halben Lagerumrandung!) ein Luxus, den sich kein Bauer in einem derartigen kleinen Wäldchen leisten würde. Eher ist man versucht, daran zu denken, daß es Trainingsstraßen für römische Legionäre und Reiter im Winterquartier gewesen wären. Diese Vorstellung kommt dann auf, wenn man dort an den schweren, klebrigen Boden des feuchten Winters denkt. Der Verfasser hat jedenfalls bisher noch nie derartige heute funktionslose, luxuriöse Wege in einem deutschen Wald gesehen.

Selten wurden von den Römern mehr als zwei Legionen in einem Standlager zusammengefasst.

Eine dezentralisierte Verteilung auf mehrere Winterlager kam mit Sicherheit auch dem täglichen Kampftraining in kleineren Einheiten bei gleichzeitiger Verbesserung von Disziplin und Kommandogewalt entgegen, wie es ja auch die eben angesprochenen gewölbten „Waldwege" suggerieren.

Zur Zeit des Ludwig Hölzermann hat es offensichtlich auf dem unbewaldeten Heerfeld keine weiteren Wall- und Grabenreste mehr gegeben, denn sonst wären sie von ihm eingezeichnet und beschrieben worden.

Das Römerlager „Hunsel" nach Hölzermann

Dafür hat Hölzermann einen Tagesmarsch westlich von diesem vermutlichen Tiberius-Lagergelände auf der der Lippe abwärts folgenden Uferstraße nach Dolberg/Hamm das bereits genannte „Römerlager Hunsel" eingezeichnet. Es hätte die Lücke auf der Lippetrasse zwischen Dolberg und dem Heerfeld bei Cappel/Lippstadt durch ein Wachtlager gut gesichert.

„Hunsel" ist jedenfalls ein zum Lagern gut geeignetes, jedoch noch höher gelegenes Plateaugelände im Vergleich zu Heerfeld/Cappel.

Man hat dort einen weiten Überblick über die Lippeniederung nach Westen wie nach Osten. Man konnte dort römische Schiffe auf der Lippe weithin sehen.

Erst kürzlich hat dort ein befreundeter Sondengänger einen halbierten augusteischen As geborgen, der offiziell in Münster registriert ist.

Hölzermann muß offensichtlich noch Reste der Wall/Graben-Anlage Hunsel gesehen haben. Im Norden könnte eine heute noch vorhandene Böschung dazugehört haben.

Nach den bisherigen Erfahrungen von der Errichtung mehrerer Lager auf einem günstigen Lagergelände müßte auch das sich östlich an Hunsel anschließende Gelände von Herzfeld berücksichtigt werden. Nach den Karten von Hölzermann gab es eine römische Straßenverbindung zwischen dem der Lippe anliegenden Herzfeld und dem nach seiner Auffas-

Dieses Plateau westlich von Herzfeld hat eine dominierende Stellung mit großer Fernsicht an der Lippe zwischen Dolberg/Hamm und Cappel/Lippstadt.

Abb. 48
Plateau des „Römerlagers Hunsel“ nach L. Hölzermann

sung an der Schnellstraße des Hinterlandes liegenden Lager „Römerheide/Liesborn“, von dem noch heute bisher nicht näher untersuchte Wall- und Grabenreste vorhanden sind.

25 Kilometer und damit einen guten Tagesmarsch östlich vom Plateaugelände Heerfeld/Cappel/Lippstadt liegt direkt an der Lippe das archäologisch gut untersuchte Römerlager Anreppen.

Abb. 49
As vom Standort „Hunsel“

Dieser von Peter Ilisch, Münster, klassifizierte römische As wurde von Boris Ahlers, Hamm, auf dem Plateau des möglichen Römerlagers gefunden.

Römerlager Anreppen

Das Römerlager Anreppen verdankt seine Entdeckung spielenden Kindern, die 1967 an einer Rübenmiete „schöne Scherben" fanden, die der Fachmann Anton Doms schnell als Terra-sigillata-Scherben einordnete.

Die nur leichte Erhöhung über der Lippe ist ein derartig unscheinbarer Ort, daß niemand ohne die gefundenen Scherben auf die Idee gekommen wäre, daß einst dort ein Römerlager gestanden hätte. Offensichtlich jedoch war dieser Standort unmittelbar an der Lippe den Römern ungleich wichtiger als manch anderer, der sich am Delbrücker Landrücken von den Bodenverhältnissen her weit besser geeignet hätte.

Die Entfernung von 25 km zum idealen Lagergelände von Cappel/Lippstadt ließ sich in dem ebenen Gelände leicht in einem Tagesmarsch bewältigen. Da Anreppen als Ort eines Römerlagers feststeht, wird der Standort Heerfeld/Cappel (ad caput Iuliae) durch diesen Tagesmarschabstand nach Westen umso wahrscheinlicher.

Es bieten sich weitere strategische Überlegungen an.

Dezentralisierung des Tiberius-heeres

Das dem Hafen anliegende mögliche Hauptlager Cappel/Lippstadt wurde vom Verf. etwa mit der Größe von 20 ha angegeben. Es hätte Platz für eine ganze Legion geboten. Das überwinternde Heer des Tiberius bestand aber hochwahrscheinlich mindestens aus vier Legionen derjenigen Heeresgröße, die die Bildung des „agmen quadratum" erlaubte. Vermutlich waren es die seit den Zeiten des Drusus am Niederrhein stehenden und später unter Varus untergehenden Legionen XVII, XVIII und XIX, die durch wenigstens eine oberrheinische Legion von Mainz verstärkt sein konnten.

Es ist nun aus strategischen Gründen, wie bereits erwähnt, höchst unwahrscheinlich, daß alle vier Legionen samt Hilfstruppen in etwa gleicher Gesamtstärke in Cappel/Lippstadt über den Winter des Jahres 4/5 n. Chr. hinweg in einem einzigen Lager stationiert gewesen wären.

So wie die Legionen in ihren Winterlagern am Niederrhein in den vorhergehenden Jahren auch über mehrere Lager wie Xanten, Nijmegen, Neuß und Haltern verteilt waren, so war das an der oberen Lippe nunmehr möglicherweise ebenso. Die Gründe dafür könnten, wie bereits gesagt, einmal in der besseren räumlichen Verteilung, dem besseren Zusammenhalt der Legionen unter ihrem jeweiligen Oberkommando und schließlich in der weiträumigeren Beherrschung der germanischen Provinz liegen.

Unter Umständen lag tatsächlich eine der angenommenen vier Legionen im Gelände Cappel/Lippstadt, z. B. auf dem Dünengelände direkt

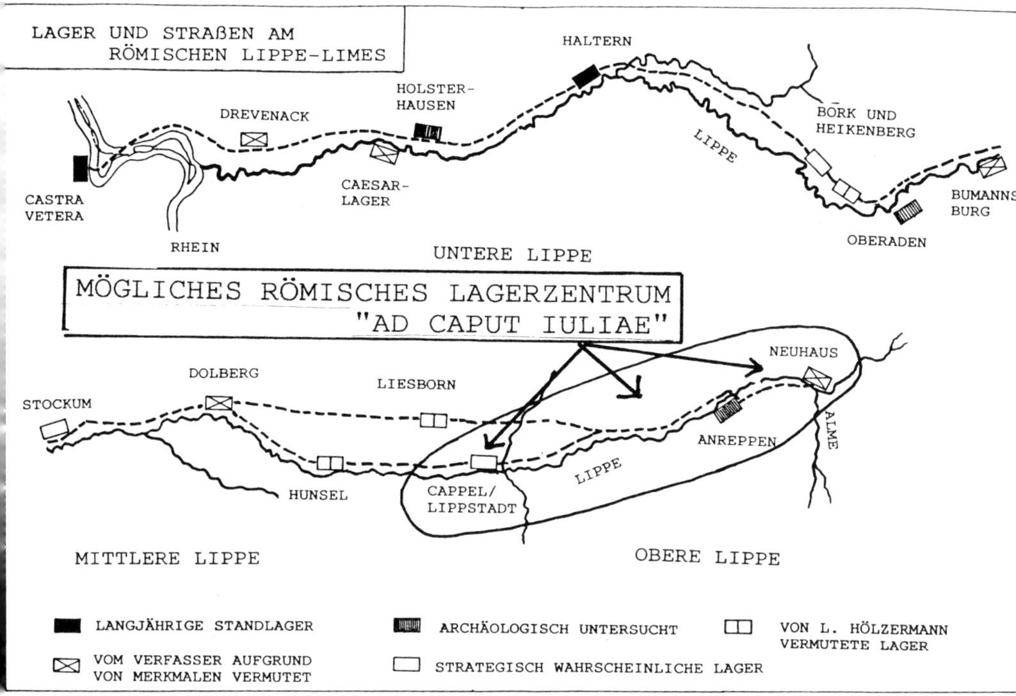

Die in der Umrandung enthaltenen bzw. vermuteten römischen Lager könnten möglicherweise zum gesamten Lagersystem des Tiberiusheeres gehört haben.

Abb. 50
Mögliches Lagerzentrum „ad caput Iuliae“ des Tiberiusheeres 4/5 n. Chr.

im Winkel zwischen Lippe und Glenne, wo Oberstleutnant Schmidt in der ersten Hälfte des 19. Jahrhunderts noch die Reste eines großen Römerlagers gesehen haben wollte.

Vielleicht gehörte aber auch das Lager Anreppen zur weiträumigen Stationierung dazu, das mit 23,5 ha Größe einer weiteren Legion Platz bot. Die dort aufgefundene Bebauung auch mit den Kommandeursgebäuden für eine Führungslegion eines größeren Heeres läßt diese Hypothese durchaus zu.

Vor allem aber macht die zeitliche Datierung durch die Fachleute sowohl aufgrund neuerer Datierungen als auch der Analyse der dort aufgefundenen Münzen (Peter Glüsing, in: Rainer Wiegels, Die Fundmünzen von Kalkriese..., Bibliophilis, Möhnesee 2000) diese Hypothese wahrscheinlich. Glüsing datiert das Bestehen des Römerlagers Anreppen auf die Zeit von 4 - 9 n. Chr. Dieser Autor weist auf das Fehlen des Varus-Gegenstempels auf den bis jetzt (Jahr 2000) gefundenen ca. 240 Münzen hin. Diese beiden Aussagen erscheinen widersprüchlich, denn in einem Lager, das bis zum Jahre 9 n. Chr. bestanden hätte, wären Münzen mit Varus-Gegenstempel zu erwarten. Der Verfasser hat Zweifel, daß das Lager Anreppen noch nach 6 n. Chr. bestanden hat.

Obwohl in Anreppen die für Haltern typische besondere Form an Terra-sigillata-Keramik sehr häufig auftritt, damit also auf die starke Bindung Anreppens mit dem Lagerzentrum Haltern hinweist, fehlen die typischen Halterner runden Gegenstempel IMP mit dem Krummstab-Zeichen (Lituus-Zeichen). Damit werden gleich zwei Aussagen möglich:

Warum Lager Anreppen nicht Kastell Aliso sein kann

- Der Rundstempel in Haltern wurde erst aufgebracht, als Anreppen als Lager bereits aufgegeben war.
- Anreppen ist damit vor Haltern aufgegeben worden. Haltern dagegen hat länger bestanden.
- Da nach allgemeiner Auffassung das Lager Haltern wenigstens zeitweise nach der Varusschlacht von den Römern aufgegeben war, müßte Anreppen dann deutlich vor 9 n. Chr. bereits geräumt worden sein, wenn die runden IMP-Stempel in den letzten Jahren vor 9 n. Chr. (7-9) aufgebracht worden waren.
- Wenn dieser Gegenstempel in Haltern jedoch erst nach der wahrscheinlichen Wiederbesetzung durch das Germanicusheer in den Jahren 14-16 n. Chr. eingeschlagen worden wäre, hätte Anreppen ebenfalls nicht bis zum Jahre 9 n.Chr. besetzt sein können, weil sonst mindestens der oben angegebene Varus-Gegenstempel hätte auftauchen müssen. Für den Fall des Einschlages des runden IMP-Stempels nach der Varusschlacht würde dieser in Kalkriese tatsächlich stark vertretene Stempel die dortige Lokalisierung der Varusschlacht ausschließen.
- Wenn Anreppen 9 n. Chr. nicht mehr bestand, kann es sich auch nicht um das Kastell Aliso gehandelt haben, das in diesem Jahr die Flüchtlinge aus der Varusschlacht aufnahm.

Aus allen diesen Überlegungen heraus scheint es nahe zu liegen, das Lager Anreppen einem der Legionslager aus der Gesamtstationierung des Tiberiusheeres im Winterlager 4/5 n. Chr. zuzuordnen.

Glüsing verweist auf eine Mitteilung von J. S. Kühlborn, daß nach einer jüngsten dendrochronologischen Analyse von Anreppener Bau-

Abb. 51
Römischer
Gegenstempel IMP
mit Lituus

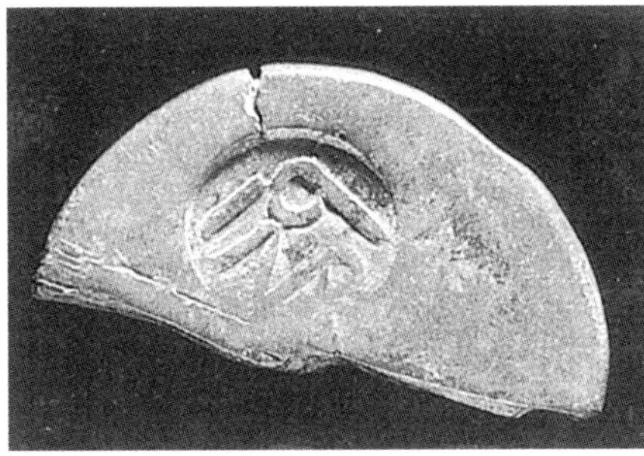

Runder Gegenstempel IMP
(M und P in Ligatur)
auf halbiertem As aus Kalkriese
(nach Frank Berger,
in Wolfgang Schlüter, Kalkriese...,
Rasch Verlag, Bramsche 1993)
und in der Skizze,
jeweils mit Lituus (Krummstab)
über den Buchstaben

holz das Lager noch ziemlich sicher im Jahre 6 n. Chr. bestanden hätte. Diese Aussage wird noch gestützt durch die jüngsten Grabungen, die ergeben haben, daß in Anreppen mindestens zwei Lager übereinander gelegen haben. Neuerdings scheint sich sogar trotz der aufgezeigten Widersprüche allgemein die Auffassung durchzusetzen, daß Anreppen bis zur Varusschlacht im Jahre 9 n. Chr. besetzt gewesen sei. Aus den o. a. Argumentationsketten vermag der Verf. dieser Auffassung nicht zu folgen.

Der Lagergrundriß nach dem ersten Ausgräber Anton Doms ist bereits im Zusammenhang mit der darauf sichtbaren wahrscheinlichen Hafeneinbuchtung beim Vergleich mit Bumanns Burg vorgestellt worden. Hier sollte noch einmal auf die starke Befestigung des gesamten Lagers hingewiesen werden.

Sie umfaßt genau wie im Hauptlager Haltern zwei dicht nebeneinanderliegende Gräben von 5-6 m Breite und bis 2,90 m Tiefe. Diese liegen in einem Abstand von unter einem Meter vor einer hölzernen Brustwehr (Holz-Erde-Mauer) von 2,90 m Breite und 4,50 m Höhe. Die Bebauung zeigt ein normales Legionslager mit überdurchschnittlich großen Kommandeursgebäuden, was auf die Führungslegion innerhalb des möglichen Winterlagerkomplexes des Tiberiusheeres in den Jahren 4-6 n. Chr. hinweisen könnte.

Johann-Sebastian Kühlborn (Germaniam Pacavi, Münster 1995) hat aufgrund der Bebauungsart des Lagers angemerkt:

„Daher (wegen der direkten Lage an der oberen Lippe) hat man gelegentlich in dem Lager Anreppen eine größere Nachschubstation für die im Weserraum operierenden römischen Truppen gesehen. Den jüngsten Grabungsergebnissen kann jedoch entnommen werden, daß sich die Funktion des Lagers kaum auf eine rein logistische Rolle im Sinne eines Stapelplatzes einengen lässt."

Bei den neuesten Grabungen sind offensichtlich neue Getreidespeicher gefunden worden. Dennoch sollten daraus nicht Rückschlüsse auf ein reines Versorgungslager gezogen werden, denn auch übliche Legionslager wie z. B. das Koenenlager von Neuß besaßen einen Getreidespeicher. Ein reines Versorgungslager hingegen ist das Lager Bad Nauheim/Rödgen, dessen Fläche größtenteils von drei riesigen Getreidespeichern überdeckt wird.

Beinahe noch wichtiger als diese technischen Details ist die Tatsache, daß die Archäologen glauben, einige hundert Meter östlich des Lagers eine breite römische Straße auf dem dortigen leichten Sandrücken genau in Richtung nach Schloß Neuhaus entdeckt zu haben. Im Neujahrsgruß des Landschaftsverbandes Westfalen-Lippe 1997, S. 51, heißt es: „In Delbrück-Anreppen, Kr. Paderborn, wurde 700 m nordöstlich des Römerlagers in einem 240 m langen Suchschnitt die römische Militärstraße erstmalig außerhalb des Lagers entdeckt (D. Bérenger)."

Eine dortige Römerstraße hatte nur einen Sinn, wenn sich östlich von Anreppen ein langjähriges Standlager befunden hätte. Ein derartiges Standlager an der oberen Lippe aber könnte das in den Schriften der antiken Historiker immer wieder genannte feste Kastell Aliso sein.

Diesem Kastell als Endpunkt des römischen Limes an der Lippe soll auf der Basis dieser Argumentationslage das nächste Kapitel zugeordnet werden.

Aliso – 27 Jahre vor der Stirn der Feinde

Kastell Aliso war vom Beginn der römischen Eroberungszüge in Norddeutschland an das wichtigste Bollwerk mitten im Feindesland. Seine Gründung wird von Cassius Dio (Historia Romana, 54/35, in Curt Woyte, Antike Quellen ....) im Zusammenhang mit Berichten über den beinahe vernichtenden Überfall der Germanen auf die Drususlegionen im Jahre 11 v. Chr. bei Arbalo im Eggegebirge in römischer Sichtweise mitgeteilt:

„Die Niederlage, die sie (die Germanen) infolgedessen (wegen ihres hochmütigen und beutegierigen Verhaltens) erlitten, entmutigte sie, so daß sie die Römer nur noch aus der Ferne beunruhigten und sich nicht mehr in die Nähe wagten. Die Folge davon war, daß Drusus seinerseits jetzt auch gering von ihnen (den Germanen) dachte und ihnen dort, wo die Lippe und der Elison sich vereinigen, ein Kastell vor die Stirn setzte."

Diese Ortsangaben des Cassius Dio hat „Legionen" von Heimatforschern, aber auch amtliche Archäologen rätseln lassen, wo denn schließlich dieses Kastell „vor der Stirn der Feinde" war.

Wo „vereinigten sich Lippe und Elison?"

Wo vereinigen sich Lupia und Elison?

Nahezu jeder Nebenfluß der Lippe wurde von diesen Forschern mit Hilfe oft akrobatischer Gedankenkonstruktionen zum Elison gemacht und mußte damit jeweils für eine neue Ortsangabe für das Kastell „Aliso" herhalten.

Nach Oberaden an der Seseke, dann der Ortschaft Elsen an der Alme am Oberlauf der Lippe schlüpfte Haltern an der Stever in die Rolle des Kastells „Aliso". Besonders Siegmar von Schnurbein hat in seinen „Untersuchungen zur Geschichte der römischen Militärlager an der Lippe" (Philipp von Zabern, Frankfurt 1981, S. 96) in Abwägung aller möglichen Argumente und deren Hinterfragung sich äußerst vorsichtig für die Lokalisation von Aliso in Haltern ausgesprochen:

„.... dann weist das Hauptlager von Haltern also in vielen Punkten die für Aliso herausgearbeiteten Charakteristika auf, so daß man eine Gleichsetzung mit aller gebotenen Vorsicht wird erwägen können."

Versuchen wir nun mit den Hilfsmitteln

- der historischen Quellen,
- der Ortsnamenanalyse,
- der Geländemerkmale (Topographie),
- der Strategie,
- der Fundsituation,
- alter Luftaufnahmen,

und ihrer gegenseitigen Verknüpfung das Lokalisationsproblem von Aliso zu lösen:

Zunächst hat uns Cassius Dio in zweifacher Weise eine klare Ortsangabe gegeben. Er lokalisiert ein im Jahre 11 v. Chr. erbautes Kastell (s. o.)

– „dort, wo die Lippe und der Elison sich vereinigen,"
– „vor der Stirn der Feinde."

Wichtig ist, daß es im historischen Text nicht heißt, „dort, wo der Elison in die Lippe mündet", sondern „dort, wo sich Lippe und Elison vereinigen". Diese Wortwahl ist von entscheidender Bedeutung, denn eine Vereinigung findet nur zwischen zwei gleich großen Flüssen statt. Eine derartige Flußsituation an der Lippe ist nur am Oberlauf gegeben, weil an der mittleren und unteren Lippe stets kleine Flüsse in die größere Lippe münden.

Die Alme als Elison

Von einer Vereinigung mit der Lippe kann man nur bei der Alme unweit des Dorfes „Elsen" gegenüber dem heutigen Schloss Neuhaus reden. Wer dort an einem Wintertag steht und beide kräftig strömenden Flüsse sieht, kann nicht erkennen, ob die Alme in die Lippe oder aber die Lippe in die Alme mündet. Es ist eine gleichwertige Vereinigung zweier Flüsse. Alle anderen Flüsse und Bäche münden dagegen in den Hauptfluß Lippe.

Schaute man nun vor 2000 Jahren von erhöhter, nicht verbauter Position, z. B. von einem römischen Wachtturm aus, auf den langgestreckten nahen Teutoburger Wald, erlebte man diese Bergkette wie „die Stirn der Feinde," nämlich die Stirn der Cherusker, die hinter dieser Bergkette wohnten.

Wer Schwierigkeiten bei der Anerkennung dieser Quellenauslegung der „Stirn" hat, sollte die nun folgende Ortsnamenanalyse unter die Lupe nehmen:

Paul Höfer (Die Varusschlacht, Duncker und Humblot, Leipzig 1888) hat bereits vor über hundert Jahren, ähnlich wie heute F. W. Dustmann für die Iulia, die Flußnamensableitung für den Elison vorgenommen.

Er wies schon damals auf die Eller bzw. den Ellerbach als längsten Nebenfluß der Alme hin. Diese Eller konnte vor 2000 Jahren dem gesamten Flußsystem Alme ihren Namen gegeben haben.

Eine derartige Namenszuordnung hätte eine Parallele zu der Gülle, die vor 2000 Jahren dem Flußsystem der heutigen Gieseler den alten Namen „Gulia" geliehen haben dürfte (Gülle, Gulia, Iulia, vgl. Kapitel Winterlager „ad caput Iuliae").

Die Parallelableitung nimmt Höfer sinngemäß folgendermaßen vor:

Das Kastell „vor der Stirn der Feinde" lag nach Cassius Dio an der Vereinigung von „Lupia" und „Elison".

„Aliso" ist der Plural von „Alisa" und steht für das Flußsystem mit dem niederdeutschen Namen „Else" = „Eller" = „Erle".

„Aliso“ wurde unter dem griechischen Historiker Cassius Dio zum „Elison“, woraus sich das heutige „Elsen“ ableiten lässt.

Der Name der „Alisa“ (des „Elison“) hat sich bis heute im Nebenfluß „Eller“ bzw. „Ellerbach“ und dem Ortsnamen „Elsen“ erhalten.

Zur Römerzeit also trug der heutige Hauptfluß „Alme“ vermutlich den alten Namen „Alisa“ des heutigen Nebenflusses „Eller“ = „Erle“. Die Römer bauten ihr Kastell am Fluß der „Erlen“ = „Aliso“. Das Kastell war das „Erlen-Kastell“.

Die Höfersche Namensableitung für „Aliso“ ist hier leicht modifiziert und verkürzt worden. Der Verfasser hält sie, besonders auch im Vergleich mit der parallelen Dustmannschen Ableitung für die „Iulia“, für zwingend. Beide Ableitungen unterstützen einander. Beide wichtigen Flußnamen aus der Römerzeit sind jeweils in den Nebenflußnamen erhalten geblieben.

Diese Ortsnamenanalyse, kombiniert mit dem Text des Cassius Dio, könnte schon als logische Lokalisierung des Kastells Aliso am Zusammenfluß von Alme und Lippe angesehen werden.

Ein weiterer wichtiger Quellenhinweis kommt von Cassius Dio (56/18-23):

Die römische Unterwerfung des Germanenlandes

„Die Römer hatten einzelne Punkte (des Germanenlandes) in ihrer Gewalt, nicht ein zusammenhängendes Gebiet, sondern wie sie gerade hier und dort von ihnen unterworfen waren...Ihre Truppen überwinterten dort und legten städtische Siedlungen an... und die Barbaren gewöhnten sich an ihre Märkte und hatten friedliche Zusammenkünfte.“

Unterworfen war das ganze Lippegebiet. Folglich mußten sich dort städtische Ansiedlungen bilden. Es ist bekannt, daß jeweils an festen römischen Standlagern germanische Dorfansiedlungen, die „Vici“ (sing. „Vicus“), wie z. B. am Standlager Haltern, gegründet wurden. In den Zentren der germanischen Stammesgebiete entstanden aber auch die größeren städtischen Siedlungen, die „Civitates“ („Civitas“). Vieles spricht dafür, daß in Corvey an der Weser bei Höxter eine derartige cheruskische „Civitas“ in Anbindung an das dortige Drususlager gelegen hat (Näheres dazu in Heribert Klabes, Corvey, Huxaria Verlag, Höxter 1997).

Wahrscheinlich wird auch am Endpunkt der Römerstraße entlang der Lippe mit ihren Lagern, Wachtkastellen, Dämmen, Landwehren und Straßen (Lippe-Limes) eine germanische Ansiedlung gelegen haben. Westlich des Lagers Anreppen ist eine derartige Vicus-Ansiedlung nachgewiesen. Vermutlich lag auch bei dem Kastell Aliso auf dem Boden des heutigen Schloß Neuhaus und Paderborn eine ähnliche oder sogar größere germanische Ansiedlung. Vielleicht war es die Vorläuferansiedlung vom nahen Paderborn an den Quellen der Pader. Es gibt nicht wenige Forscher, die diesem Vicus bzw. dieser Civitas den Ptolemäus-Namen „Teuderum“ zuweisen.

Karl der Große hat dieses Gelände um Paderborn immer als ein Zentrum der Sachsen angesehen. Entsprechend verlegte er dorthin eine seiner wichtigsten Pfalzen.

Schloß Neuhaus und Paderborn waren mindestens seit der Römerzeit Zentren wichtigster Heer- und Fernstraßen. Hier kreuzten sich die Ost-West-Verbindung, später „Hellweg” benannt, der Vorläufer der heutigen B1, der vom Rhein bis nach Elbgermanien führte, mit der Nord-Süd-Straße von Frankfurt über Marburg, Neuhaus, Minden, Hamburg, Dänemark (später „Frankfurter Weg“ benannt).

Die dadurch gegebene Zentralität einer germanischen Stadt mit größerem Handelsumsatz wird noch wahrscheinlicher durch eine bisher wenig beachtete geographische Angabe des Ptolemäus, die von einem „porto Aliso“ berichtet (nach Heinz Ritter-Schaumburg, Der Cherusker, Herbig Verlag, München 1988).

Wenn Aliso einen Hafen hatte, dann konnte er neben dem Nachschub- auch den Handelsverkehr sowohl für die römische Besatzung als auch für eine nahe germanische Civitas (Teuderum?) sichern.

Der Verfasser wird auf diesen Hafen noch bei der topographischen Untersuchung des möglichen Lagergeländes von Aliso zurückkommen.

Antike Quellen bekräftigen Lokalisierung von Aliso.

Die nun folgenden antiken Quellen bekräftigen noch einmal die Lokalisierung von Aliso im Raum von Schloß Neuhaus.

Zonaras (X/37, in Curt Woyte, Antike Quellen ...) beschreibt die Erstürmung der römischen Kastelle nach der Varusschlacht:

„Die Barbaren erstürmten sämtliche Kastelle außer einem, dieses aber hielt sie lange auf, so daß sie weder den Rhein überschritten, noch in Gallien einfielen. Doch konnten sie dieses eine nicht in ihre Gewalt bringen, denn sie verstanden sich nicht auf den Festungskrieg. Außerdem hatten die Römer zahlreiche Bogenschützen zur Verfügung, von denen die Barbaren unter starken Verlusten zurückgescheucht wurden.

Als sie dann die Nachricht erhielten, daß die Römer die Rheinlinie behaupteten und Tiberius mit einem starken Heere im Anmarsch sei, zog die Mehrzahl von dem Kastell ab. Die Übrigen zogen sich von ihm zurück, um nicht durch plötzliche Ausfälle der Besatzung geschädigt zu werden, und beschränkten sich darauf, die Anmarschwege scharf zu beobachten, in der Hoffnung, die Römer aus Mangel an Lebensmitteln zur Ergebung zu bringen.

Die römische Besatzung aber harrte, solange sie ausreichend Proviant hatte, auf ihrem Posten aus, da sie auf Entsatz hoffte. Als aber von keiner Seite Hilfe kam und sie der Hunger quälte, da paßten sie eine stürmische Nacht ab und rückten aus. Es waren nur noch wenige Soldaten, doch um so mehr Unbewaffnete. Sie kamen auch glücklich an dem ersten und zweiten Wachtposten der Feinde vorbei. Als sie aber in die Nähe des dritten kamen, wurden sie bemerkt, da die Weiber und Kinder aus Erschöpfung und Angst bei der Finsternis und Kälte andauernd die waffenfähige Mannschaft zurückriefen.

Die Flucht der Römer aus Aliso

Sie wären auch wirklich samt und sonders getötet oder doch gefangen genommen worden, wenn sich die Barbaren nicht beim Raub der Beute aufgehalten hätten. So aber gewannen die rüstigen Römer einen bedeutenden Vorsprung, und die Trompeter, die bei der Truppe waren, bliesen einen Marsch mit schnellem Tempo und erweckten so dem Feinde den Glauben, daß sie von Asprenas als Entsatz geschickt seien. Daher hielten die Feinde mit ihrer Verfolgung inne, und Asprenas, der von der Sache Meldung erhalten hatte, kam den Flüchtlingen wirklich zur Hilfe."

Ein Nebensatz weist in diesem Text auf „die Beobachtung der Anmarschwege" der Römer hin. Also konnten die Römer Aliso von Westen aus auf mehreren Straßen erreichen. Dieser wichtige Hinweis erhält seine Bestätigung durch Auswertung russischer Satellitenaufnahmen, auf denen helle Streifen als Anzeiger für Bodenverfestigungen durch alte Heerwegstrassen zu erkennen sind.

Frontinus (Strategemata, III/15/4, in Curt Woyte, Antike Quellen ...) führt über die Flüchtlinge aus der Varusschlacht aus:

„Als die aus der Schlacht (Varusschlacht) Entronnenen belagert wurden und es schien, als ob sie an Getreide Mangel litten, führten sie die Gefangenen (Germanen) die ganze Nacht in den Getreidespeichern herum. Sie hackten ihnen dann die Hände ab und ließen sie laufen."

Hier wird klar, dass sich neben der Besatzung im belagerten Kastell auch zahlreiche „der Varusschlacht entronnene Römer" befanden.

Nimmt man nun noch Velleius Paterculus (II/117 ff., zitiert nach Heinz Ritter-Schaumburg, Der Cherusker, Herbig Verlag, München 1988, S. 93) hinzu, so ergibt sich, daß dieses belagerte Kastell kein anderes als „Aliso" sein konnte:

„Anerkennung verdient auch die Tüchtigkeit des Lagerkommandanten L. Caedicius und derer, die, mit ihm in Aliso eingeschlossen, durch riesige Massen an Germanen belagert wurden.

Unter Überwindung aller Schwierigkeiten, die der Mangel an Lebensmitteln unerträglich und der Ansturm der Feinde unüberwindlich machte, faßten sie weder übereilte Entschlüsse, noch begnügten sie sich mit tatenloser Vorsicht.

Sie warteten den geeigneten Augenblick ab, dann bahnten sie sich mit dem Schwert die Rückkehr zu den Ihrigen."

Diese drei Texte enthalten wichtige Hinweise, die in der Gesamtbetrachtung zu entscheidenden Schlußfolgerungen sowohl hinsichtlich des Standortes von Aliso, als auch des Varusschlachtfeldes führen:

- Aliso war eine Festung, die besonders durch Bogenschützen verteidigt werden konnte.
- Aliso hatte viele Getreidespeicher, eine Tatsache, die durch das Vorhandensein eines Hafens, aber auch durch die strategische Lage für die Versorgung der östlich im Weserraume operierenden Truppe erklärbar wird.
- Aliso lag in Fluchtrichtung und nicht zu großer Entfernung vom Varusschlachtfeld Richtung Rhein, weil nur so das schnelle Erreichen dieser Festung durch „der Varusschlacht Entronnene“ möglich war. Menschen flüchten in Panik immer auf kürzestem Wege, hier zum Ort der Rettung in Aliso.
- Die Flucht aus dem belagerten Kastell Aliso in finsterer Nacht mit Frauen und Kindern konnte nur auf gebahnter Straße und nicht in weglosem Gelände erfolgen. Damit wird der Hinweis von Zonaras auf die römischen Anmarschwege für Aliso auch durch diese strategische Überlegung bestätigt.
- Die von den Ausgräbern Anreppens aufgefundene Verlängerung der römischen Lippestraße von Anreppen nach Osten führt zum Gelände des heutigen Schloß Neuhaus (Aliso) und von dort u. a. in den Teutoburger Wald, in das Gebiet der Varusschlacht.

Der erste Kalkriese-Streit vor über 100 Jahren

Schon Paul Höfer hatte Ende des 19. Jahrhunderts im Streit mit dem „großen Mommsen“, der damals aufgrund der römischen Münzfunde die Varusschlacht nach Barenau (Kalkriese) verlegte, darauf hingewiesen, daß Barenau (Kalkriese) aufgrund der Lage von Aliso an der oberen Lippe nie der Ort der Varusschlacht sein könne. Höfers Argumentation ist sehr einleuchtend, denn es ist unvorstellbar, daß die Flüchtlinge vom „Varusschlachtfeld Kalkriese“ fünf Tagesmärsche oder mehr weiter nach Südosten nach Schloß Neuhaus, also weiter nach Germanien hinein, geflüchtet wären, statt gleich nach Westen in kürzester Entfernung in Richtung auf den Rhein zu eilen.

Auf der anderen Seite müßte ja nach Annahme des Standortes der Varusschlacht in Kalkriese das Kastell Aliso im nördlichen Münsterland gelegen haben, eine Lokalisation von Aliso, die wohl niemand ernsthaft vornehmen dürfte.

Was sagen Topographie, Strategie und Luftbilder über den Standort von Aliso?

Eine strategische Voraussetzung dafür ist die Schiffbarkeit der Lippe. Sie war bis zur Vereinigung mit der Alme gegeben, zumal in unmittelbarer Nähe weitere wasserreiche Flüsse und Bäche wie Rotherbach, Thune, Pader, Strothe einmünden.

Gegenüber dem Vereinigungspunkt von Alme und Lippe liegt ein von Westen heranreichender sandiger Rücken, praktisch ein Ausläufer des großen sandigen Sennegebietes.

Hier am Endpunkt ist dieser Sander besonders hoch und mit steilen Flanken versehen. Er hat den Namen „Wilhelmsberg".

Kastell Aliso im Wilhelmsberg

Im Februar 1997 nun war es Helmut Schütte, der dem Verfasser und drei weiteren Forschern die Doppelgräben vor den Flanken dieses Sanders zeigte. Er konnte auch noch auf Reste eines „Schutzgrabens" für ein „Vorkastell" verweisen.

Der Verfasser ist froh, den „Schutzgraben des Vorkastells" 1997 noch fotographisch dokumentiert zu haben, denn heute ist das entsprechende Gelände bebaut und durch den Bagger planiert worden.

Die Pfähle aus dem „Schutzgraben" wurden auf Veranlassung Schüttes mit Hilfe der C14-Methode datiert. Nach dieser Datierung stammen die Pfähle aus dem 18. Jahrhundert. Somit ist seine Auslegung des Grabens als römischer Schutzgraben, der möglicherweise dem späteren Ausbau im 18. Jahrhundert vorausging, schwerlich begründbar, selbst wenn das Einschlagen der Pfähle in einen seit der Frühgeschichte bestehenden Graben nicht ausgeschlossen werden kann.

Die Doppelgrabenreste im anliegenden Wilhelmsberg aber sind heute noch sichtbar. Sie liegen genau vor den Flanken des offensichtlich manuell erhöhten Sanders.

Schütte wies weiter auf die „Pfostenlöcher der Stämme einer ehemaligen Holz-Erde-Mauer" oberhalb der Flanken des Sanders hin.

Leider waren einige dieser angeblichen „Reste von Eichenpfosten" Podsol-Bildungen. Aber dennoch scheinen an einer Stelle wirklich Reste von ehemaligen Eichenpfählen in Doppelreihe vorhanden zu sein. Eine Grabung wäre dringend erforderlich.

Vieles ist heute bereits vernichtet. So haben schon die Bischöfe von Paderborn den Wilhelmsberg im 18. Jahrhundert oder sogar noch früher umwühlen lassen. Einmal wollte man dort bischöflichen Weinbau betreiben, einmal wollte man die Silvesterkarpfen in neu angelegten Teichen heranziehen. Schließlich vernichtete die Anlage größerer Gebäude Teile des östlichen Wilhelmsbergs. Es sind heute leider nur noch Reste des Wilhelmsberges so, wie sie vermutlich aus frühgeschichtlicher Zeit hinterlassen wurden. Dazu gehören der Doppelgraben mit Rundecke im Westen des vermuteten Kastells und weitere Teile des Doppelgrabens nördlich des rundlichen Sanderberges.

Abb. 52 Doppelgräben vor der Westflanke des Wilhelmsberges in Schloß Neuhaus

Abb. 53 Nördliches Teilstück der Doppelgrabenumrandung des vermuteten Römerlagers Wilhelmsberg (Aliso ?)

Wenn es sich hier um das Kastell Aliso handeln sollte, und es spricht vieles dafür, dann war dieses durch die integrierte Lippe mit einem möglichen Hafen im Süden und den steilen Flanken des Sanderberges im Norden nur schwer zu überwinden. Die Bogenschützen hätten hier Feinde, die entweder den Fluß oder aber die mit den steilen Flanken des

Dieser Wassergraben mit nördlicher Zuleitung aus der Lippe enthielt Pfähle aus dem 18. Jahrhundert (C14-Datierung) und ist leider heute überbaut. Die Pfähle könnten auch im 18. Jahrhundert in den möglicherweise viel früher errichteten Wassergraben eingeschlagen worden sein.

Abb. 54
„Schutzgraben"
vor dem
Wilhelmsberg

Sanders integrierten Doppelgräben zu überwinden versuchten, leicht abschießen können.

Der Wilhelmsberg befindet sich in strategisch günstiger Lage im Winkel der Thune und Lippe. Das gesamte Gelände liegt praktisch auf einer Insel von 5 km Länge und 2,5 km Breite, die nur nach Osten durch eine 900 m breite Dünen-Engstelle zwischen beiden Flüssen offen ist. Diese Engstelle ließ sich leicht durch Wall und Graben befestigen.

Auf dieser „Lippe-Thune-Insel" konnten die von Xanten auf dem Weg in das Cheruskerland heranmarschierenden Römerheere jeweils neben dem Depot-Kastell Aliso ideale, trockene, sandige Flächen für ihre Marschlager finden.

An mehreren Stellen nördlich des Wilhelmsberges befinden sich noch heute Reste von Einfachgräben, oft mehrere hundert Meter lang, schnurgerade im Gelände verlaufend. Reste ehemaliger römischer Marschlager? Nur eine Grabung könnte Auskunft geben. Fest steht:

Hier haben viele Menschen viele Gräben errichtet. Sicherlich waren das nicht alles Gräben für Strom- oder Gasleitungen.

An dieser Stelle sollten wir die englischen Luftfotos vom 22. 3. 1945 (Nr. 3096 und 3097, Air Photo Archive, University Keele/England) betrachten.

Abb. 55 a/b/c/d Mögliches römisches Lagerzentrum Aliso am Wilhelmsberg in Schloß Neuhaus/Paderborn

a) Ausschnitt aus dem englischen Luftbild 3096 vom 22. 3. 1945 (Genehmigung zur Veröffentlichung: Air Photo Archive University Keele, England) vom Gelände südlich des Wilhelmsberges mit altem Weg (Allee auf Karte von Le Coq)

Die vom acht Kilometer entfernten Anreppen aus verlängerte Römerstraße über das heute mit einer Seenplatte versehene, ausgebaggerte Gelände scheint auf den englischen Fotos kurz vor der Lippe als heller Streifen erkennbar zu sein. Dieses helle Band umgeht eine weit ausladende Bucht des Überschwemmungsgebietes der Lippe und führt dann in Richtung auf die Vereinigungsstelle von Alme und Lippe zu.

Rein strategisch konnte die Trasse dieser südlich der Lippe nach Osten verlaufenden Straße nur in dieser Richtung zu einer optimalen Furt vor dem Wilhelmsberg führen, um das nördlich der Lippe liegende Kastell Aliso leicht zu erreichen. Furten befinden sich oft an Verzwei-

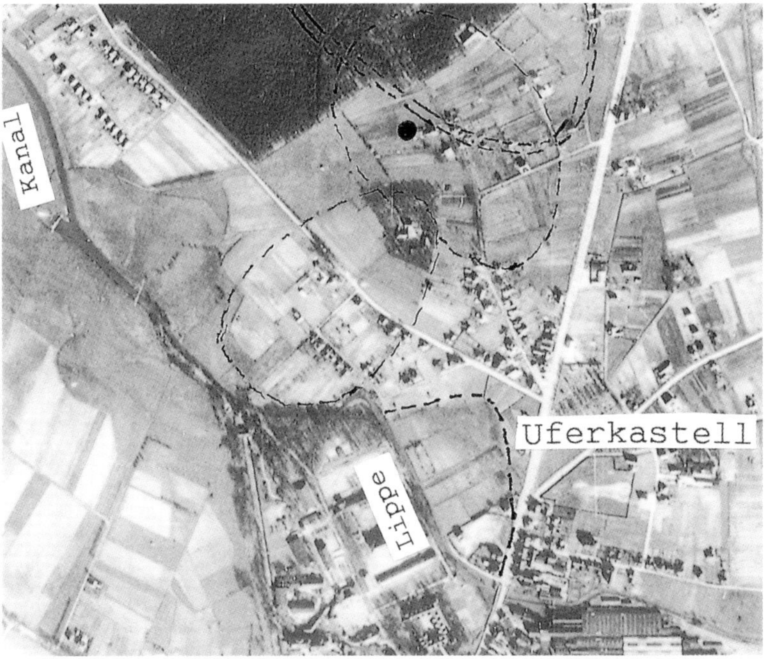

b) Oval angeordnete Kleinfelder in der 1945 noch nicht flurbereinigten Feldflur sind hier gestrichelt umrandet (Ausschnitt aus Luftbild 3097). Rechts vom Punkt ist, hier durchgezogen, die Fortsetzung des westlichen Doppelgrabens aus dem Wilhelmsberg in der Feldflur erkennbar. Außerdem ist das mögliche Uferkastell gekennzeichnet.

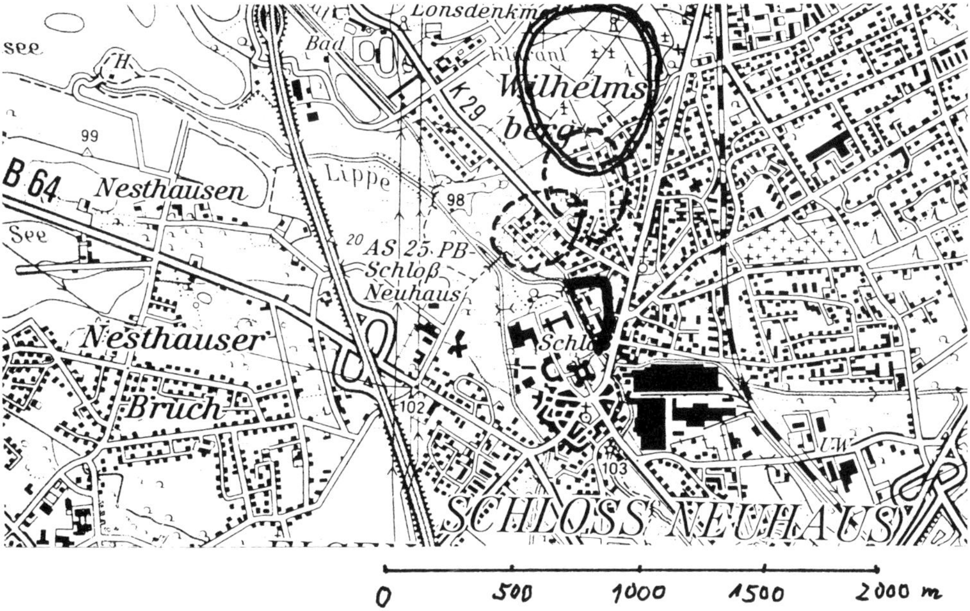

c) Hier sind die ovalen möglichen Lagerumrandungen auf der topographischen Karte Nr. 4218 Paderborn verdeutlicht.

Abb. 55 d d) Englisches Luftbild 3096 vom 22. 3. 1945 vom Wilhelmsberg/Schloß Neuhaus

Genehmigung zur Wiedergabe: Air Photo Archive, University Keele, England. Lag mitten im Waldgebiet einst ein T-förmiges Gebäude? Könnte es sich um ein ehemaliges Gebäude des Heimatschutzes während des 2. Weltkriegs handeln?

gungen eines Flusses, wo man leichter zwei oder bei zwei gleichzeitigen Inseln drei Flußarme mit einem geringeren Wasserstand überqueren konnte. Oberhalb der Einmündung von Alme, Thune, Rotherbach enthielt die nicht mehr schiffbare Lippe weniger Wasser und war deshalb leicht zu überwinden.

Das Luftfoto zeigt das helle Band eines alten Weges in klassisch römischer, gerader Richtung mitten durch den Wilhelmsberg und teilweise als mögliche Lagerstraße durch das vermutliche Kastellgelände. Außerhalb der Lagerumrandung wiederum knickt dieser Weg, als helles Band nach Südwesten, gerade auf die Furtstelle oberhalb der Vereinigung von Alme und Lippe zulaufend, ab.

Allee verband den Wilhelmsberg mit Paderborn.

Die Verlängerung dieses alten Weges aus dem Wilhelmsberg (aus dem Kastell Aliso?) in Richtung des nahegelegenen Paderborn ist auf älteren Karten noch verzeichnet, z. B. auf der Karte des französischen Majors Le Coq, Blatt 16, aus dem Jahre 1805. Nach dieser Karte war der alte Weg zur Zeit der Kartenerstellung eine dominierende prächtige Allee, die über das heutige nördliche Schloßgelände und weiter als Allee zwischen Pader und Kleiner Pader über die „Blaue Brücke“ das Zentrum Paderborns mit dem „Lagergelände“ im Wilhelmsberg verband. Diese Allee integriert überraschenderweise damit nicht das bischöfliche Schloß von der Lippeinsel mit dem Zentrum Paderborns, sondern in geradezu auffälligerweise den Wilhelmsberg. Damit wird offensichtlich die ältere Herkunft und hohe Bedeutung des Wilhelmsberges gegenüber der jüngeren des Schlosses Neuhaus dokumentiert. Interessanterweise geht diese Prachtallee aus dem Wilhelmsberg nach Norden in eine durch die Senne führende Straße über, die sich dann nach Le Coq in die beiden Haupttrassen der Senne zum Wistinghauser und Bielefelder Paß teilt. Nach Le Coq war also nicht die Dörenschlucht direkt mit dem Wilhelmsberg verbunden, sondern die Wistinghauser Schlucht. Diese Feststellung ist ungemein wichtig für die These des Verfassers, daß die Varusschlacht auf der Nordseite vor der Wistinghauser Schlucht ihren Anfang nahm.

Die heutige Brücke der L 756 am Schloß von Neuhaus ist nach der Karte von Le Coq zum damaligen Zeitpunkt eindeutig eine Brücke von geringerer Bedeutung.

Der Verfasser hatte die erwähnten englischen Luftfotos von Schloß Neuhaus dank des Sponsoring der Stadwerke Rinteln bereits seit drei Jahren in den Händen und sie von Zeit zu Zeit immer wieder analysiert. Stets war diese Analyse bis auf das Auffinden der ehemaligen Prachtallee enttäuschend verlaufen:

Nun stand die Frage im Raum, ob die neue Digitalkamera das ziemlich dunkle englische Luftfoto 3097 vom Wilhelmsberg aufhellen und mit ihrer hohen Auflösung die schwarzen Schattenstellen im Wald des Wilhelmsberges besser strukturieren könnte?

Bei Sonnenschein wurden nun die beiden englischen Luftfotos digital in Makrostellung fotografiert. Die neuen Fotos sind heller und die Schattenpartien besser durchgezeichnet. Und siehe da: Mit einem Mal wird in Teilen zunächst eine etwa 20 ha große ovale Umrandung sichtbar, die in der Form an das nahe gelegene Römerlager Anreppen erinnert.

Ovale Lagerumrandungen im Wilhelmsberg

Der nördliche Teil der ovalen Umrandung zieht sich haargenau um die Flanken des Sanders herum. Die beiden erhaltenen Doppelgrabenstücke innerhalb des Waldes liegen genau auf dieser Ovalumrandung. Der südliche Teil der ovalen Umrandung liegt in der 1945 weitgehend unbebauten Feldflur. Die kleinen Felder waren damals noch nicht flurbereinigt. Sie lagen vermutlich seit vielen Jahrhunderten so angeordnet, als wären sie einst in ein ovales Hindernis (Wall) hineingepreßt worden. Sie scheinen die Grundstücksanordnung in mittelalterlichen Städten innerhalb ovaler Wallanlagen widerzuspiegeln.

Auf den übrigen Flächen des Luftbildes liegen die Felder geometrisch mit gerade verlaufenden Grenzen in unterschiedlichen Winkeln zueinander. Hier am Wilhelmsberg sind die Felder jedoch wie Puzzlestücke in das Oval hineingedrückt worden. Doch wohl, weil im Mittelalter Hindernisse in Form von Wall und Graben dazu zwangen?

Die digitalen Fotos zeigen überraschenderweise auch genau auf der ovalen Umrandung an einer Stelle zwei dunkle parallele Linien. Kein Zweifel, es sind Fortführungen des Doppelgrabens aus dem Waldstück des Wilhelmsberges.

Dem Hauptoval scheint aber noch ein halbes Oval angegliedert worden zu sein. Handelt es sich um eine spätere Vergrößerung, um einen sogenannten Annex, oder aber ist es eine Unter- bzw. Überlagerung durch ein zweites, früher oder später angelegtes ovales Lager ?

Getrennt davon, in den „Annex“ hineinragend, scheint noch ein weiteres Oval auf der in den Winkel der Lippe hineinragenden Terrasse zu liegen. Handelt es sich hier um ein drittes Lager?

Dieses neue Oval befindet sich sehr nahe der Lippe und einer rätselhaften dunklen, leicht bogenförmigen „Dreieckstruktur“ an dem an dieser Stelle regulierten Fluß.

Schon tagelang hatte der Verfasser die sich dunkel rechts und links der Lippe abzeichnenden Überschwemmungsniederungen betrachtet.

In schönen runden Schwüngen verliefen die Ausbuchtungen dieses Schwemmgebietes. Neben diesen runden Buchten fiel jedoch immer wieder die fast geometrisch ausgebildete „Dreieckstruktur“ direkt vor den möglichen ovalen Lagerumrandungen auf.

Gestrichelte Umfassungslinien für die möglichen Römerlager wurden gewonnen aus topograpischen Merkmalen und auffälligen Grundstücksbegrenzungen auf englischen Luftaufnahmen von 1945. Schwarz ausgefüllte Teile der Lagerumrandung im Wald sind noch heute als Reste eines Doppelgrabens zu sehen. Das schwarz ausgefüllte Teilstück südlich des Waldes vom Wilhelmsberg ist nur auf den englischen Luftfotos erkennbar und leider heute überbaut.
Die ovalen Umrandungen mögen befremden. Jedoch wurden die Lager in den ersten Jahren der römischen Angriffskriege 13-9 v. Chr. überwiegend dem Gelände angepaßt und häufig in ovaler oder polygonaler Form errichtet (Beckinghausen, Cops Plateau, Hunerberg, Anreppen, neuerdings auch Hedemünden bei Göttingen, vgl. auch den Internetbeitrag des Verf. „Lagerte die Drususarmee einst an der Nethemündung?“, www.roemerfreunde-weser.info).
Das „Uferkastell" ähnelt den Anlagen Hofestatt im römischen Lagerzentrum Haltern.

Abb. 56
Skizze der möglichen Anlagen des vermuteten römischen Lagerzentrums Aliso/ Schloß Neuhaus/ Paderborn

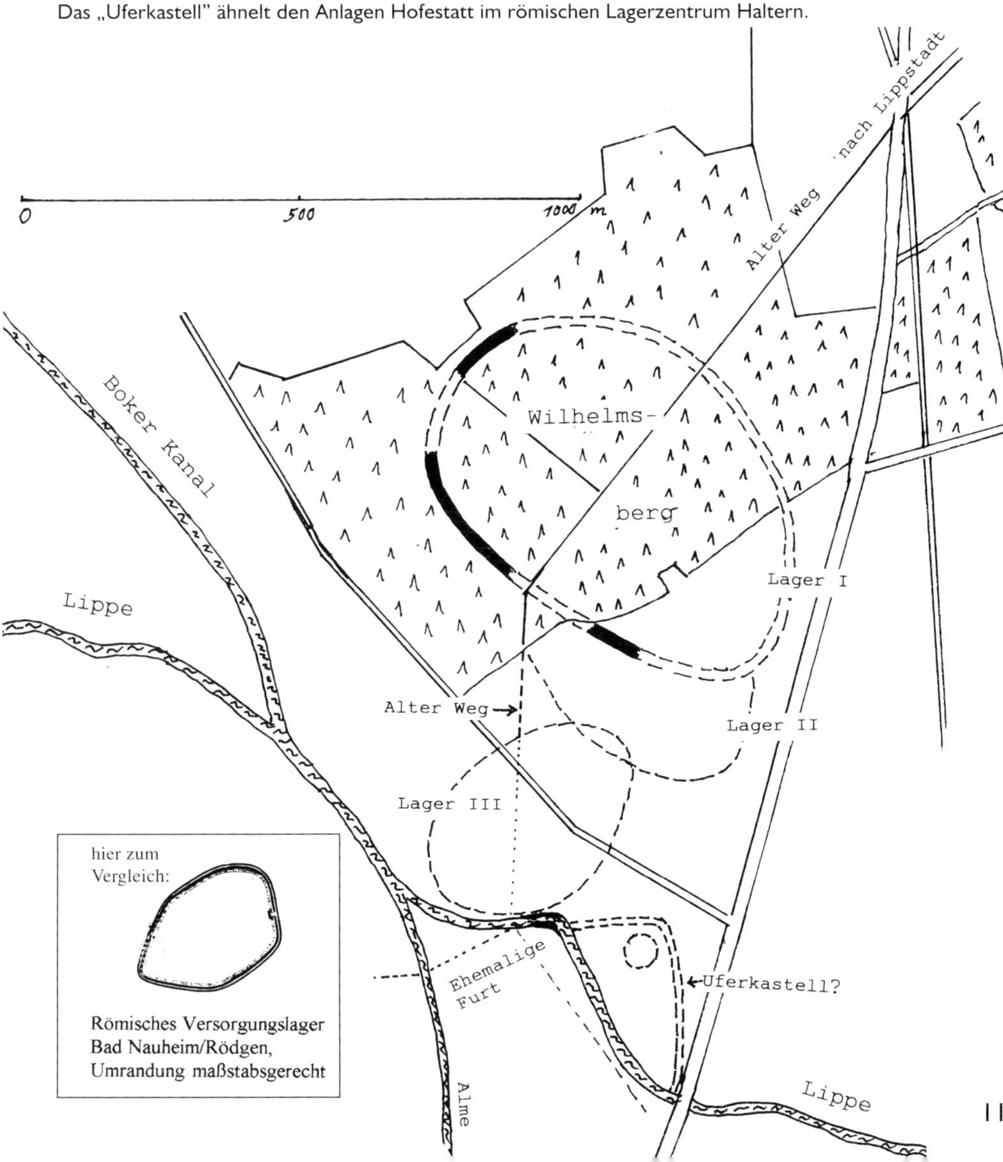

Die leiterförmigen Strukturen stellen Schiffshäuser dar (nach MAK IV, 1905, Taf. 4). Die beiden Hauptkastelle zeigen eine ähnliche Struktur, wie sie auf den englischen Luftbildern vom Wilhelmsberg/Schloß Neuhaus an der regulierten Lippe sichtbar ist.

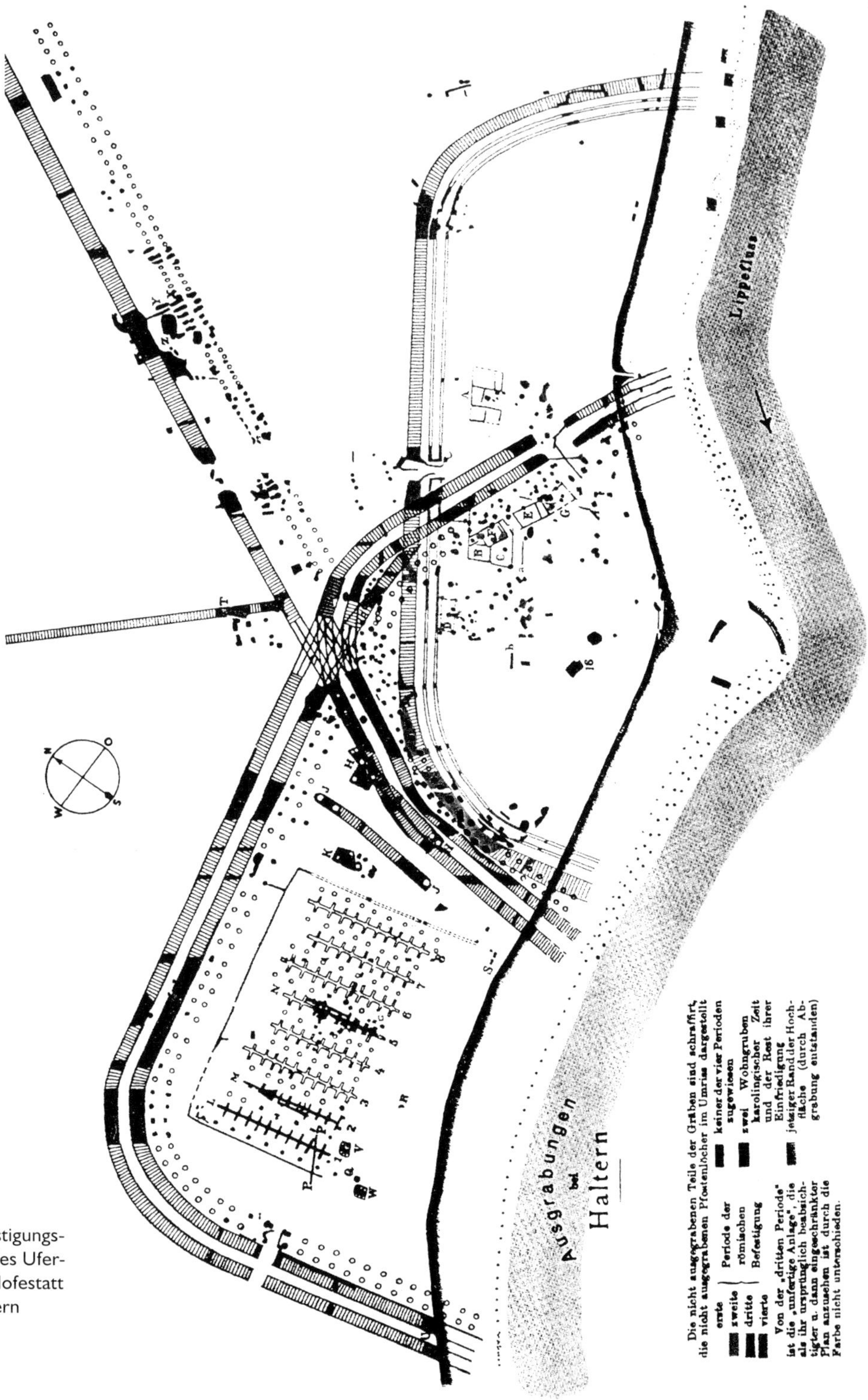

Abb. 57
Die Befestigungsanlagen des Uferkastells Hofestatt von Haltern

War diese „Dreieckstruktur" nicht den „Uferkastellen Hofestatt" von Haltern überraschend ähnlich? Da man in den „Uferkastellen Hofestatt" durch ihre Anbindung an die ehemals dort fließende Lippe heute allgemein Hafenanlagen sieht, könnte dann die „bogenförmige Dreieckstruktur" an dem regulierten Lippestück ebenfalls ein den Hafen schützendes Uferkastell gewesen sein, vielleicht der bereits erwähnte ptolemaeische „porto Aliso"?

Es ergibt sich dabei landeinwärts die Schenkellänge des „Bogendreiecks" von ca. 280 m. Die Grundseitenlänge des etwa gleichschenkligen „Bogendreiecks" beträgt ca. 150 m. Die regulierte Lippe bildet den zweiten Schenkel des Dreiecks von etwa 250 m Länge.

Durch die Regulierung konnte man den Wasserstand vertiefen und damit möglicherweise einen ca. 250 m langen Kai zum sicheren Entladen der Schiffe schaffen.

Es gibt noch weitere topographisch-strategische Grundlagen, die diese Darstellung möglicher ovaler Römerlager im Wilhelmsberg von Schloß Neuhaus stützen:

Römisches Versorgungslager Rödgen

Bereits zur Zeit seiner Offensiven im Jahre 10 v. Chr. errichtete Drusus von seinem Basislager Mogontiacum (Mainz) aus das Versorgungslager Bad Nauheim/Rödgen, das ebenso wie Oberaden nur bis 8 v. Chr. bestanden hat. Es sollte als Getreidespeicher-Lager die Grundnahrungsmittel Getreide für die im Chattenland operierenden Legionen sicherstellen. Drei riesige rechteckige Getreidespeicher mit der größten Länge von 47,2 m und der größten Breite von 33 m waren in Bad Nauheim/Rödgen in einem den Ovalen der möglichen drei Lager vom Wilhelmsberg sehr ähnlich umwallten Lager untergebracht. Auch die Art der Umrandung mit Doppelgraben und Holz-Erde-Mauer dieser „augusteischen Versorgungsstation" Bad Nauheim/Rödgen (Dietwulf Baatz/Fritz-Rudolf Herrmann, Die Römer in Hessen, Theiss Verlag, Stuttgart 1982) wurde bereits zu Beginn dieser Betrachtungen für die Lager von Aliso vermutet. Erst in jüngster Zeit hat Klaus Grote, Kreisarchäologe in Göttingen, die Entdeckung eines oval geformten Römerlagers möglicherweise aus der Drususzeit bei Hedemünden südlich von Göttingen bekanntgegeben. Dieses neu entdeckte Drususlager würde die These des Verfassers von ovalen Drususlagern im Wilhelmsberg stützen.

Wenn man die frühese Entstehung des ersten Lagers von Aliso/Schloß Neuhaus ebenfalls für das Jahr der Drususoffensive 11 v. Chr. annimmt und auch an die von Frontinus erwähnten großen Getreidespeicheranlagen in Aliso (Strategemata III/15/4) denkt, so fällt die strukturähnliche mögliche 1. Lageranlage von Aliso gegenüber der von Bad Nauheim/Rödgen ebenfalls in die gleiche Gründungszeit unter Drusus

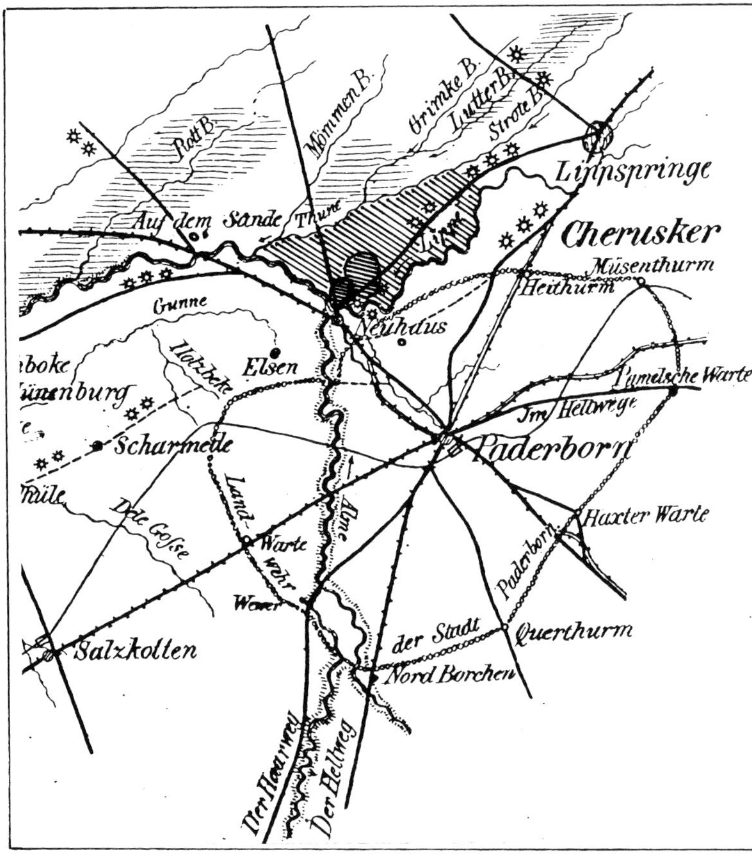

Abb. 58
Schloß Neuhaus und Paderborn als Zentren wichtiger alter Straßen und Fernstraßen

Dieser leicht modifizierte Ausschnitt aus den Karten Ludwig Hölzermanns zeigt die Vielzahl der zentral in den Doppelorten Neuhaus und Paderborn mündenden Straßen des 19. Jahrhunderts. Die beidseitig punktierten Straßen wurden von Hölzermann als germanische Straßen bezeichnet.

Schloß Neuhaus ist das Zentrum der von Westen, von Norden und Nordosten hereinkommenden Straßen, während Paderborn, daran anschließend, die Wege von Südwesten über Süden bis zum Osten an sich zieht. – Nach Nordosten (Horn/ Teutoburger Wald) haben beide Orte Verbindung zur heutigen Bundesstraße 1.

Nördlich von Schloß Neuhaus ist die im Text erwähnte „Insel" zwischen Lippe und Thune vom Verfasser schraffiert worden, auf der die „Ovale" und erwähnten „Einzelgräben" liegen.

Hervorzuheben ist der alte Heerweg zwischen Schloß Neuhaus und Bad Lippspringe. Er bildete vermutlich einst die Fortführung der Römerstraße an der Lippe.

Die vielen Hügelgräber längs der Trasse zeigen den vorgeschichtlichen Ursprung an.

Paderborn wird ringsum durch eine eigene Landwehr umgeben.

Derartige dynastische oder städtische Anlagen umgrenzen immer ein bestimmtes Gebiet. Im Gegensatz dazu stehen die später zu behandelnden Sperranlagen im Teutoburger Wald, die lediglich Paßstraßen sperren.

11/10 v. Chr. Möglicherweise ist bei später dort errichteten weiteren Lagern des Zentrums Aliso jeweils die Struktur des Lagers Bad Nauheim/Rödgen beibehalten worden. Derartig geformte Lager von Aliso wären dann aber allesamt größer als die „Versorgungsstation" Rödgen gewesen. Während der größte Durchmesser des Lagerovals Bad Nauheim/Rödgen ca. 275 m beträgt, mißt der größte Durchmesser des kleinsten Lagerovals von Aliso/Wilhelmsberg ca. 400 m. In diesem Zusamenhang sollte auf den Internetbeitrag des Verfassers (www.roemerfreunde-weser.info) „Lagerte die Drususarmee an der Nethemündung?" verwiesen werden, in welchem ausführliche Betrachtungen über mögliche weitere ovale Lager aus der Drususzeit angestellt werden.

Die Doppelgrabenabschnitte im Walde des Wilhelmsberges sind noch vorhanden, möglicherweise auch Reste einer Holz-Erde-Mauer. Feldstrukturen und neuzeitlicher „Schutzgraben" außerhalb des Waldes sind restlos überbaut. Auch das mögliche Uferkastell dürfte sich heute kaum noch unter der Überbauung nachweisen lassen.

Wenn man nun abschließend alle Argumente aus diesem Kapitel zusammenfaßt, dann festigt sich die Überzeugung des Verfassers:

Das berühmte Römerkastell „ALISO" lag auf dem Boden von Schloß Neuhaus/Paderborn dort, wo sich seit der Römerzeit wichtige Fernstraßen kreuzten.

Wenn dem aber so wäre, dann läge auch, strategisch mit Aliso verbunden, nicht weit davon der Ort der Varusschlacht im Cheruskerland, am Teutoburger Walde.

Es ist an der Zeit, sich in diese Region zu begeben.

Das Sommerlager des Varus

Tiberius hatte mit seinem siegreichen Heer in den Jahren 4/5 n. Chr. ein zweites Mal (zuerst 8/7 v. Chr.) Germanien unterworfen. Die großen Stämme der Chaucen an der Nordsee und der Cherusker zwischen Teutoburger Wald und Wiehengebirge waren mehr oder weniger zwangsweise römische Bundesgenossen geworden.

Vermutlich hatte das Kastell Aliso/Schloß Neuhaus durch die nahe zusätzliche Errichtung des festen Legionslagers Anreppen an Bedeutung als römisches Bollwerk und Nachschubzentrum am östlichen Ende der Lippe-Linie gewonnen. An der Lippe war bis Aliso/Schloß Neuhaus ein breiter, durch Landwehren gesicherter römischer Korridor mit vielen Kastellen an einem verzweigten Straßennetz zum Cheruskerland hin, die Lippe-Linie, entstanden.

Aber in Böhmen trotzten die Markomannen unter ihrem mächtigen König Marbod im Verbund mit weiteren ostelbischen germanischen Stämmen immer noch der römischen Vorherrschaft. „Sein Heer, das er bis auf 70 000 Mann zu Fuß und 4 000 Reiter gebracht hatte, übte er unabhängig mit den Nachbarn ... Italien konnte das Wachstum seiner Macht nicht ohne Besorgnis ansehen ... Diesen Mann und sein Reich beschloß Tiberius ... anzugreifen.“ (Velleius Paterculus II/109).

Zu diesem Zweck erhielt Tiberius im Jahre 6 n. Chr. den Oberbefehl über die in Carnuntum an der Donau zu sammelnden acht Legionen des illyrischen Raumes (Ungarn, Slowenien, Dalmatien, Teile des südlichen Österreichs). Der erfahrene und erfolgreiche Sentius Saturninus wurde Oberbefehlshaber über die zurückbleibenden rheinischen Legionen (XVII, XVIII, XIX am Niederrhein und XIII, XIV, möglicherweise aber auch der V und XXI am Oberrhein). Er sollte mit den beiden Mainzer Legionen am Main aufwärts ziehen und die Markomannen von Westen angreifen, während die Hauptstreitmacht des Tiberius von der Donau aus Marbods Heer in die Zange nehmen würde.

Planungen der Römer für den Überfall auf die Markomannen

Da wurden plötzlich alle Kriegspläne gegen die Markomannen nachhaltig unterbrochen. Vernehmen wir Velleius Paterculus II/110:

„Aber das Schicksal macht der Menschen Pläne bisweilen zunichte, bisweilen hemmt es sie. Tiberius hatte bereits die Vorkehrungen für die Winterquartiere an der Donau getroffen, schon war sein Heer nur noch fünf Tagesreisen von der feindlichen Vorhut entfernt, schon waren des Saturninus Legionen fast ebenso nahe an den Feind heran und im Begriff, sich in wenigen Tagen an einem verabredeten Orte mit Tiberius zu vereinigen, als sich ganz Pannonien, durch die Segnungen eines langen Friedens übermütig und im Vollgefühl seiner Kraft, erhob, nach-

dem es noch Dalmatien und alle Völker dieser Gegend für seinen Plan gewonnen hatte.....

Da erschien es nicht ratsam, das Heer in Germanien versteckt zu halten (im Kampf gegen Marbod) und Italien den Angriffen eines so nahen Feindes ohne Schutz preiszugeben."

Aus Furcht vor einem Angriff auf das römische Mutterland Italien brach Tiberius somit den geplanten Angriff auf die Markomannen ab und warf sich mit allen versammelten Legionen auf die Aufständischen.

Wie zuverlässig selbst in Details diese Berichterstattung des Velleius Paterculus ist, wurde durch die Grabungen des bayrischen Landesamtes für Denkmalpflege unter der Leitung von Martin Pietsch in Marktbreit am Obermain deutlich. – Man fand in Marktbreit mit Hilfe der Aufnahmen des erfolgreichen Luftbildarchäologen Otto Braasch ein römisches Zweilegionenlager, das nur zeitweise besetzt gewesen ist. Manfred Pietsch (Das augusteische Legionslager Marktbreit, in Rainer Wiegels, Winfried Woesler: Arminius und die Varusschlacht, Ferdinand Schöningh, Paderborn-München-Wien-Zürich 1995) führt aus:

„Der Gesamtbefund (im Römerlager Marktbreit) spricht somit für eine Änderung der ursprünglichen Konzeption, wie sie im Zusammenhang mit dem abgebrochenen Markomannenfeldzug des Jahres 6 n. Chr. bezeugt ist." Das Lager Marktbreit ist demnach das Lager des Sentius Saturninus gewesen, der nach Abbruch des Markomannen-Feldzuges mit seinen Legionen an den Oberrhein zurückmarschierte, um das anderenfalls ungeschützte, römisch besetzte Obergermanien zu sichern.

Sentius Saturninus erbaute das Römerlager Marktbreit.

Antike Quellen und archäologische Realität entsprechen in diesem Beispiel einander und lassen ganz allgemein auch für andere römische Quellen einen hohen Wahrheitsgehalt annehmen.

Der Umfang des Aufstandes hatte es Augustus offensichtlich bald geraten erscheinen lassen, seinem Oberbefehlshaber Tiberius in Pannonien den erfahrenen Sentius Saturninus zur Seite zu stellen. An dessen Stelle mußte ein anderer Statthalter in Germanien eingesetzt werden. Augustus fand ihn in seinem Verwandten Quinctilius Varus, der sich bis dahin erfolgreich in der Eintreibung von Steuern und Tributen in Syrien bewährt hatte. Da jetzt während der Kampfhandlungen in Pannonien ohnehin keine weitere Eroberung germanischer Gaue bis an die Elbe möglich war, hatte Varus offenbar nunmehr die Hauptaufgabe, umfangreiche Steuerzahlungen und Tribute in den Gebieten der unterworfenen Brukterer, Marser, Cherusker und der gerade erst (seit 5 n. Chr.) besiegten Chaucen einzuholen.

Ob dieser Befehlshaber-Wechsel in Germanien noch im Jahre 6 oder erst im Frühjahr 7 n. Chr. erfolgte, bleibt aufgrund der unsicheren

Quellenlage ungeklärt. Auf jeden Fall ist der in der Erhebung von Steuern erfahrene Varus seit 7 n. Chr. römischer Statthalter in Germanien. Damit befehligte er die drei niedergermanischen und die beiden obergermanischen Legionen. Seinen Standort wählte er vermutlich im Hauptlager castra Vetera auf dem Fürstenberg bei Xanten.

Die beiden obergermanischen Legionen mit dem Hauptstandort Mainz erhielten Lucius Asprenas als Unterbefehlshaber.

Während Tiberius einen alle Kräfte erfordernden Kampf gegen die Aufständischen in Pannonien führte, nahm Varus seinen Auftrag wahr, mitten im Cheruskerland Tribute und Steuern auch für den aufwendigen pannonischen Krieg von den Brukterern, Marsern, Chaucen und Cheruskern einzutreiben.

Strategische Gesichtspunkte für die Standortwahl des Sommerlagers

Die Wahl des Standortes seines Sommerlagers konnte nur unter diesem Gesichtspunkt einer möglichst erfolgreichen Tributerhebung erfolgen. Dafür gab es bereits seit den Zeiten des Drusus das Beispiel der Errichtung des Kastells Flevum an der von Drusus ausgebauten Wasserstraße mitten im unterworfenen Friesenland. Auch Tiberius hatte nach den gleichen Zielvorgaben im zwei Jahre früher (5 n. Chr.) unterworfenen Chaucenland an der Wesermündung ein weiteres festes Kastell erbaut. Aus beiden Lagern konnten die Tribute, die zum großen Teil aus Sachleistungen wie etwa Rinderhäuten, Rindfleisch und Pferden bestanden, auf dem Transportweg Wasserstraße zum Niederrhein geschafft werden.

Einen Hinweis auf diese Art der römischen Tributerhebung gibt Tacitus (Ann. IV/72), die gleichzeitig Einblicke in die Gründe für den vorgesehenen Aufstand der Cherusker und ihrer Bundesgenossen im Jahre 9 n. Chr. deutlich macht:

„In demselben Jahre (28 n. Chr.) brachen die Frisier (Friesen), ein rechtsrheinischer Stamm, den Frieden. Daran war mehr die Habsucht der Römer als die Unbotmäßigkeit jenes Volkes schuld. Ihren ärmlichen Verhältnissen entsprechend, hatte Drusus ihnen einen nur geringen Tribut auferlegt. Sie mußten zum Bedarfe des Heeres gegerbte Ochsenhäute liefern. Dabei achtete niemand auf deren Größe und Stärke, bis Olennius, ein Primipilar, dem die Verwaltung des friesischen Bezirks übertragen worden war, Häute von Auerochsen aussuchte, die als Maßstab für die zu liefernden Häute gelten sollten. Diese auch für andere Völker harte Forderung traf die Friesen noch härter, weil sie zwar in ihren Waldungen einen reichen Bestand von riesigen Jagdtieren, auf ihren Höfen aber einen nur mäßigen Bestand an zahmen Rindern haben. So kam es, daß sie zuerst die Rinder selbst und dann ihre Äcker einbüßten und schließlich auch ihre Frauen oder Kinder in die Sklaverei ziehen lassen mußten. Daher Erbitterung und Klagen und, als die Übelstände trotzdem nicht abgestellt wurden, Selbsthilfe durch Krieg. Die zur Erhebung des Tributes anwesenden Soldaten wurden fortgeschleppt und an den Galgen gehängt. Olennius rettete sich vor den Wütenden durch die Flucht und fand Aufnahme in einem Kastell namens Flevum, wo eine nicht unbeträchtliche Besatzung römischer Bürger und Bundesgenossen zum Schutze der Meeresküste lag."

Das dem Lager Flevum entsprechende Kastell an der Weser hat sehr wahrscheinlich gemäß einer Lokalisierung des Ptolemaeus „Phabiranum" geheißen. Es war vermutlich der Vorläufer des heutigen Bremen, denn die Namensableitung aus „(Pha)-biranum" = „bremum" ist sehr naheliegend.

Varus hatte somit die Steuererhebung mit den entsprechenden Transportproblemen im rechtsrheinischen Germanien für Flevum in Friesland, Phabiranum im Chaucenland, Aliso/Schloß Neuhaus an der Grenze des Marser- und Brukterergebietes mit einem noch zu errichtenden festen Lager mitten im Cheruskerland zu koordinieren.

Rein strategisch betrachtet, mußten nun die neu hinzugewonnenen Regionen in Nordniedersachsen mit dem fast schon zur römischen Provinz gewordenen Weserbergland in den heutigen Regionen Paderborn und Höxter zusammen beherrscht werden.

Sommerlager nicht in der Region Höxter

Es wäre deshalb logistisch ungünstig gewesen, das Sommerlager für die römischen Truppen erneut in das durch die seit 11 v. Chr. aufgebaute dortige, vermutlich römische Infrastruktur integrierte Weserbergland etwa in die Region Höxter zu verlegen. Das sogenannte „Sommerlager des Varus" mußte rein strategisch nördlicher liegen, möglichst mitten im Cheruskerland an einer guten Heerstraße nach Aliso/Schloß Neuhaus und an der direkten Wasserstraßenverbindung über die Weser nach Phabiranum/Bremen. So konnten nämlich nicht nur auf kürzestem Wege die eingetriebenen Häute, Rinder und Pferde nach Aliso und Phabiranum geschafft werden, sondern es waren auch wichtige Nachschubgüter, z. B. feine mediterrane Gewürze, Früchte und Weine schneller auf dem Wasserwege aus dem Nachschubgebiet Gallien und Niederrhein heranzutransportieren, so wie es z. B. für das Römerlager Haltern in dessen Hafenanlagen archäologisch belegt ist.

Als sehr gut allen Bedingungen entsprechendes Gebiet ergibt sich der Raum um Bad Salzuflen/Herford. Dieses Gebiet ist aufgrund der Bodenfunde das Siedlungszentrum der vorrömischen Eisenzeit und damit der Cherusker gewesen.

Dort beweisen neben Siedlungsresten mächtige Mutterbodenschichten von einem halben Meter und mehr den Jahrtausende währenden Ackerbau in einer Siedlungskammer von ca. 250 Quadratkilometern Größe. Dorthin konnte man von Aliso/Schloß Neuhaus leicht durch die

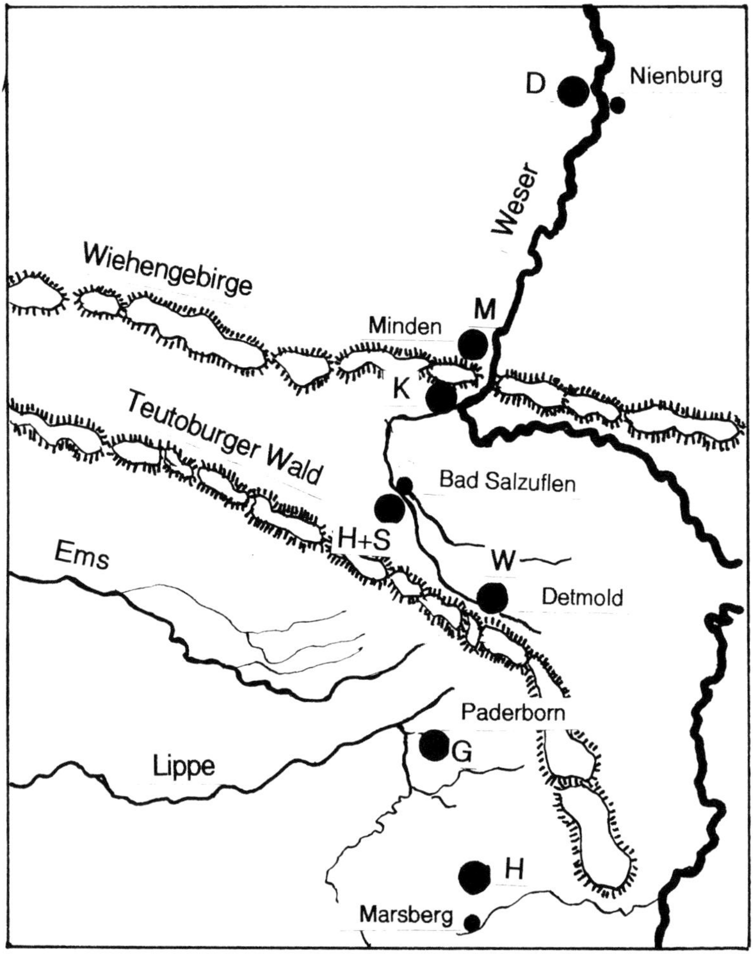

Abb. 59
Lokalisierungen des Sommerlagers des Varus durch verschiedene Autoren

D = Dünzelmann, M = Mommsen, K = Knoke, H + S = Höfer und von Stamford, W = Wilms, G = Giefers, H = Hülsenbeck
Der Verfasser ist überzeugt, daß das Sommerlager des Varus in der von Knoke bis Höfer und von Stamford eingegrenzten Region gelegen hat. Aus dieser Region erfolgte vermutlich der Zug des Varus in das Verderben.

bequemen Pässe Dören-, Stapelager und Wistinghauser Schlucht kommen. Dieses zentrale Siedlungsgebiet war aber auch direkt von Dolberg über Wiedenbrück und den Paß von Bielefeld unter Vermeidung jeglichen Berglandes oder engeren Gebirgspasses und unter Einsparung eines ganzen Tagesmarsches zu erreichen.

Jedoch mußte man damit nicht das bisherige Zentrum im südlichen Weserbergland Höxter/Paderborn aufgeben, wie noch später darzustellen sein wird. Vom Raum Bad Salzuflen/Herford aus konnte man leicht über die zur Römerzeit wahrscheinlich schiffbare Werre (vergleichbar der oberen Lippe) an die Weser bei Rehme/Bad Oeynhausen gelangen. Damit war die Schiffahrtsverbindung mit dem ca. 130 km entfernten Phabiranum/Bremen hergestellt, das als Kastell noch im Jahre 14 n. Chr. als römischer Besitz erwähnt wird (Tacitus, Ann. I/38). Nach Aliso/Schloß Neuhaus brauchten Maultiergespanne nur zwei Tage auf weitgehend ebenen Straßen, nach Dolberg bereits an der mittleren Lippe drei Tage (vgl. Karte Abb. 2). Die wichtigen Nachschubstationen waren somit verkehrstechnisch hervorragend miteinander verknüpft.

Schnellstraße zum Cheruskerland

Die Verbindungstraße von Dolberg über Wiedenbrück und Beckum war praktisch die „Schnellstraße aus und zu dem Cheruskerland".

Sie ist durch Funde belegt. Zunächst sind, vom Cheruskerland aus gesehen, die Reste eines vermutlichen römischen Wachtpostens auf der Sparrenberger Egge direkt am Bielefelder Paß zu nennen. Daniel Bérenger (Ein möglicher Wachtposten aus augusteischer Zeit in Bielefeld auf der Sparrenberger Egge, in J.-S. Kühlborn: Germaniam Pacavi, Westfälisches Museum für Archäologie, Münster 1995) fand dort neben entsprechenden Wallresten mehrere augusteische Münzen.

Direkt auf der Trassenführung von der Sparrenberger Egge nach Dolberg wurden „1898 und vor 1926 ... auf der Warte, einer Flur am Langenbrückertor von Wiedenbrück, nicht weit vom Emsübergange, $1^1/_2$ m tief, zwei Augustusmünzen gefunden" (Gütersloher Zeitung, Beilage 6/7, 1936, S. 21).

Können nun antike Quellen einen Hinweis auf den genaueren Ort des Sommerlagers des Varus geben?

Die einzige nennenswerte Literaturangabe ist die von Cassius Dio (56/18):

„....und sie (die Cherusker) lockten ihn (Varus) weit ab ins Land der Cherusker an die Weser (oder: in Richtung zur Weser)". Die lateinischen Worte „apud Visurgim" lassen beide Übersetzungen zu (apud = bei).

Diese beiden umstrittenen Übersetzungsalternativen „an die Weser" oder „in Richtung zur Weser" zeigen die große Unsicherheit bei der Frage, ob das vielgesuchte varianische Sommerlager an der Weser lag. Lokalisationsversuche früherer Forscher wie Höfer, von Stamford, Wilms, Giefers und Hülsenbeck sahen den Ort dieses wichtigen Varuslagers überwiegend nicht an der Weser. Nur Knoke, Dünzelmann und Mommsen plazierten ihr Sommerlager in Rehme, Nienburg und Minden direkt an dieser Wasserstraße.

Die Verwirrung wird noch vergrößert durch Th. von Stamford (Das Schlachtfeld im Teutoburger Walde, Eigenverlag, Cassel 1892).

Von Stamford weist darauf hin, daß es im griechischen Urtext nicht „Visurgos" (Weser) geheißen habe, sondern „Usisurgos". In diesem Wort stecke aber noch ein typischer Abschreibefehler für den alten griechischen Buchstaben für „B" bzw. „b". Dieser Fehler habe das B/b in „S" bzw. „s" verfälscht. Der richtige ursprüngliche Name wäre deshalb vermutlich „Usiburgos" = Asenberg bzw. Asenburg gewesen und hätte sich auf den heutigen Asenberg von Bad Salzuflen bezogen.

Die Römer wären also nicht an die Weser, sondern an den Asenberg/Bad Salzuflen gelockt worden? Der Verfasser hält diese Deutung von Stamfords für begründet. In einem vergleichbaren Tatbestand hatte ihm selbst bisher das ptolemaeische Wort „Tulisurgium" Probleme bereitet.

Der Kartograph Abraham Ortelius (Germania veteris typus, in Theatrum Orbis, Antwerpen 1887) hatte nämlich den ptolemaeischen Ortsnamen „Tulisurgium" in Corvey/Höxter am linken Weserufer plaziert und Tulifurdum in der Gegend von Minden.

Der Deutungsversuch:

Der Sachsengau Tilithi

Der spätere Sachsengau zwischen Hameln und Höxter hieß Tilithi. Das Wort setzt sich aus den alten germanischen Wortstämmen „Tuli" bzw. „Tili" und „ithi" zusammen. „Tuli/Tili" und „ithi" waren also synonyme landschaftsgebundene Begriffe an der Mittelweser. Während sich „Tuli" somit belegen lässt, kann man in den Ortsnamen des Mittelweserraumes selbst bei größter Mühe keinerlei sprachliche Überreste von dem zweiten Wortteil „Surgium" finden, es sei denn, man ginge von dem gleichen von Stamford angeführten Abschreibefehler aus. Dann wäre „Surgium" in Wirklichkeit im altgriechischen Text das altgermanische Wort „Burgium" gewesen. „Tulisurgium" wäre dann als „Tuliburgium" zu lesen, als die „Burg" im „Tuli" bzw. „Tili"-Gebiet. Es ist nicht ausgeschlossen, daß die alte Burganlage „Brunsburg" an der Nethemündung bei Höxter einst „Tuliburgium" („Tuli-Burg") geheißen hat.

Mit diesem Sprachvergleich wird die Lokalisierung des Sommerlagers des Varus durch von Stamford in Nähe des Asenberges wahrscheinlicher.

Auf jeden Fall liegt am Fuße des Asenberges in Bad Salzuflen direkt hinter der Einmündung der wasserreichen Flüsse Bega und Salze auf dem Südwestufer der zur Römerzeit sicherlich ab hier schiffbaren Werre mit ca. 100 ha Größe eine ideales Lagerareal. Es ist das Plateau „Werler Feld". Es gehört als Ausläufer landschaftlich zu der großen Hochfläche von Knetterheide. War diese die „Gnitaheide" (auch Gnittaheide = Knetterheide), die der isländische Abt Nikulas im 12. Jahrhundert auf seiner Reise auf dem „Paderborner Weg“ über Stade/ Harsefeld, Nienburg, Minden, Paderborn nach Mainz beschreibt?

Nikulas weist darauf hin, daß an dieser alten Wegtrasse auch die „Gnittaheide“ läge, wo nach der Eddasage Sigurd einst den Lindwurm Fafnir bezwungen hätte („ok par er Gnitaheide, er Sigurdr va ath Fabni“).

Da nicht wenige Forscher in Sigurd den siegreichen Cherusker Arminius und im Lindwurm den römischen Heereszug mit den Drachenstandarten sehen (z. B. Otto Höfler, Siegfried Arminius und die Symbolik, Carl Winter Universitätsverlag, Heidelberg 1961), beschloß der Verfasser Nachforschungen auf der Basis von englischen Luftfotos und eigenen topographischen Recherchen anzustellen. Mrs. M. C. Beech, Air Photo Archive Manager der University of Keele, übersandte auf Bestellung die alliierten Luftfotos 1068, 1087 und 1088 vom 30 . März 1945. Auf den ersten Blick zeichnete sich ein breites helles Band in der südlichen Ackerflur oder Knetterheide ab. Dem Verlauf nach kam es von der uralten „Königsbrücke“ über die Bega und anschließend über die Furt an der Werre, die durch zwei Inseln in der Werre über drei wasserärmere Verzweigungen der Werre gebildet wurde. Helle Bänder bedeuten trockene Bodenstreifen auf verfestigtem Untergrund, also die alte Heerwegstrasse, die seit langem weggepflügt worden ist.

Das englische Luftfoto von 1945

In deutlicher Weise kreuzt das helle Band eine damals noch nicht vorhandene moderne Umgehungsstraße nach Bielefeld. Genau dort sind beim Bau dieser Straße nach insgesamt fünf Augenzeugen Waffenreste, u. a. zwei angeblich römische – leider verschollene – Schwerter, gefunden worden.

Die qualitativ hervorragenden Luftfotos zeigen weiter einige Bombenkrater, die, wie sich der Verfasser erinnern konnte, auf den alliierten Bombenangriff im Winter 1944/45 auf die nahe gelegene Hoffmanns Stärkefabrik in Bad Salzuflen zurückzuführen sein dürften. Das Foto ist so deutlich, dass sogar ein Blindgängereinschlag ohne Explosionskrater am Werreufer erkennbar ist. Ein Hinweis an die zuständige Kommune ist erfolgt.

Überall auf den Luftaufnahmen zeigten sich Rechtecke und Parallelogramme, die geeignet wären, ein Römerlager vorzugaukeln. Topographische Untersuchungen und Nachfragen bei den besitzenden Landwirten ergaben aber, daß an den fraglichen Stellen in den 30er Jahren des 20. Jahrhunderts Drainageanlagen ausgebaut worden waren.

Eine auffällige schwarze, sehr regelmäßige Gitterstruktur auf dem Werler Feld, das jedoch leider in den 60er Jahren des 20. Jahrhunderts für den Kiesabbau völlig abgebaggert worden ist, konnte jedoch keine Drainageanlage sein. Gitterdrainagen sind jedenfalls für die landwirtschaftliche Bodenentwässerung nicht üblich. Die ehemaligen Grundstücksbesitzer bestätigten dem Verfasser, „daß auf dem Werler Feld nie Drainagen gelegt worden seien. Das sei bei den vorzüglichen Bodenverhältnissen auch nicht nötig gewesen."

Worauf sind dann die schwarzen Gitterstrukturen mit Rechtecken von je 300 Quadratmetern Größe zurückzuführen? Es ist verführerisch anzunehmen, daß es die gleichen vermoderten Holzverschalungen von rechteckig angeordneten Entwässerungskanälen wären, wie sie für das Römerlager Oberaden gefunden worden sind.

Wir werden es vermutlich nie erfahren, ob wirklich das Varuslager auf dem Werler Feld gestanden hat. Alle Flächen der Gitterstrukturen sind weggebaggert worden.

Eine trapezförmige Struktur

Eine weitere Struktur auf den Luftbildern vom Werler Feld soll noch erwähnt werden, die unter günstigen Kopierumständen deutlich wird. Diese Struktur setzt sich auf dem Luftfoto 1068 gegen diese Gitterstrukturen teilweise durch. Es ist eine trapezförmige bis polygonale Umrandung mit runden Ecken und damit der Art ähnlich, wie sie der Verfasser bereits für das Gelände zwischen Lippe und Wilhelmsberg, dem vermutlichen Lagergelände für das Kastell Aliso/Schloß Neuhaus, beschrieben hat. Auch die Größe dieses gerundeten Trapez-Polygons entspricht mit etwa 8 ha manchen Flächen römischer Lagerumrandungen, vor allem den bereits erwähnten möglichen ovalen Lagerumrandungen vom Wilhelmsberg von Schloß Neuhaus/Paderborn.

Auch wenn vermutlich angesichts der totalen Zerstörung der möglichen Lagerflächen ein Beweis für das ehemalige Vorhandensein nicht mehr möglich sein wird, bleibt die überragende strategische Bedeutung des Werler Feldes und des gesamten Raumes Bad Salzuflen/Herford als möglicher Standort für das Sommerlager des Varus am Fuße des Asenberges unberührt. Hier an der Wasserstraße Werre/Weser nach Phabiranum, nur zwei Tagesreisen von Aliso und drei Tagesmärsche von Dolberg entfernt, mitten im zentralen Siedlungsgebiet der Cherusker, hätte Varus ein bequemes Lagerleben führen, Tribute einsammeln, Recht sprechen und abends mit den Cheruskerfürsten Arminius, Segimer, Inguiomerus und Segestes tafeln können, so wie es für Arminius und Segimer namentlich von Cassius Dio (56/19), bereits die Verschwörung anzeigend, bezeugt wird:

„Die Häupter der Verschwörung und die Hauptanstifter des tückischen Anschlags und der Empörung waren u. a. Arminius und Segimer. Beide waren fortwährend um ihn (Varus) und aßen oft an seiner Tafel. So war denn dieser guten Mutes und argwöhnte nicht Böses."

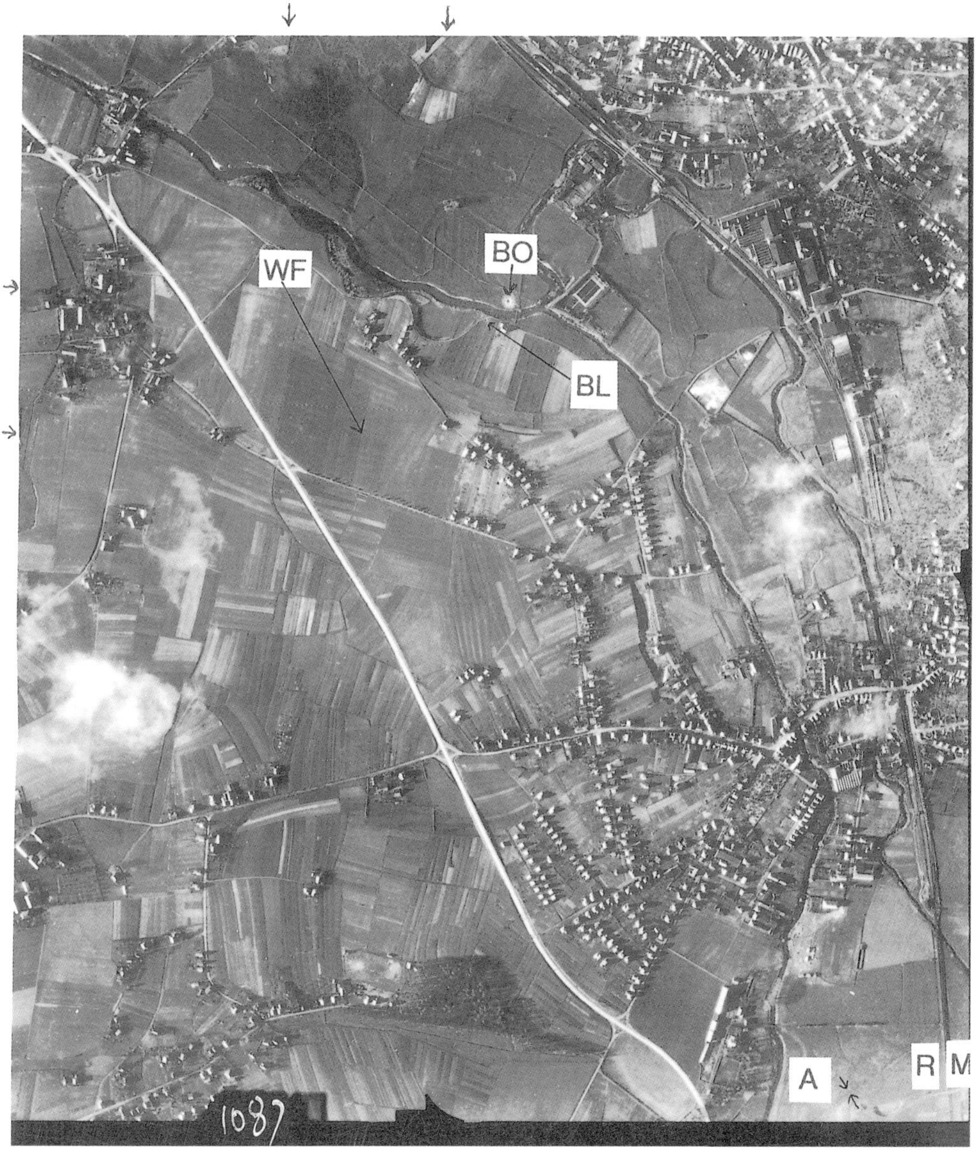

A = alter Heerweg von der Weser nach Paderborn und in das Gebiet an der Lippe unmittelbar links von der hier nicht mehr abgebildeten Königsbrücke
RM = Flächen mit römischen Münzfunden, darunter ein augusteischer As (bei Bahnbau an der Lindemanns Heide)
WF = Werler Feld mit rätselhaften Rechteckstrukturen
BO = Bombenkrater einer explodierten Bombe
BL = Einschlagloch, vermutlich eines Blindgängers

Links von der weißen, diagonal verlaufenden Umgehungstraße liegt die heute weitgehend überbaute „Knetterheide" (Gnitaheide?), links außerhalb vom Bildrande die „Kriegerheide" mit republikanischem Denarfund (137/134 v. Chr.).

Abb. 60
Englisches Luftbild 1087 (Genehmigung zur Wiedergabe: Air Photo Archive University Keele, England) vom Werler Feld und Knetterheide/ Bad Salzuflen

Als „Häupter der Verschwörung“ werden uns damit der führende Fürst der Cherusker Segimer und und sein 28-jähriger Sohn Arminius, in den zurückliegenden Jahren Reiteroberst der cheruskischen Hilfstruppen im Tiberiusheer, von Cassius Dio deutlich gemacht.

Es ist sehr wahrscheinlich, daß die strategische Konzeption für den Überfall auf die Römer von Segimer entworfen worden ist. Diese Annahme erscheint berechtigt, da bereits 11 v. Chr. bei dem Überfall auf das Heer des Drusus im Tal bei Arbalo/Eggegebirge vermutlich nur Segimer der Anführer der Cherusker gewesen sein konnte.

Die Vorbereitungen für den Überfall mußten umfassend sein. Dazu gehörten ständige Informationen an die Heerführer der beteiligten Stämme der Brukterer, Marser und Cherusker für die rechtzeitige Sammlung von Kampfverbänden aus allen Gauen. Es mußten der Nachschub und die Nahrungsversorgung vorbereitet und gesichert werden. Erst im letzten Augenblick durften Sperren in den Paßstraßen des Gebirges errichtet werden, damit die Römer keinen Argwohn schöpfen konnten. Diese geplanten Baumaßnahmen erforderten exakte organisatorische Vorbereitungen. Die größte Schwierigkeit bestand darin, diese Kampfvorbereitungen vor den Römern zu verbergen.

W. Brepohls „Varusschlacht“ aus anderer Sicht

Oder befinden wir uns hier auf falscher Fährte? Jedenfalls hat Wilhelm Brepohl in vielbeachteten Vorträgen (Varusschlacht aus anderer Sicht, in: Heimatpflege in Westfalen, 13. Jahrgang, 2/2000), losgelöst von topographischen Untersuchungen, „ausschließlich aus der Quellenanalyse“ einen Lösungsvorschlag für dieses Problem der Verschwörer gemacht.

Brepohl verweist auf die drei großen germanischen Kult- und Stammesverbände der Ingväonen, Hermionen und Istävonen, die jeweils an ihren zentralen Heiligtümern im mehrjährigen Abstand ihre großen Kultfeste gefeiert hätten. Die zu den westlichen Istävonen gehörenden Brukterer, Marser und Cherusker hätten sich jedenfalls dabei jeweils zur Tag- und Nachtgleiche (22./23. September) an ihrem zentralen Heiligtum mitsamt ihren Sippenangehörigen getroffen.

Den Römern seien sowohl diese Kultfeste bekannt gewesen als auch die selbstverständliche Tatsache, daß sogar bei diesem religiösen Volksfest die Männer bewaffnet waren. Sie hätten demnach bei dem vollkommen offen vor sich gehenden Zusammenströmen der bewaffneten Stammeskrieger innerhalb ihrer Sippenverbände ohne Argwohn zusehen können.

Da Varus mit der Durchsetzung seiner Steuer- und Rechtspolitik in den unterworfenen Stämmen zunehmend Probleme bekommen hätte, sei es für Segimer und Arminius leicht gewesen, Varus mit seinem Heer und Troß zur Verbesserung der römisch/germanischen Beziehungen zu diesem großen Kultfest einzuladen. Möglicherweise habe man dort über die gemeinsamen Festlichkeiten hinaus ein „Gipfelgespräch des Ausgleichs" mit den Stammeseliten in Aussicht gestellt. Offensichtlich habe der geplante Besuch dieses Kult- und Volksfestes Varus dazu bewogen, sowohl erst relativ spät im Jahr (um den 23. September) aufzubrechen, als auch geringfügig vom Hauptheerweg Richtung Rhein, zum zentralen Heiligtum, abzuweichen.

Die Hinweise des Tacitus auf die Opferaltäre des Opferwaldes, Bestandteile eines jeden derartigen Heiligtums (z. B. in Uppsala/Schweden), auf denen die Centurionen geopfert worden wären, seien ein wichtiger Hinweis auf die Richtigkeit seiner Thesen.

Eine derartige Opferung von Menschen sei nur den Priestern in den heiligen Hainen erlaubt gewesen. Diese heiligen Haine auf dem Schlachtfeld seien von Tacitus ausdrücklich erwähnt worden. – Soweit Wilhelm Brepohl –.

Wo lag der Teutoburger Wald?

Tacitus nennt ausdrücklich den „Teutoburgiensis saltus", den teutoburgischen Wald, als Ort der Varusschlacht. Ferdinand von Fürstenberg (Monumenta Paderbornensis, Heinrich Meyer, Lemgo 1672, S. 48) nennt fünf verschiedene Ausgaben der Fränkischen Annalen, in denen für das Jahr 783 ein möglicher Ortshinweis enthalten ist: „Rex Carolus .... et cum paucis Francis ad Theotwaldi pervenit, ibi Saxones praeparaverunt pugnam in campo" - *König Karl.... und* gelangte mit wenigen Franken zum Theutwaldi, wo die Sachsen den *Kampf in der Ebene vorbereitet hatten.*

In den „Fuldaer Annalen", einer der ältesten Niederschriften von der Geschichte der Karolinger durch den karolingischen Hofbiographen Einhard (Hg. F. Kurze, 1891, S. 10) heißt es für das Jahr 783:

„Carolus Saxones duobus magnis proeliis vicit, uno in Thiotmellie, altero iuxta fluvium Hasa..." *Karl besiegte die Sachsen in zwei großen* Schlachten, in der ersten in Thiotmellie (Detmold,der Verf.), in der *anderen nahe am Fluß Hase....* Über diesen Namensverbund Theutwaldi und Thiotmellie (Detmold) hinsichtlich der ersten Sachsenschlacht von 783 ergibt sich nach diesen Quellen, daß zur Karolinger-Zeit ein Theutwaldi bei Detmold lag. War es der Teutwald, der Wald, in dem die Teutburg, die Teutoburg, lag? Diese Frage ist von entscheidender Bedeutung für die Lokalisierung der Varusschlacht. Da andererseits große Teile des langgestreckten Waldgebirges mit dem heutigen Namen „Teutoburger Wald" nach verschiedenen Ausgaben der Fränkischen Annalen (F. von Fürstenberg, Monumenta Paderbornensis, S. 40) „Osnegge" (Osning) benannt wurden, entsteht der scheinbare Gegensatz Teut-

Abb. 61
Teutoburger Wald als „geschlossene Einheit“

Er lag offensichtlich als gesondert benannter Teil innerhalb des einstmals „Osning“ heißenden Gebirgszuges. Er zeigt mit dem Hermannsdenkmal auf der vermutlichen einstigen Teutoburg (heutige Grotenburg) den beherrschenden Berg.
Nach Meinung des Verfassers ist hier nördlich vom Teutoburger Wald der zentrale Teil des Geländes der Varusschlacht abgebildet (Blick von der Hörster Egge).

wald und Osning, der sich jedoch lösen läßt. Das Waldgebiet des Osnings um Detmold mit seinen drei Höhen Grotenburg, Bielstein und Düsterlau bildet topographisch eine klar abgegrenzte Untereinheit, so wie sie auch in einer Lithographie in den Monumenta von F. von Fürstenberg als „Saltus Teutoburgiensis“ abgebildet wird. Die beiden „Teuthöfe“ am Fuße der Grotenburg, deren Ostwand noch heute „Im Teut“ heißt, sind weitere Indizien für den Teutwald, in dem in cheruskischer Zeit (nachgewiesen durch C14-Datierungen in F. Hohenschwert, Lippe, Ferd. Schöningh, Paderborn 1993, S. 33) eine zentrale Burg lag. Sie war fast 40 ha groß. Möglicherweise war es die Teutoburg. Dann wäre es naheliegend gewesen, wenn zu römischer Zeit der Wald um diese heutige Grotenburg, die vermutliche damalige Teutoburg, „Teutoburgiensis saltus“ geheißen hätte.

Der Hinweis Wilhelms Teudts (Germanische Heiligtümer, Eugen Diederichs Verlag, Jena 1934) auf den zweiten germanischen Ringwall des gemeinsamen Bergplateaus, den „Kleinen Hünenring“, ermöglicht die

Deutung des Namens Grotenburg. Im Volksmund habe man der besseren Unterscheidung wegen die ehemalige weitaus größere Ringwallanlage „Teutoburg“ nach und nach im Sprachgebrauch zur „Großen Burg“, auf Plattdeutsch „Grotenburg“, gegenüber der „Kleinen Burg“ des „Hünenringes“ gemacht. Nach Chr. Gottlieb Clostermeier (Wo Hermann den Varus schlug, Lemgo 1822) ließ sich durch archivalische Forschungen der Name „Grotenburg“ nur bis in den Beginn des 16. Jahrhunderts verfolgen. Diese Archivstudien Clostermeiers machen die Namenszuordnung Teutoburg durch Teudt noch glaubhafter.

Ein Kult-Heiligtum der Germanen wird ebenfalls in dieser Region durch Teudt lokalisiert, und zwar in zweifacher Weise. Zunächst sind für ihn die im nördlichen Teil des Teutoburger Waldes in Nähe der Grotenburg/Teutoburg gelegenen Externsteine Kult- und astronomisches Zentrum der Germanen, das noch ergänzt wird durch die den Externsteinen gegenüber auf der südlichen Seite des Teutoburger Waldes aufzufindenden „Lau-Heiligtümer“ (Lau = Loh = heiliger Hain).

„Die in topographischen Karten verzeichneten Lau-Namen (Königslau, Eckelau, Langelau) liegen bezeichnenderweise genau im Dreieck der Stammesgebiete der an der Varusschlacht beteiligten Brukterer, Marser und Cherusker. Der Leser mag aufgrund dieser Quellenlage selbst entscheiden, ob er sich der vom Verfasser favorisierten Lokalisierung des „Saltus Teutoburgiensis“ bei Detmold anschließen mag.

Berichte über den Schlachtverlauf sind nur von Velleius Paterculus (II/117-119), Cassius Dio (56/18-22) und Florus (II/30/29-30), hier jeweils in Übersetzung durch Curt Woyte, Antike Quellen..., erhalten geblieben.

Unterschiede bei den Schilderungen des Schlachtverlaufs

In allen drei Darstellungen werden die Richtertätigkeit im Sommerlager und die Arglosigkeit des Varus trotz des Verrats der Verschwörung der Cherusker erwähnt. Die größeren Unterschiede treten leider bei der Schilderung des eigentlichen Schlachtverlaufs auf. So findet bei Florus ein plötzlicher Überfall auf das Sommerlager des Varus statt, während dieser auf dem Richterstuhle sitzt. Dennoch scheint sich Florus selbst zu widersprechen, indem er erst vom „Überfall und der Plünderung des Lagers“ spricht, um anschließend „vom Gemetzel durch Sümpfe und Wälder hin“ zu berichten.

„So fallen sie denn über ihn, der nichts Schlimmes befürchtet, unversehens her, während er gerade – welche Sorglosigkeit – Parteien vor sein Tribunal ladet. Das Lager wird geplündert, drei Legionen werden überwältigt. Varus überlebte den Verlust des Lagers nicht. Sein Geschick und sein Sinn erinnern an Paullus in der Schlacht bei Cannae. Nichts war gräßlicher als jenes Gemetzel durch die Sümpfe und Wälder hin“.

Wenn man den Versuch macht, Florus von Widersprüchlichkeit freizusprechen, dann muß man annehmen, daß Varus mit einem Teil seiner Truppen im Lager starb, während der Großteil der Legionen, bereits auf der Flucht, in den Wäldern und Sümpfen vernichtet wurde.

Eine gewisse Unterstützung erfahren diese Ausführungen des Florus durch Tacitus (I/55), der zwar nicht über die Varusschlacht, aber über die wiederholten Warnungen des Segestes an Varus berichtet, sogar noch vor dem letzten Festmahl, „nach welchem man zu den Waffen griff". Dieser Hinweis bei Tacitus legt den unmittelbar nach dem letzten Festmahl erfolgenden Überfall nahe.

Diese Auffassung wird durch den Satz des Velleius Paterculus gestützt, daß nach der Warnung des Segestes „für eine zweite keine Zeit mehr blieb".

Nach diesen drei übereinstimmenden Feststellungen bei Florus, Tacitus und Velleius Paterculus gibt es kaum einen Zweifel, daß der Überfall unmittelbar nach dem letzten Festmahl erfolgte.

Cassius Dio schildert die Varusschlacht.

Cassius Dio (56/19) beschreibt nun den Beginn der Varusschlacht:

„Die germanischen Fürsten ließen ihn vorausziehen und gaben ihm eine Strecke das Geleit, blieben dann aber zurück unter dem Vorwand, sie wollten Hilfstruppen zusammenziehen und ihm schleunigst zur Unterstützung nachkommen. Darauf zogen sie ihre irgendwo bereit gehaltenen Streitkräfte an sich, machten die in ihren Gauen stehenden Römerscharen, die sie sich von Varus erbeten hatten, nieder und fielen dann über ihn selbst her, als er sich bereits inmitten unwegsamer Waldungen befand."

Hier hätte es keine zentrale Zusammenkunft der Sippen mit ihren bewaffneten Männern zu kultischen Feierlichkeiten, sondern ein gut organisiertes Zusammenholen von berittenen Kriegern aus allen Gauen der drei Stämme gegeben, nachdem die dorthin erbetenen Abordnungen römischer Legionäre vernichtet worden waren.

Die Ausführungen des einzigen Zeitgenossen des Varus, des ehemaligen Reitergenerals unter Tiberius in den Jahren vor der Varusschlacht, Velleius Paterculus, erscheinen dem Verfasser am glaubhaftesten. Velleius Paterculus kannte im Gefolge des Tiberius Germanien aus eigener Anschauung. Er dürfte sogar Arminius als Hilfstruppenoberst im tiberianischen Heer selbst kennengelernt haben.

Seine Ausführungen sind deshalb vermutlich die exaktesten, während Cassius Dio wahrscheinlich etwa 200 Jahre nach der Varusschlacht römische Senatsakten und natürlich die Bücher seiner Vorgänger studiert haben dürfte. Vermutlich enthielten die Senatsakten beschönigende offizielle Darstellungen seitens der Militärführung.

Während Florus in den Jahren 117-138 seinen Abriß der römischen Geschichte mit gehörigem Abstand von über 100 Jahren vom Geschehen schrieb, hatte Tacitus (55 - 115 n. Chr.) bereits vor ihm seine Annalen verfaßt. Sowohl Tacitus als auch Florus waren auf die zeitgenössischen authentischeren Berichte des Plinius und des Livius angewiesen, die aber leider nicht erhalten geblieben sind.

Velleius Paterculus (II/118) war der einzige, der aus seinem eigenen Wissensschatz schöpfen konnte:

Die Berichterstattung des Velleius Paterculus

„Dieser Arminius war es, der die Sorglosigkeit unseres Feldherrn zu einer frevelhaften Tat ausnutzte, indem er schlau berechnete, niemand sei schneller zu überwältigen, als wer nichts Schlimmes fürchte. Und in den meisten Fällen sei das Gefühl der Sicherheit des Unglückes Anfang. Zuerst weihte er nur wenige, bald mehrere in seinen Plan ein. Er behauptete, es sei möglich, die Römer zu überwältigen, und er verstand es, seine Genossen davon zu überzeugen. Dem Entschluß läßt er unmittelbar die Tat folgen; er setzt die Zeit für den Überfall fest. Durch Segestes, einen vornehmen und Rom treu ergebenen Landsmann des Varus, erhält dieser von der Sache Kunde..... Varus erklärte, er könne nichts davon glauben, und versicherte dem Segestes, er wisse seine Ergebenheit nach Gebühr zu schätzen. Nach dieser Anzeige blieb für eine zweite keine Zeit mehr.

(V. Paterculus II/119):

Den Verlauf des so grausigen Unglücks... werde ich in einem besonderen Werke ausführlich zu schildern versuchen (leider nicht überliefert); jetzt gilt es nur das Unglück als Ganzes zu beweinen. Das allerbeste Heer, das an Zucht, Tapferkeit und kriegerischer Erfahrung die erste Stelle in der römischen Kriegsmacht einnahm, wurde als ein Opfer der Trägheit seines Führers, die Treulosigkeit des Feindes und die Ungunst des Geschicks in die Falle gelockt. Nicht einmal die Gelegenheit zu kämpfen oder sich durchzuschlagen erhielten die Soldaten in dem Maße, wie sie es wünschten. Ja, einige mußten es sogar schwer büßen, daß sie ihre Römerwaffen auch mit Römermut geführt haben. Eingeschlossen in Wälder, Sümpfe und Hinterhalt wurden die römischen Krieger von eben dem Feinde bis auf den letzten Mann niedergemetzelt, den sie sonst jederzeit wie das Vieh abgeschlachtet hatten, so daß sein Leben nur von der Römer Gnade oder Ungnade abhing. Der Feldherr selbst hatte mehr Mut zum Sterben als zum Kämpfen; dem Beispiele seines Vaters und dem seines Großvaters folgend, durchbohrte er sich selbst mit dem Schwerte. Doch wenigstens gab von den beiden Lagerpräfekten L. Eggius ein so leuchtendes Beispiel wie Ceionius ein schändliches. Als nämlich der bei weitem größte Teil des Heeres vom Schwerte dahingerafft war, riet letzterer zur Übergabe; lieber wollte er als feiger Verräter durch das Beil des Henkers als in ehrenvollem Kampfe fallen.

Vala Numonius, ein Legat (Legionsführer) des Varus, sonst ein besonnener Mann, beging eine abschreckend ruchlose Tat. Er flüchtete mit den Reitergeschwadern nach dem Rheine zu und ließ auf diese Weise das Fußvolk, dem nun die Unterstützung durch die Reiterei fehlte, im Stich. Doch das Schicksal rächte diese Tat; es war ihm nicht vergönnt, diejenigen, die er so schnöde im Stich gelassen hatte, zu überleben, sondern er fiel als Deserteur auf der Flucht.

Den halbverbrannten Leichnam des Varus zerfleischte der Feind in wilder Wut. Der Kopf wurde ihm abgeschnitten und zu Marbod gebracht. Dieser schickte ihn zum Kaiser, der ihm trotz aller Schuld des Varus die Ehre der Beisetzung in dem Erbbegräbnis seines Geschlechts zuteil werden ließ.

(II/120)

Der Freitod des Caldus Caelius

Während die Germanen gegen die Gefangenen wüteten, zeigte sich der junge Caldus Caelius des alten Ruhmes seiner Familie würdig und vollbrachte eine herrliche Tat. Die Ketten, mit denen er gefesselt war, schmetterte er so heftig gegen seinen Kopf, dass Blut und Gehirn herausspritzten und er alsbald verschied."

Der Verfasser sieht, abgesehen von der Zeitgenossenschaft des Velleius Paterculus, aufgrund der vielen Details und Namen von Offizieren aus dem Varusheer den Velleius-Bericht als die einzige authentische, wenn auch leider unvollständige Schilderung des Schlachtgeschehens an. Damit wird allerdings die These Wilhelm Brepohls mit dem Besuch des großen Kultfestes fragwürdig.

Aufgrund des Velleius-Berichtes und des noch vorzustellenden Tacitus-Textes über den Besuch des Germanicusheeres auf dem Varusschlachtfeld möchte der Verfasser teils durch verbindende Thesen, teils durch topographische Gegebenheit und neue handfeste Funde nunmehr den möglichen Verlauf der Varusschlacht skizzieren:

Vom Velleiusbericht ausgehend, wurde vermutlich den vorinformierten germanischen Anführern der Hundert- und Tausendschaften aller drei Stämme der Zeitpunkt des Abmarsches des Varusheeres als vereinbarter Termin für die sofortige Vernichtung der Legionärs-Abordnungen (Vexillationen) noch in der Nacht vor dem Abmarsch des Varus in ihre jeweiligen Gaue übermittelt.

Entsprechend dem Velleius-Bericht erfolgte anschließend das Zusammenströmen dieser Kampfgruppen aus den drei Stämmen der Marser, Brukterer und Cherusker, das aus Sicht des Verfassers nur zu den beiden alten, wieder benutzten Höhenburgen der Brukterer (Tönsberglager) und

Cherusker (Teutoburg) erfolgen konnte. Gleichzeitig eilten Mannschaften an die Pässe des Teutoburger Waldes zwischen Bielefeld und Berlebeck / Detmold, um in großer Eile Querwälle als Sperren zu errichten.

Die schnelle Verständigung war über vorher vereinbarte Blinkfeuer von den „Meldebergen" der drei Stämme aus vorgenommen worden.

Varus brach nichtsahnend am frühen Morgen mit seinem Heere, vermeintlich durch Freundesland ziehend, aus dem Raume Bad Salzuflen/ Herford auf. Er hatte befohlen, nicht den schnellsten und bequemsten Weg über den Bielefelder Paß Richtung Beckum und Dolberg zu nehmen, sondern auf dem zwar in Kriegszeiten gefährlicheren, aber in Friedenszeiten nicht weniger bequemen Weg durch die Wistinghauser Schlucht nach Aliso/ Schloß Neuhaus zu ziehen. Da man vermeintlich durch Freundesland marschierte, konnte man die leicht befahrbaren nebeneinander liegenden Wistinghauser und Stapelager Schluchten gefahrlos als kürzesten Weg nach Aliso bewältigen. In Kriegszeiten hätte Varus natürlich auf den Besuch Alisos verzichtet und den ungefährlichen breiten Bielefelder Paß unter Einsparung eines ganzen Tagesmarsches bis Dolberg benutzt. In Aliso würde man das mit dem großen Troß durchsetzte Heer mit frischem Nachschub versorgen. Die Marser hatten dorthin neue Tribute angeliefert, die man auf jeden Fall noch mit an den Rhein nehmen wollte. Diese Auffrischung der Reserven in Aliso war notwendig, wenn man anschließend gegen die Sugambrer ziehen wollte. Dort in Aliso würde auch Arminius mit seinen Hilfstruppen dazustoßen, um später mitzuhelfen, die aufständischen Sugambrer (Annahme des Verfassers!) zu strafen.

So zog denn nun das mit dem Riesentroß durchsetzte römische Heer in „nicht gefechtsbereitem Zug (agmen impeditum)" aus dem Raum Bad Salzuflen/Herford los. Die beiden Pässe im Teutoburger Wald lagen etwa 15 km entfernt vom Sommerlager. Jenseits des Gebirges würde man in der trockenen, sandigen Senne das erste Marschlager aufschlagen. Von dort war das 20 km entfernte Aliso bereits am zweiten Tage erreichbar.

So könnte der Abmarsch des Varusheeres gewesen sein.

Der lockere, nicht kampfbereite Heereszug wird durch den Arminius verspottenden Marbod nach der Varusschlacht bestätigt (Tacitus II/46). Arminius habe ja „drei ungerüstete Legionen und ihren vertrauensseligen Führer treulos hintergangen (quoniam tres vacuas legiones et ducem fraudis ignarum perfidia deceperit)." Leider enthalten die meisten Tacitusübersetzungen hier einen ärgerlichen Fehler, indem man „tres vacuas legiones" mit „drei verirrte Legionen" völlig sinnentstellend ins Deutsche überträgt. Richtig dagegen ist „drei ungerüstete (nicht kampfbereite) Legionen".

Bereits in der Nacht vor dem Abmarsch hatte Arminius die schnellen berittenen Krieger der Cherusker westlich von der Wistinghauser Schlucht versammelt. Varus durfte keine Chance haben, nach Westen durch offenes Gelände zum rettenden Bielefelder Paß auszuweichen.

Abb. 62
Nördliches Vorland der Wistinghäuser Schlucht

Rechts im Hintergrund erstreckt sich der Ostteil des langgestreckten Tönsberges, der Teil mit dem darauf durch Kelten ca. 300 v. Chr. angelegten Ringwall „Tönsberglager". An seinem Fuße in der linken Bildmitte verläuft die Paßstraße der Wistinghauser Schlucht, die sich am Fuße seiner südlichen, dem Betrachter abgewandten Rückseite entlang zieht, um dann nach Westen zur oberen Lippe hin abzuknicken.
Im Vorland dieser zwar engen, aber sonst sehr bequemen Paßstraße durch den Teutoburger Wald wurden an fünf Plätzen Funde gemacht, von denen eine ganze Reihe durch Archäologen als römisch klassifiziert wurden, während andere Fachleute die gleichen Fundstücke als mittelalterlich oder als „nicht datierbar oder einordbar" ansehen. Der Verfasser sieht hier den Beginn der Varusschlacht.

Das ungegliederte Varusheer mit großem Troß brauchte mindestens fünf Stunden, bis die letzen Legionäre der Nachhut das Lager verlassen hatten. In dieser Zeit hatte die Vorhut des über 10 km langen, durch Mitführung des großen Trosses ungegliederten Heereszuges bereits das Vorfeld der Wistinghauser Schlucht erreicht.

Das Einfädeln in die zwar bequeme, aber enge Paßstraße unterhalb der Brukterer-Burg (Tönsberglager) ließ dort vermutlich einen Stau entstehen, so wie er sich zu unserem Leidwesen heute immer wieder an einbahnigen Baustellen auf Autobahnen bildet.

Die Verwirrung bei der Staubildung war der Augenblick des Angriffs durch die in der unmittelbar anliegenden Burg (Tönsberglager) lauernden Brukterer- und Cherusker-Reiter. Sie warfen sich auf die nichtsahnende, sich stauende Vorhut auf dem Sander vor dem Eingang in die Schlucht.

Reine Hypothese, durch nichts zu belegende Theorie?

Versuchen wir, Belege zu finden! Schon leicht südlich des Werler Feldes/Bad Salzuflen auf der Heidefläche von Knetterheide mit dem bezeichnenden Namen Kriegerheide gibt es den von Bernard Korzus dokumentierten Fund eines römischen Denars (Fund 6081), der im Jahre 137-134 v. Chr. in Rom geprägt und 1955 gefunden wurde (FMRD, Band VI, Gebr. Mann, Berlin 1971). Korzus berichtet ebenfalls von dem Fund einer römischen goldenen Augustus-Münze auf Gut Krawinkel, ebenfalls im Vorfeldbereich der Wistinghauser Schlucht (Fundmünze 6036, die noch in den 30er Jahren des 20. Jahrhunderts in Schweden bezeugt wurde, ehe sie verschwand).

Oberstleutnant Schmidt, ein profunder Römerforscher seiner Zeit, wird in der Westfälischen Zeitschrift 20/1859,299 zitiert:

Münzfunde in Stapelage

„In der Gegend von Stapelage, 1 $^1/_2$ Stunde nordwestlich von der Dörenschlucht, besonders auf den Feldern der großen Höfe Hunecken (direkt vor der Wistinghauser Schlucht) und Krawinkel, werden häufig römische Münzen ausgepflügt, welche, soweit sie dem Verfasser bekannt geworden, nicht jünger als Augustus. Verschollen."

Dann Paul Höfer (Die Varusschlacht, 1888):

„Auch in neuerer Zeit ist in jener Gegend ein römisches Schwert, welches im Museum zu Detmold (nicht mehr vorhanden) aufbewahrt wird, gefunden worden, nämlich unterhalb der Befestigung des Tönsberges, 1 $^1/_2$ Fuß unter der Erdoberfläche."

Der Verfasser forschte 1999 im benachbarten Gelände von Hörste in einer Sondagegrabung nach auf englischen Luftbildern angezeigten Doppelspuren, fand aber bisher nur in den Zeitraum 1350 n. Chr. C14-datierte Holzkohlenreste in einem ehemaligen Graben mit der Form eines Spitzgrabens (vgl. die Publikation des Verf. „Die Varusschlacht, Tübingen 2000, S. 137). Nach der Presseberichterstattung darüber übersandte Heinz Hörig aus Herne/Ruhrgebiet drei von vier augusteischen Münzen, die sein verstorbener Vater auf einem Feld des Gutes Krawinkel im Jahr 1994 mit Hilfe des Detektors gefunden habe. Der Verfasser konnte H. Hörig überzeugen, daß diese Münzen für die Aufklärung eines möglichen Schlachtgeschehens für den Kreis Lippe sehr wichtig wären. Daraufhin übersandte dankenswerterweise der Sohn des Finders drei dieser Münzen, einen Nemausus-Dupondius

Fortsetzung auf Seite 144

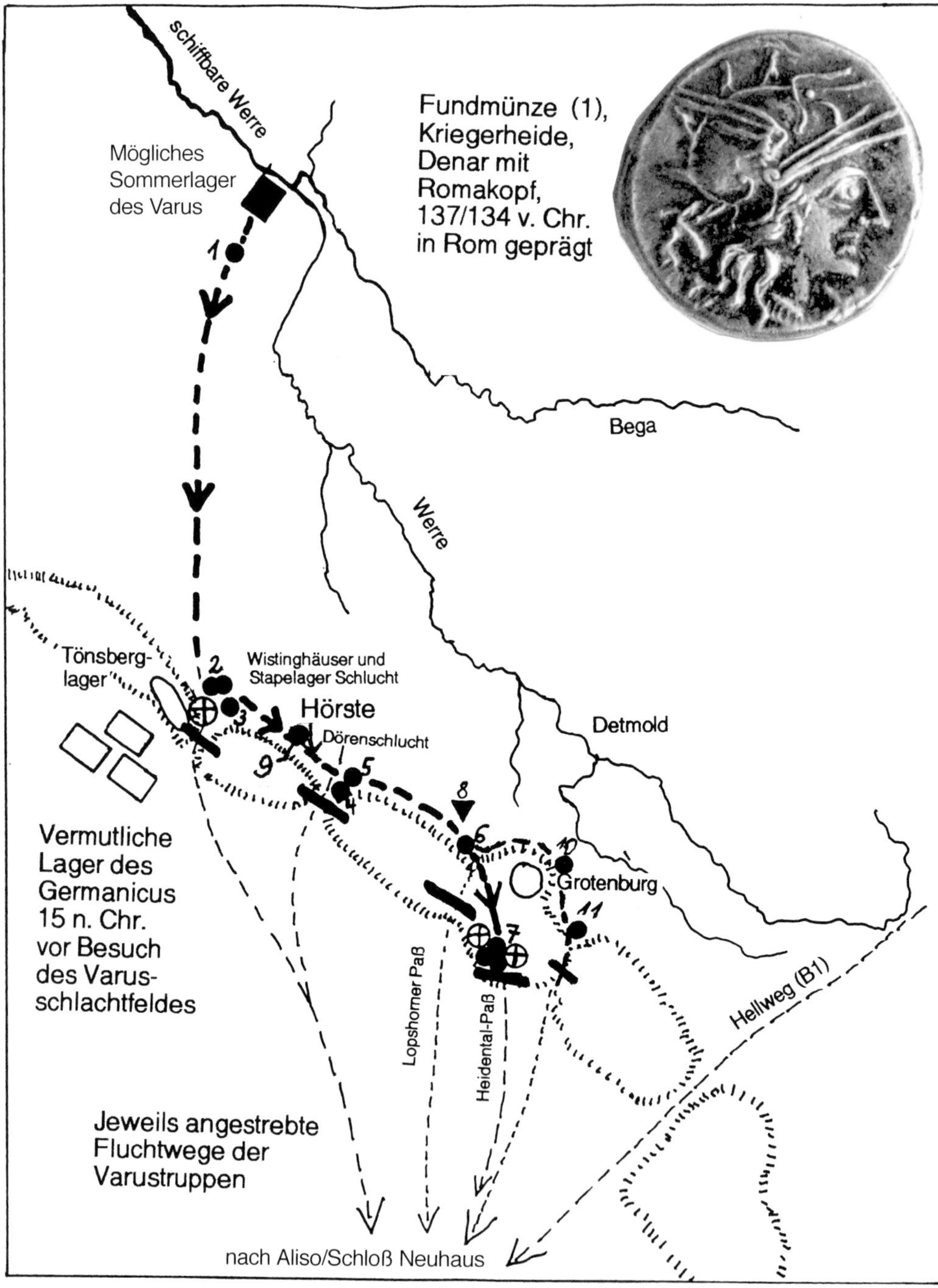
schiffbare Werre
Mögliches
Sommerlager
des Varus
Fundmünze (1),
Kriegerheide,
Denar mit
Romakopf,
137/134 v. Chr.
in Rom geprägt
Bega
Werre
Tönsberg-
lager
Wistinghäuser und
Stapelager Schlucht
Hörste
Dörenschlucht
Detmold
Grotenburg
Vermutliche
Lager des
Germanicus
15 n. Chr.
vor Besuch
des Varus-
schlachtfeldes
Lopshorner Paß
Heidental-Paß
Hellweg (B1)
Jeweils angestrebte
Fluchtwege der
Varustruppen
nach Aliso/Schloß Neuhaus
1
2
3
4
5
6
7
8
9
10
11

Schwarze Kreise (1-11) = augusteische und republikanische Münzfunde

Kreise mit Kreuz = neueste, teilweise noch umstrittene römische Funde durch Sondenführer unter Koordination des Verfasses (1999-2003)

Dokumentierte Münz- und Terra-sigillata-Funde:

1 = Fundort Kriegerheide, Denar mit Romakopf, 137/134 v. Chr., Korzus 6081, Bädermuseum, Bad Salzuflen

2 = Viele augustueische Münzen vor 1859, Westf. Zeitschrift 20/1859 (299), auf den Feldern der Höfe Hunecken und Krawinkel, u. a. Aureus 28 v. Chr., auf einem Acker von Gut Krawinkel erpflügt (Korzus 6036), Münze war lange in Schweden ausgestellt, verloren

3 = Neufunde durch H. Hörig (1994) westlich von Hof Krawinkel: 1 Denar Gaius-Lucius, 1 Nemausus-Dupondius der 1. Serie, 1 Denar aus bewegl. Münzstätte Caesars 49/48 v. Chr., 1 Denar C PLUTI ROMA, Dioskuren, 121 v. Chr., letztere drei Münzen als Dauerleihgabe im Lippischen Landesmuseum

4 = Gaius-Lucius-Denar, 2 v.-14 n. Chr., 1839 in Dörenschlucht gef. (Korzus 6029)

5 = Gaius-Lucius-Denar, 2 v. - 14 n. Chr., zusammen mit weiteren Münzen 150 m östlich des Wegeknicks bei der Gastwirtschaft Alfs, am Eingang der Dörenschlucht, ergraben, (Korzus 6042)

6 = Republikanische Denar-Hälfte in der Nähe des Donoper Teiches gefunden, Heimatland Lippe, Mai 2003, im Besitz des Lippischen Landesmuseums

7 = mehrere Autoren (Hamelmann 1582, Piderit 1627, Wasserbach 1698) berichten über selbst gesehene augusteische Münzfunde vom Winnfeld, Wasserbach zeichnet eine „auf dem Winnfeld ergrabene Varusmünze" (Achulla 8/7 v. Chr.)

8 = Terra-sigillata-Funde von Heidenoldendorf, Besitz: Lippisches Landesmuseum Detmold

9 = Neufund (2001, Dieter Kirchhoff) eines Nemausus-Dupondius der Serie I in Stapelage, Besitz: Lippisches Landesmuseum Detmold, und von zwei weiteren halben römischen Kupfermünzen ebenfalls 2001 in Stapelage ($^1/_2$ Nemausus-münze, $^1/_2$ Lugdunum-As) nach schriftlicher Mitteilung 2004 von Peter Glüsing, Münster

10 = Augusteische Bronzemünze an der Berlebecke Detmold-Heidenoldendorf nach C. G. Clostermeier (Wo Hermann den Varus schlug, Lemgo 1822)

11 = Republikanische Familienmünze des Caius Maenius Antiacus (ebenfalls nach Clostermeier, S. 94). Münze wurde 1796 zusammen mit über 100 weiteren augusteischen bzw. „römischen" Münzen in der Münzauktion des Nachlasses des Predigers Althoff in Detmold versteigert.

Insgesamt sind es 14 einwandfrei dokumentierte augusteische Münzen.

Abb. 63
Römische Münzfunde weisen möglicherweise den Weg der Varusarmee in das Verderben.

Fortsetzung von Seite 141

der I. Serie, einen Denar aus einer beweglichen Münzstätte Caesars 49/48 v. Chr. und einen Denar von 121 v. Chr. Die Münzen befinden sich als Dauerleihgabe im Lippischen Landesmuseum.

Dieter Kirchhoff suchte an dem von H. Hörig (Er war während des Fundgeschehens dabei gewesen!) mitgeteilten Fundort auf dem Gelände des Hofes Krawinkel nach und fand nach seiner Auffassung „auffällige Buntmetallfundstücke mit typischer antiker Patina".

Im Jahre 2001 wurden nach schriftlicher Mitteilung von Peter Glüsing, Münster, neben einer ganzen augusteischen Münze (Nemausus-Dupondius, Serie I) zwei weitere halbe augusteische Münzen (Nemausus I und Lugdunum I) in dem an den Hof Krawinkel angrenzenden Ortsteil Stapelage gefunden.

Der Verfasser bat zwei mit Genehmigungen der Denkmalpflege ausgestattete Sondengänger, auf von ihm bezeichneten Feldern und Plätzen dieser Gegend nachzusuchen. In mehreren Sondagegängen, an denen der Verfasser sich beteiligte, wurden weitere hochinteressante Funde im Eingangsbereich der Wistinghauser Schlucht gemacht, von denen nicht nur der Verfasser eine ganze Reihe für römisch hält.

Prospektionen vor der Wistinghauser Schlucht

Wolfgang Schlüter, jahrelang Grabungsleiter in Kalkriese, führte zu einem dieser Fundstücke, einem Bleiwürfel aus dem Vorfeld der Wistinghauser Schlucht, folgendes brieflich aus:

„Unter den (vorgelegten) Fundstücken befand sich ein kleiner Bleiwürfel. Ein nahezu identisches Exemplar stammt aus Kalkriese. Es ist dort als römisch angesprochen worden. Mir persönlich sind überhaupt keine Vergleichsfunde, weder römische noch mittelalterliche oder neuzeitliche, zu den beiden Würfeln bekannt."

Den bisherigen Thesen vom Kampfverlauf entsprechend, hätten sich in dem Vorfeld der Paßstraßen durch die Wistinghauser und Stapelager Schlucht unter dem Kommando ihrer Centurionen die Vorhut-Legionäre versammelt und noch erfolgreich verteidigt haben können, bis das Gros des Heeres heranmarschiert war. Natürlich waren dann längs des über 10 km langen ungegliederten Heereszuges heftige Angriffe von berittenen cheruskischen Reitern abzuwehren. Immerhin mußten aber die ersten Abwehrkämpfe nördlich vor dem Teutoburger Wald Varus und seinen Truppen noch ein technisch weitgehend perfektes Marschlager ermöglicht haben, welches das Germanicusheer sechs Jahre später bei seinem Besuch des Varusschlachtfeldes als das von Tacitus bezeugte „prima Vari castra" vorfand (I/61). Möglicherweise lagerte das Germanicusheer bei der Beerdigungsaktion in Nähe des I. varianischen Lagers nach Beginn der Kampfhandlungen.

Der Tacitustext über den Besuch des Schlachtfeldes durch das Germanicusheer im Jahre 15 n. Chr. ist die einzige antike Quelle, die einen

a

b

c

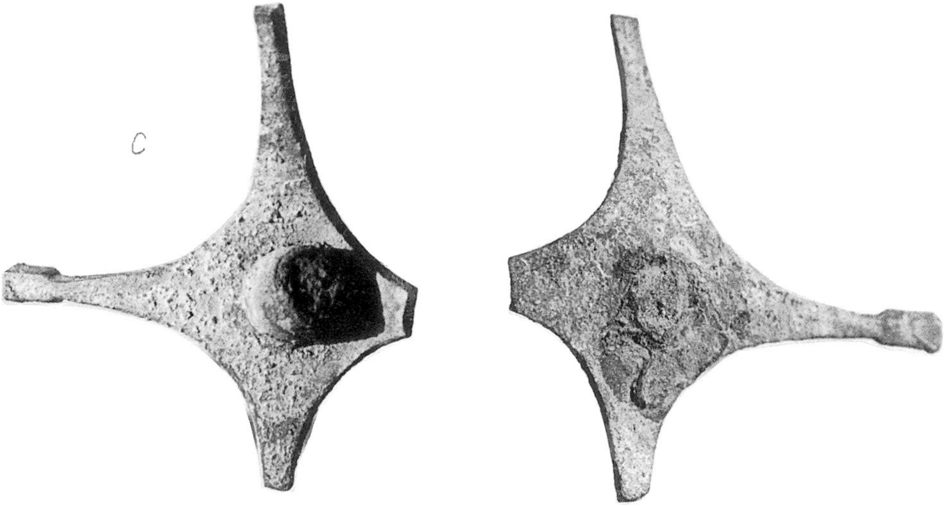

a) Bleierner Würfel, schriftliche Stellungnahme von Prof. Dr. W. Schlüter, Osnabrück, 18. 10. 2001: „Unter den (zur Begutachtung vorgelegten, der Verf.) Fundstücken befand sich ein kleiner Bleiwürfel. Ein nahezu identisches Exemplar stammt aus Kalkriese. Es ist dort als römisch angesprochen worden." Kantenlänge 1,3 cm.

b) Beschlag (Pfeil) von Wistinghausen im Vergleich mit vier ähnlichen Stücken aus Privatsammlung von castra Vetera I. Jürgen Oldenstein (Zur Ausrüstung römischer Auxiliareinheiten, Mainz 1976, Tafeln 47/48, S.. 223) bildet ähnliche Beschläge mit flacher Gegenplatte für Befestigung der Schlaufe eines „Rahmenschnallen-cingulums" ab.

c) Vierstahliger Ziernagel mit quadratischem Nagelschaft-Kanal in aufgesetzter Tülle, „wie sie vielfach aus augusteischen Militärlagern bekannt sind" (schriftliche Mitteilung)
Nach metallurgischer Analyse (Institut f. Werkstoffkunde, Uni Hannover)
Messing (36,8% Zn, 57,1 % Cu, 0,5 % Fe, 1,7% Pb, weitere Beimengungen je unter 0,1 %). Größte Breite 4,3 cm

Abb. 64
Römische Fundstücke von Wistinghausen/ Währentrup, Nordrand Teutoburger Wald

klaren Ortshinweis zum Varusschlachtfeld beinhaltet. Sie weist eine große Übereinstimmung zu der bisherigen Platzierung des Kampfgeschehens durch den Verfasser auf. – Tacitus beschreibt dabei zunächst den Aufruf des zornentbrannten Arminius zum neuen Krieg (nach dem Varuskrieg) gegen die Römer, nachdem Germanicus dessen schwangere Ehefrau Thusnelda entführt hatte. Danach stellt er den Besuch des Schlachtfeldes dar (Annalen I/60-61):

„Solche Reden reizten nicht nur die Cherusker, sondern auch die Nachbarstämme auf. Auch des Arminius Oheim Inguiomerus, der bei den Römern seit langem schon in Ansehen stand, wurde von ihm gewonnen. Deshalb wuchs des Germanicus Besorgnis.

Neuer Krieg mit der Germanicus-armee zieht auf.

Damit aber die gewaltige Kriegsmacht (der vereinigten germanischen Stämme) nicht über ihn hereinbräche, sandte er Caecina mit den vier niederrheinischen Legionen (I,V,XX,XXI) durchs Land der Brukterer zur Ems, um die feindliche Heeresmacht zu zersplittern. Germanicus selbst beförderte mit der Rheinflotte die vier oberrheinischen Legionen (II,XIII,XIV,XVI) über die Seen (Drususkanal und nordfriesische Seen). Zu gleicher Zeit vereinigten sich dann Fußvolk, Reiterei an dem oben erwähnten Flusse (wahrscheinlich bei Rheine).

Die Chauken, die Hilfstruppen in Aussicht stellten, wurden in die Heeresgemeinschaft mit aufgenommen.

Die Brukterer, die ihre eigenen Dörfer in Brand steckten, schlug Lucius Stertinius im Auftrage des Germanicus mit einer Schar Leichtbewaffneter in die Flucht. Während des Blutbades und der Plünderung fand er den Adler der XIX. Legion wieder, der unter Varus verloren gegangen war. (Der bei den Brukterern aufgefundene Adler zusammen mit dem wütenden Vergeltungsangriff der Römer unter Germanicus sind deutliche Indizien der Teilnahme der Brukterer an der Varusschlacht.)

Darauf wurde das Heer bis ans äußerste Ende des Bruktererlandes geführt; alles Land zwischen Ems und Lippe ward verwüstet, nicht weit vom Teutoburger Walde, wo, wie es hieß, die Reste des Varus und seiner Legionen noch unbeerdigt lagen.... Caecina wurde vorausgeschickt, um das noch unbekannte Waldgebirge zu durchforschen und Brücken und Dämme in dem feuchten Sumpflande auf dem trügerischen Moorboden anzulegen. Danach betraten die Römer die Stätten der Trauer, die einen entsetzlichen Anblick boten und furchtbare Erinnerungen weckten.

Das erste Lager des Varus ließ an seinem bedeutenden Umfange und der Absteckung die Arbeit dreier Legionen erkennen.

Sodann merkte man an dem halb eingestürzten Wall und dem nur wenig tiefen Graben (des zweiten Lagers), daß sich hier die schon halb vernichteten Reste des Heeres gelagert hatten: inmitten der Ebene („campus“ zwischen den beiden Lagern) sah man bleichende Gebeine, zerstreut oder in Haufen, so wie die Römer geflohen waren oder Widerstand geleistet hatten.

Daneben lagen Bruchstücke von Pferden; auch waren an Baumstämmen Menschenschädel angenagelt zu sehen. Unter den Baumgruppen standen noch die Altäre, an denen der Feind die Tribunen und Centurionen erster Klasse hingeschlachtet hatten.

Wer jene Niederlage überlebt hatte, sei es, daß er dem Gemetzel oder der Gefangenschaft entronnen war (es gab losgekaufte Gefangene), wußte zu erzählen, hier seien die Legaten gefallen, dort die Adler erbeutet worden; wo Varus die erste Wunde empfing, wo er durch einen mit unseliger Hand selbstgeführten Stoß den Tod fand; von welcher Erhöhung herab Arminius gesprochen und wie frech er die römischen Feldzeichen und Adler verspottet habe; wie viele Marterhölzer errichtet und wie viele Gruben (zum Zwecke der Enthauptung, vgl. Tacitus XV/67) - beides für die Gefangenen - angelegt waren.

(Tacitus I/62): ......Da keiner unterscheiden konnte, ob er die Überreste Fremder oder seiner eigenen Angehörigen vor sich habe, begruben sie alle als die ihrer Freunde und Blutsverwandeten mit gesteigerter Rachsucht gegen den Feind....

Das erste Rasenstück zur Errichtung des Grabhügels („tumulus“) legte Germanicus hin....“ Soweit der detailreiche Text des Tacitus.

Der Ortshinweis „äußerstes Ende des Bruktererlandes... zwischen Ems und Lippe..., von wo es nicht weit zum Schlachtfeld im Teutoburger Wald war“ ist eindeutig:

Am „äußersten Ende des Bruktererlandes“ liegt der Teutoburger Wald.

– Das äußerste Ende des Bruktererlandes kann nach allen antiken Quellenangaben über die Wohnsitze der Brukterer nur in der Gegend zwischen den Quellen der Ems und Lippe, etwa bei Stukenbrock/ Augustdorf in der Senne westlich des Teutoburger Waldes liegen.

Wenn das Germanicusheer mit 8 Legionen in zwei Heeresgruppen dort einst lagerte, müßten dort u. U. Reste derartiger riesiger Marschlager zu finden sein. Von Stamford behauptet, Wall- und Grabenreste in der Nähe von Welschhof und Welschenmeier genau in dieser Gegend noch (1890) gesehen zu haben. Auch die beiden Welsch-Namen sind für die ehemalige Anwesenheit von Römern möglicherweise ein Indiz.

Wenn das Germanicusheer tatsächlich dort südwestlich am Fuße des Teutoburger Waldes vor den Toren der Wistinghauser und Stapelager Schlucht gelagert haben sollte, war es naheliegend, daß Caecina durch einen dieser beiden Pässe zur Nordostseite des Teutoburger Waldes zog, um Wege und Brücken durch das dort moorige Gelände anzulegen. Die Reste der damals in Richtung Osten fast zehn Kilometer langen

Moorgebiete sind heute bis auf einige Hochmoorreste bei den Detmolder Ortteilen Hiddesen, Pivitsheide und Heidenoldendorf zusammengeschrumpft. Dem aufmerksamen Botaniker fallen heute noch an den tiefer gelegenen Stellen Reste von typischen Hochmoorpflanzen auf.

Wenn nun anschließend auch die Heeresgruppe des Germanicus durch diese beiden Schluchten auf die Nordostseite des Gebirges zog, traf sie zunächst auf das erste noch vollständige Lager „dreier Legionen". Es müßte im Raum des Ortsteiles Hörste/Stapelage der Stadt Lage leicht östlich der Wistinghauser Schlucht gesucht werden.

Offensichtlich erstreckte sich das Hauptschlachtfeld vom Ort des ersten Lagers weiter in Richtung Osten bis zum nur noch sehr unvollständigen zweiten Lager, das nur noch von den Resten der drei Legionen oberflächlich angelegt worden sein konnte. Also mußte die größte Zahl der Legionäre zwischen diesen beiden Lagern gefallen sein.

Der „campus" für die Varusschlacht

Es war die von Tacitus als „campus" bezeichnete Fläche. Auf der Basis der bisherigen Betrachtungen könnte es nur die Fläche zwischen Stapelage/Hörste mit der nahegelegenen Dörenschlucht und Heidenoldendorf/Detmold bzw. dem Heidental/Hiddessen am Fuße der Grotenburg/Teutoburg gewesen sein. In diesem Gelände sind immer wieder - leider meist auch verschollen - Funde von augusteischen Münzen gemacht worden, von denen einige, z. B. vom heute noch erhaltenen Sumpfgebiet Hiddeser Bent/ Donoper Teich, dokumentiert sind. Andere dieser Münzen sind sehr wahrscheinlich bei der Versteigerung der umfangreichen „Althoffschen Münzsammlung" im Jahre 1796 verloren gegangen. Fest steht, daß sich unter den vielen augusteischen und republikanischen Münzen dieser versteigerten Sammlung wenigstens ein Denar aus dem Gelände zu Füßen der Grotenburg/Teutoburg als dokumentiertes Fundstück befunden hat (Republikanische Familienmünze des Caius Maenius Antiacus, „1786 in einem Garten bey Berlebeck nach dem Falkenkruge zu gefunden", laut Versteigerungskatalog, Lemgo 1796).

Das Gelände des hier lokalisierten möglichen Hauptschlachtfeldes zwischen Stapelage/Lage und Heidenoldendorf/Detmold am Nordrand des Teutoburger Waldes ist derart vielgestaltig durch Hügel, Täler und tiefe Bachschluchten, daß es nicht besser für einen Überfall auf einen schon durch das Gelände notwendigerweise völlig zersplitterten römischen Heereszug geeignet sein konnte.

Es war jedoch für das Gelingen des Überfalles entscheidend wichtig, daß ein Ausbruch durch Absperrung der Pässe Wistinghauser, Stapelager und Dörenschlucht unmöglich gemacht wurde. Zur Vorsicht mußten auch die sich nach Südwesten anschließenden Paßstraßen nach Lopshorn, durch das Heidental und schließlich noch über Berlebeck

a) Diese 5,8 cm breite Scheibe ist aus Messing und stammt vom möglichen Lagergelände „Auf den Windhaufen" in Stapelage am nördlichen Rande des Teutoburger Waldes. Sie kommt in vergleichbarer Form häufig auf den Brust- und Stirnriemen römischer Reiterausrüstungen vor (vgl. Beitrag des Verf. „Fünf römische Fundstücke aus Stapelage/Teutoburger Wald" auf homepage: www.roemerfreunde-weser.info). Finder: Dieter Kirchhoff

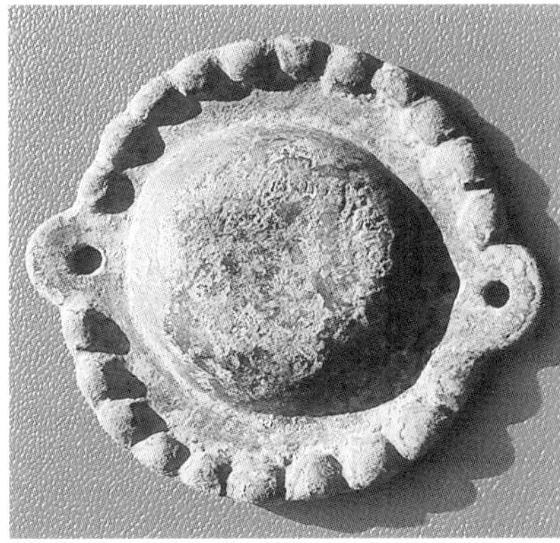

Abb. 65 a/b Scheibe, vermutlich vom römischen Pferdegeschirr, vom Fundort Stapelage

Siehe auch Farbtafel II

b) Verteilerscheibe mit starker Aufwölbung des Inneren wie bei der Scheibe von Stapelage auf Hinterhandriemen am Pferd des Reiterreliefs des Longinus Biarta (Römisch-Germanisches Museum Köln)

östlich am Winnfeld vorbei gesperrt sein. Sämtliche hier genannten Pässe lassen tatsächlich heute noch Sperranlagen erkennen, von denen einige als Landwehren des späten Mittelalters belegt sind.

Der Verfasser, der alle Sperranlagen untersucht hat, wird sich in einem gesonderten Kapitel damit beschäftigen, ob diese Sperranlagen germanische Sperren oder aber nur mittelalterliche Landwehren gewesen sind.

Eine einzige Sperranlage am Beginn der Stapelager Schlucht soll an dieser Stelle herausgehoben werden. Sie hat eine ovale Ringstruktur, sperrte den alten Heerweg völlig ab und besitzt eine sehr ähnliche Struktur, geradezu eine Zwillingsstruktur in einem Ringwall auf dem vermutlichen Schlachtfeld am Angrivarierwall bei Leese/Stolzenau (Ringwall Hütten, in R. Bökemeier, Die Varusschlacht..., Tübingen 2000, S. 210). Wer jemals in kurzen Zeitabständen an diesen beiden Ringwällen gestanden hat, kann nur verblüfft feststellen: „Hier waren die gleichen Baumeister am Werke." Möglicherweise waren es jeweils die Krieger des Arminius.

Kehren wir, den bisherigen Thesen folgend, zu den Resten des geschlagenen Varusheeres am Fuße der Grotenburg/Teutoburg im unvollständigen 2. Lager zurück.

Vala Numonius hatte sich mit den Resten seiner Reiterei (von drei Legionen 3 x 120 Reiter und von drei bezeugten Reiteralen 3 x 500 Reiter) über das Waldgebirge in die ungefährlichere Ebene abgesetzt.

Vermutlich benutzten sie die Römerstraße von der oberen Lippe in Richtung zum Rhein. Darüber, wo und wie sie ihr Schicksal möglicherweise ereilte, erhielt der Verfasser erst jüngst aufregende Meldungen, die ebenfalls noch gesondert behandelt werden.

Es ist vorstellbar, dass nach dem Tode des Varus im 2. Lager nun noch einige beherzte Centurionen ihre besten Kämpfer und einige bespannte Fahrzeuge mit Waffen der gefallenen Kameraden um sich scharten, um den Weg durch die letzten beiden erreichbaren Pässe mit Gewalt und ohne Rücksicht auf das Schicksal begleitender Frauen und Kinder zu erkämpfen.

Diese beiden Pässe waren das durch seinen Namen auffallende Heidental, das westlich am Fuße der Grotenburg/Teutoburg entweder über das frühere Forstamt Hartröhren oder über das Winnfeld ebenso in die rettende Ebene nach Aliso hin führte wie der seit Urzeiten östlich am Fuße der Grotenburg/Teutoburg über Berlebeck verlaufende Paßweg. Der Name des letzteren, u. U. später in seinem Verlauf abgewandelten Weges „Alter Postweg" verrät die Bedeutung dieser alten Heerstraße, besonders auch während des Mittelalters. Die beiden Paßstraßen streifen westlich und östlich das seit Jahrhunderten als Ort der Varusschlacht von vielen Forschern genannte Winnfeld.

Es seien nur die Pastoren Hamelmann (1582) und Piderit (1627), die Forscher Wasserbach (1698), Clostermeier (Ende des 17. Jahrhunderts) und Neubourg (Ende des 19. Jahrhunderts) genannt. Sie alle haben entweder römische Münzen vom Winnfeld gesehen, Zeugen benannt oder selbst Münzen ergraben (der Großvater Wasserbachs).

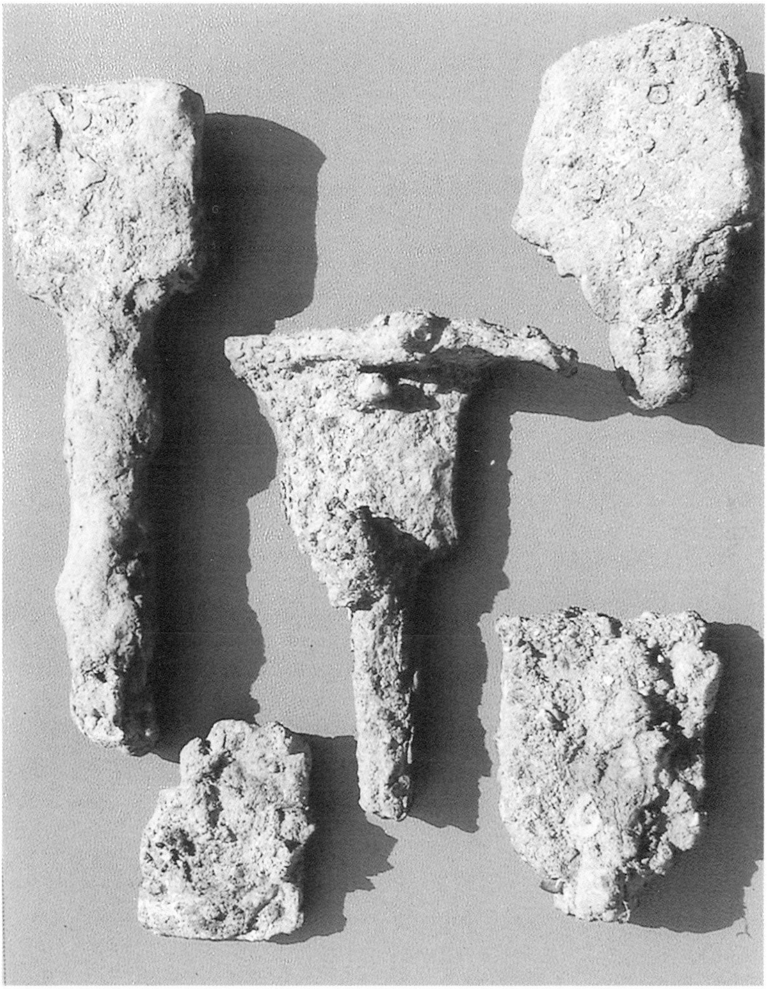

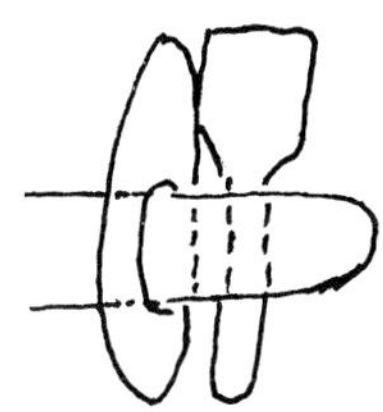

Diese unterhalb der Sperranlagen „Bölkehals" im Heidenbach zusammen von W. Winkels und W. Lippek neben vielen Kopfnägeln gefundenen Wagenachsnägel zeigen römische Formgebung. Der Nagel oben rechts befindet sich in der AMS-Datierung. Für die Beantwortung der Frage, wie die Wagenbestandteile in die 3 m tiefe Bachschlucht kamen, bieten sich zwei Antworten an:
1. Die Wagen wurden möglicherweise zur Römerzeit absichtlich zu ihrer Zerstörung in die Bachschlucht gestoßen.
2. Die nur bei Wetterstürzen und in der Schneeschmelze mit Wasser gefüllte Bachschlucht ist an dem Fundabschnitt erst durch Brückenbau in jüngerer Zeit stark vertieft und verändert worden und war in früherer Urwald-Zeit Teil des Weges über den Paß von Hartröhren über den Teutoburger Wald in die Senne.
Oberhalb am Bölkehals ist die mögliche Fortführung dieser alten Bachtalstraße noch erhalten (Abb. 84c).

Abb. 66
Fünf Fragmente von vermutlich römischen Wagenachsnägeln aus dem Heidenbach/ Teutoburger Wald

Abb. 67 a/b/c
Terra-Nigra-Scherben vom Düsterlau/Winnfeld/Teutoburger Wald?

a) Römische Terra-Nigra-Scherben des 1. Jahrhunderts aus dem Rhein östlich des Fürstenberges bei Xanten

Das wichtigste Zeugnis stammt vom Lemgoer Pastor Hermann Hamelmann (Genealogien und Familien der angesehensten und edelsten Grafen, Freiherren und Herren, Lemgo 1582). Seine entscheidenden Aussagen lauten:

„....Alsdann möge auch bedacht werden, dass ein Bach an der nach dem Siege benannten Ebene (Wintfelt = Winnfeld) vorbeifließt, nach der Menge des verflossenen Römerblutes nach der gemeinen Mundart dieser Gegend den Namen „Rodenbecke" (heute Roter Bach) führt. Schließlich hat es sich vor unserer Zeit zugetragen, daß, wenn Bauern begannen, mit dem Pflug die Erde aufzureißen und zum Acker geeignet zu machen, dort nicht nur menschliche Gebeine gefunden wurden, sondern auch Stücke von Schwertern, Lanzen, Dolchen und eisernen Verteidigungswaffen verschiedener Art.

Man fand dort auch verschiedene römische Münzen, teils von Gold, teils von Silber, auf denen Bild und Inschrift des Iulius, Augustus, Agrippa und anderer römischer Helden wie auch immer zu erkennen waren; ich

b) Ein kleines Terra-Nigra-Stück (?) vom Winnfeld auf einem größeren Terra-Nigra-Stück vom Fürstenberg/Xanten

c) Das kleine Terra-Nigra-Stück (?) vom Winnfeld in Nahaufnahme

habe diese Münzen und Inschriften selbst vor 26 Jahren (1556) in Lemgo gesehen."

Werner Winkels, ein erfahrener Sondengänger mit guten Prospektionsergebnissen in Kalkriese, las in der „Varusschlacht" des Verfassers vom Winnfeld und fand bei seinen Recherchen neben vielen eisernen Fundstücken in großer Konzentration am Ostrande des Winnfeldes auf dem mit „Düsterlau" bezeichneten höchsten Punkt dieses Gebietes alte abgeflachte Wälle, in denen neben möglichen römischen Buntmetallfragmenten eine Scherbe aus Terra Nigra lag. Sie wurde von zwei Archäologen unterschiedlich in das 1. bzw. 4. Jahrhundert datiert.

W. Winkels barg nach langem Suchen (acht Tage) am Rande des östlichen Winnfeldes eine Vielzahl an eisernen Kopfnägeln (aus Eisenreifen von Wagen), Klammern, Hufeisen, Trensenresten und zweifellos einen Halbmondanhänger mit genau der gleichen Aufhängevorrichtung, wie sie ein entsprechender schwerer Halbmondanhänger am Nackenriemen des auf dem Grabstein des Flavius Bassius abgebildeten Pferdes (Römisch-Germanisches Museum Köln) zeigt.

W. Winkels, auf der Grundlage umfangreichen Vergleichsmaterials aus castra Vetera und Kalkriese überaus erfahren in der Beurteilung römischer Fundstücke, ist fest davon überzeugt, eiserne Reste eines römischen Trosses gefunden zu haben. In der Tat werden viele dieser Winnfeld-Fundstücke in römischen Fundkatalogen der Römerlager Haltern, Vindonissa, Augsburg-Oberhausen, Rheingönnheim, Saalburg etc. abgebildet. Auch Wilhelm Teudt verweist auf die gleichen Wagennägel mit viereckigem Kopf von etwa 4 cm im Quadrat, die Anfang des 20. Jahrhunderts im Heidental unterhalb der Grotenburg/Teutoburg an der Furt des Baches zum Wahrweg (Varusweg?) zusammen mit „römischen Hufeisen“ gefunden worden seien.

Die von Winkels gefundenen Hufeisen zeigen überaus alte Formen mit einfach umgeschmiedeten Stollen.

Die modernen Hufeisen besitzen dagegen ein- und ausschraubbare meist viereckige Stollen. Sie haben am Bug (Mittelteil der Rundung) ein nach unten ragendes Eisenstück (Griff, um Rutschen zu verhindern) und nach oben die Kappe (ein Randstück, um das Herausgleiten des Hufes nach vorne zu verhindern).

Die Hufeisen vom Winnfeld sind außerordentlich primitiv, es sind möglicherweise römische Eisen der „ersten Stunde“ ohne Griff und Kappe.

Vier alte Hufeisen im Versteck

Vier große, möglicherweise Hufeisen von einem einzigen starken Zugtier vom Winnfeld bergen eine besondere Geschichte. Sie lagen übereinander gestapelt in einem quadratischen Schacht in gewachsenem Boden, so wie sie der einstige Eigentümer dort vergraben hat.

Unter welchen Umständen wurden sie auf diese Art und Weise verborgen? Es ist kaum glaubhaft, daß in Friedenszeiten ein Fuhrknecht die Eisen seines dort auf der Höhe des Teutoburger Waldes verendeten Pferdes aus einem Gespann hätte liegen lassen. Es kann eigentlich nur eine dramatische Situation - eine Kampfsituation - gewesen sein, wobei die zunächst geborgenen Eisen eines verendeten Zugtieres nicht mitgenommen werden konnten. Nach dem Typ der Hufeisen unter Berücksichtigung des in unmittelbarer Nähe gefundenen noch später zu beschreibenden unstrittig römischen Riemenhakens konnte es an diesem Fundplatz einst einen Kampf zu römischer Zeit gegeben haben.

Was liegt nach allen bereits erwähnten Hinweisen auf römische Funde auf dem Winnfeld näher, als anzunehmen, daß einer der germanischen Krieger „Beute machen wollte", dem toten Huftier die schweren Eisen abgelöst hatte, sie aber zunächst nicht mitnehmen konnte, weil das Kampfgeschehen fortgesetzt wurde?

Ein römischer Fuhrknecht verbarg die Hufeisen nicht.

Als eher unglaubwürdige Alternative bietet sich das Verbergen der Eisen durch einen römischen Fuhrknecht an, der möglicherweise hoffte, einstmals seine Eisen abholen zu können. Aber wahrscheinlich hat ein Fuhrknecht im Kampfgeschehen und in Todesängsten nur den einen Wunsch nach schneller Flucht.

Fest steht, daß der die Hufeisen Versteckende niemals wieder auf das Winnfeld kam.

Der Verfasser sah hier die Chance, ein lange gehegtes Vorhaben (vgl. „Die Varusschlacht....") in die Tat umzusetzen, nämlich die C14-Datierung eines der vier Hufeisen zu versuchen. Folgende Überlegungen spielen dabei eine Rolle:

Jedes Schmiedeeisen enthält etwa 0,5 % Kohlenstoff. Wenn man ein größeres Stück Eisen in einem Gemisch aus Salz- und Salpetersäure löst, schwimmt der leichte Kohlenstoffanteil auf der Lösung. Er muß sauber gewonnen werden und dann dem Verfahrensgang bei der C14-Datierung unterzogen werden.

Astrid Techmer, Institut für Geowissenschaftliche Gemeinschaftsaufgaben, Hannover (früher im Landesamt für Bodenforschung, Prof. Mebus A. Geyh) hatte einen ersten Erfolg bei der technischen Durchführung der C14-Datierung eines der vier versteckten Hufeisen vom Winnfeld, obwohl die gewonnene Kohlenstoffmenge geringer war, als sie es bei einem veranschlagten Gehalt von O,5% hätte sein müssen.

Das erste Ergebnis:

Die C14-Datierung des Kohlenstoffs der 1. Probe aus der ersten Hälfte eines der vier Hufeisen des Verwahrfundes vom Winnfeld ergab das konventionelle C14-Alter von 1980 Jahren vor heute mit einer Schwankungsbreite von +/- 265 Jahren. Aufgrund der in dieser ersten Analyse nur relativ geringen Ausbeute an Kohlenstoff für eine Mikroprobe ergibt sich aus den Meßdaten eine weiter gefaßte Schwankungsbreite des kalibrierten Alters von 365 v. Chr. bis 370 n. Chr.

Leider wurde dieses erste, für die Forschungen des Verfassers überaus positive Ergebnis durch eine Wiederholungsdatierung der zweiten Hufeisenhälfte, wiederum nur mit einer kleinen Kohlenstoffmenge für eine Mikroprobe, relativiert. Hier betrug das kalibrierte Alter 535-1030 Jahre n. Chr. Immerhin schließen beide Datierungsergebnisse jedoch die Herkunft der Hufeisen aus dem 2. Jahrtausend n. Chr. aus. Damit werden viele Kritiker widerlegt, die behaupten, die Eisenstücke vom Winnfeld seien hochmittelalterlich bis neuzeitlich.

Nachdem es seit einiger Zeit möglich ist, mit Hilfe neuester massenspektrometrischer Beschleunigungsverfahren kleinste Mengen Kohlenstoff (1 mg) zu datieren (AMS-Verfahren), arbeiten verschiedene Institute daran, technologische Verfahren zu entwickeln, die eine serienmäßige AMS-Datierung von Kohlenstoff im Eisen erlauben würden. Einige der Fundstücke u. a. vom Winnfeld befinden sich derzeit in Probedatierungen. Möglicherweise läßt sich bald die Herkunft dieser Winnfeld-Fundstücke wissenschaftlich begründen.

Römische Funde am „geschlossenen Fundplatz"

Winkels und seine Söhne fanden, größtenteils unter Anwesenheit des Verfassers, Wolfgang Lippeks, kurzfristig auch in Anwesenheit von M. Zelle vom Lippischen Landesmuseum auf dem Hufeisenfundplatz auf dem Winnfeld insgesamt etwa 300 Eisenfundstücke, von denen viele, wie bereits erwähnt, in verschiedenen Fundkatalogen römischer Lager abgebildet sind. Dadurch können sie zunächst noch nicht als römisch angesehen werden, da auch in frühmittelalterlicher Zeit alte Formen vorkommen.

Mitten in dieser Sondagezeit, am 2. Juli 2002, bat der Verfasser, den erfolgreichen Sondenführer nunmehr einmal zwei Stunden lang seine Sonde nur auf Edelmetallsignale einzustellen:

Die Suche nach Edelmetall

Voller Spannung verfolgt der Verfasser die Suche. Nach zehn Minuten zeigt die Sonde deutlich Edelmetall an. Fieberhaft gräbt Verfasser ein Loch in den an dieser Stelle einwandfrei unberührten Humusboden über steinigem, offensichtlich verlagertem Untergrund, nicht weit von der Stelle, an der W. Winkels bereits früher eine einseitige Spitzhacke gefunden hatte, wie sie nachweislich (Aussage des zuständigen Forstmeisters) seit dem 18. Jahrhundert benutzt worden ist.

W. Winkels führt mit der Hand immer wieder ausgeworfenen Boden unter den „Suchteller" der Sonde. In der sechsten Handvoll Erde befindet sich das Fundstück. Es ist ein eigenartiges Beschlagstück mit Scharnier und zwei seitlich ausgebildeten blattförmigen Seitenflügeln aus Buntmetall.

Der Verfasser reinigt das Stück in einer Tasse mit Mineralwasser, währenddessen der Sondenführer ein neues Edelmetall-Signal, etwa 5 m entfernt vom ersten Fundplatz, erhält. Wieder schaufelt der Verfasser das Suchloch in der dort ebenfalls unberührten Bodenoberfläche. Diese klare Aussage ist, um Zweifeln und Kritiken vorzubeugen, notwendig. Abwechselnd führen beide Männer in Jagdfieber eine Handvoll Erde nach der anderen unter den Suchteller. Diesmal hat der Verfasser das Stück in der Hand. Enttäuschung! Im Dämmerlicht unter dem dichten Laubdach scheint es ein „Garderobenhaken" zu sein. W. Winkels läßt sich erst gar nicht davon beeinflussen und sucht weiter. Der Verfasser wäscht einen Haken mit herrlicher grüner Patina, Silberbeschlag und Silbertauschierungen frei. Auf seinen Jubel hin bestaunen alle Prospektionsteilnehmer das offensichtlich antike Stück.

Der Haken ist mittlerweile unstrittig als „augusteischer, frühtiberischer Riemenhaken" (Stephan Berke) mit herrlichen Silbertauschierungsarbeiten und Silberplattierungen anerkannt. Nicht jedoch das

Abb. 68 a/b/c/d/e/f
Römische Leitfundstücke vom Fundplatz Winnfeld/Schnepfenflucht   Siehe auch Farbtafel IV

a) Von Verf. und W. Winkels zusammen geborgener unstrittig augusteischer Riemenhaken, wie er in vielen römischen Fundkatalogen in ähnlicher Form abgebildet ist, vor der Restauration

Der Riemenhaken stammt aus unversehrter Bodenoberfläche und wurde von dem spatenführenden Verfasser als erstem in Anwesenheit von W. Winkels aus dem Boden in die Hand genommen (Diese Aussage ist wichtig, um möglichen Unterstellungen einer „Fundunterschiebung“ entgegentreten zu können!).

b/c) Das restaurierte Riemenhakenfragment zeigt Silbertauschierungen und Silberplattierung. Es ist der kostbarste der dem Verf. bekannten römischen Riemenhaken.
Finder: R. Bökemeier/W. Winkels
Foto: J. Ihle, Lipp. Landesmuseum

Beschlagstück mit seitlichen Blattansätzen. W. Winkels besitzt dazu ein absolut ähnliches Gegenstück in seiner Sammlung aus dem Gelände von castra Vetera I. Zwei Mitglieder der Römer-AG innerhalb des Freundeskreises für Archäologie in Niedersachsen (F.A.N., www.fan-nds.de) sind sich sicher, ein entsprechendes Stück in einer der vielen römischen Sammlungen eines Museums gesehen zu haben. Bisher ist die römische

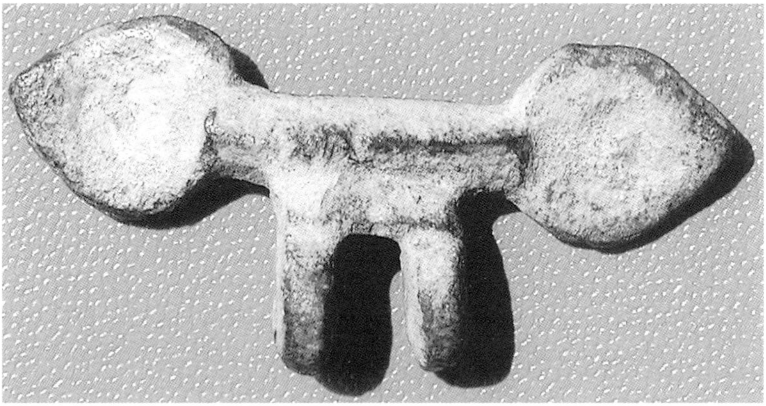

d) Beschlagstück mit Scharnier aus Messing vor der Restauration: Dieses Fundstück lag etwa 5 m entfernt vom römischen Riemenhaken und wurde ebenfalls von W. Winkels und Verf. gemeinsam aus unversehrtem Boden geborgen. Dieses Fundstück hatte W. Winkels als erster in seiner Hand. Die Beschlagsöffnungen in den blattförmigen Fortsätzen sind durch Korrosion geschlossen. Links auf dem Steg des Scharniers scheint eine Inschrift vorhanden gewesen zu sein. Es existiert ein täuschend ähnliches Fundstück aus einer Privatsammlung von castra Vetera I (vgl. Internetbeitrag des Verf. „Zwei römische Fundstücke vom Winnfeld" in www.roemerfreunde-weser.info).

e) Das Beschlagstück aus Messing (!) nach der Restauration, das Kritiker als nicht einordbares Fundstück „aus Eisen" bezeichnen: Die mögliche Inschrift ist verschwunden. Dafür zeigen sich Reste einer ehemaligen Verzinnung oder Versilberung des Fundstückes.

Finder: R. Bökemeier/ W. Winkels

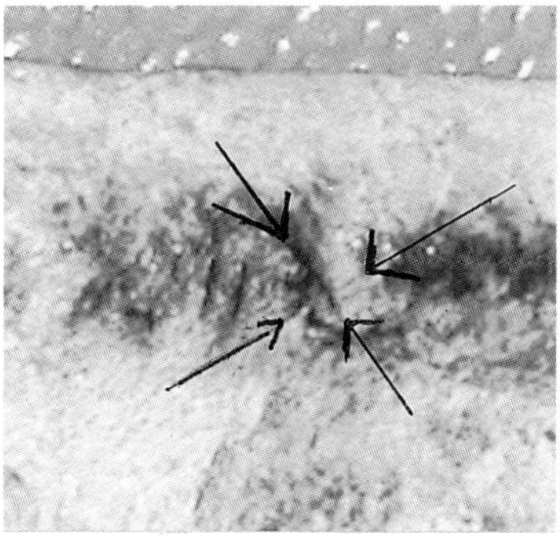

X IIX

f) Makroaufnahme der möglichen Inschrift (XIIX ?) vor der Restauration

Klassifizierung mit Hilfe eines registrierten Vergleichsstückes in einem römischen Fundkatalog für dieses zweite wichtige Leitfundstück noch nicht gelungen, jedoch ist die römische Herkunft sehr wahrscheinlich, da auf diesem Stück Reste einer Versilberung oder Verzinnung als typisch römisches Merkmal nach der Restaurierung sichtbar wurden. Vermutlich ist es nur eine Frage der Zeit, bis über das Vergleichsstück von Vetera I hinaus auch ein entsprechendes Exemplar in einem römischen Fundkatalog aufgespürt sein wird.

Zusammen mit dem unstrittig frührömischen Riemenhaken läßt sich das reichhaltige Eisenfundinventar auf eng begrenzter Fläche rings herum als zueinander gehörig ansehen. Die entscheidende Frage für die römische Klassifizierung der vielen Eisenfunde im Umfeld dieses römischen Riemenhakens auf dem Winnfeld ist, ob der Gesamtfund als „geschlossen“ angesehen werden kann. Da viele derartiger, in römischen Fundkatalogen abgebildeter Eisenfunde auch im Mittelalter, teilweise sogar bis in die Neuzeit manchmal in modifizierter Form hergestellt wurden, sind Kritiker leicht geneigt, von „nicht datierbaren“ oder nicht „einordbaren Funden“ aus „offenem Fund“ zu sprechen, auf dem mittelalterliche und neuzeitliche Einflüsse nicht auszuschließen wären. Die deutlichste schriftliche Kritik lautet: „alle anderen Funde (des Winnfeld-Fundplatzes außer dem „frührömischen Riemenhaken“) sind mit an Sicherheit grenzender Wahrscheinlichkeit nicht römisch.“

Reibnägel und Rundfeilen im Katalog

Wenn man mit derartigen Aussagen konsequent wäre, dürfte man den Winnfeld-Funden ähnliche Stücke, wie z. B. Reibnägel oder Rundfeilen auch von anderen „offenen Fundplätzen“, nicht in die Fundkataloge römischer Lagerflächen aufnehmen, wie es jedoch vielfach geschieht, z. B. im „Katalog der Eisenfunde von Haltern ...“ von Joachim Harnecker (Philipp von Zabern, Mainz 1997). Dort wird ein ähnlicher Reibnagel (Tafel 50/582) wie vom Winnfeld, jedoch von weit größerer Lagerfläche, also von einem noch größeren „offenen Fundplatz“, als römisch angesehen.

Diese römischen Lagerflächen mit jahrhundertelanger Beackerung und teilweise auch Besiedlung wie der Silverberg Haltern sind im Grunde Musterbeispiele „offener Fundplätze“ . Weshalb der absolut ähnliche Winnfeld-Reibnagel nahe der Fundstelle des unstrittig römischen Riemenhakens in nach Auffassung des Verfassers durchaus „geschlossener Fundlage“ abseits aller Besiedlungen und von völlig fundleeren Flächen umgeben, nicht einordbar, der Reibnagel aus dem Römerlager Haltern am „weitaus offeneren Fundplatz“ mit jahrhundetelanger Beackerung römisch sein soll, ist dem Verfasser bisher nicht klar geworden.

Der Verfasser bemüht sich im folgenden, die im Gegensatz zu den offenen Geländeflächen vieler Römerlager durchaus „geschlossene

Fundlage“ des Fundplatzes Winnfeld näher zu begründen: Zunächst ist festzustellen:

– Bei der etwa 600 Quadratmeter großen Fläche mit der höchsten Funddichte an Eisenfragmenten rings um den anerkannt „augusteisch-tiberischen Riemenhaken“ und das ebenfalls vermutlich römische „Beschlagstück mit Scharnier“, weiter um den „eisernen Lunula-Anhänger“, um „Hufeisenreste mit antiken Formen“ und „Sandalennägel in Art von frührömischen Sandalennägeln aus Dangstetten (ohne Noppen auf der Unterseite)“ auf dem Winnfeld handelt es sich deshalb um einen geschlossenen Fundplatz, weil ringsum eine absolute Fundleere feststellbar ist. Wenn die Fundstücke gemäß der Meinung der Kritiker mittelalterlich wären, müßten überall im umgebenden Wald derartige mittelalterliche Fundstücke zu finden sein, denn dort sind ja auch im Mittelalter Menschen, beispielsweise bei der Wald- und Feldarbeit (das Winnfeld war mehrere Jahrhunderte Ackerland), gewesen.

– Der Fundplatz liegt etwa fünf Kilometer weit ab von besiedelten Tallagen, wurde also nur, zeitlich begrenzt, durch Bewirtschaftung tangiert. Da diese aber ringsum keine nennenswerten Funde, eher eine Fundleere, hinterlassen hat, kann die Fundansammlung auf dem kleinen Gelände an der Schnepfenflucht/Winnfeld nur auf ein besonderes Ereignis zurückgehen. Das Zentrum des Fundplatzes selbst zeigt eine höchste Funddichte mit ca. fünf Fundstücken pro Quadratmeter an.

– Inmitten der größten Funddichte liegen haldenartige kleine Hügel, die unter einer Humusschicht von etwa 20 cm deutlich verlagerten Unterboden mit bis zu faustgroßen Gesteinsbrocken enthalten. Unter der zentralen Halde im Durchmesser von ca. 1,5 m ergrub Michael Zelle, Lippisches Landesmuseum, vermutliche Reste eines ehemaligen kleinen Kalkofens. Deutlich befanden sich Stücke von gebrannten Kalksteinbrocken und Branntkalk ca. 1m tief unter der Haldenoberfläche. In dieser Halde wurden nach M. Zelle auch Keramikreste aus Weser-töpfereien des 18. Jahrhunderts gefunden. W. Winkels barg an gleicher Stelle die bereits angeführte abgebrochene, einseitige Spitzhacke, ebenfalls vermutlich aus dem 18. Jahrhundert, und eine um 1703 geprägte silberne Vierpfennigmünze Friedrichs I. aus Magdeburg.

Ein Kalkofen unter der Halde

Für diese Befunde gibt es nun entgegengesetzte Deutungen:

Deutung I der Kritiker des möglichen römischen Fundplatzes:

Der unstrittig römische Riemenhaken sei zufällig dort auf dem Winnfeld verloren gegangen, weil die Römer in den 30 Jahren ihrer Besatzungszeit überall hingekommen seien. Der Kalkofen stamme aus dem Beginn der Neuzeit, wie die Keramik belege. Die eisernen Fundstücke würden aus der frühen neuzeitlichen Kalkofenperiode stammen.

Abb. 69
Taschenmesser und schräg gebrochene Hufeisenfragmente vom Fundplatz Winnfeld/ Schnepfenflucht

Oben: Taschenmesser

Die Römer besaßen Taschenmesser (allgemein bekannt, auch Abb. in röm. Fundkatalogen, z. B. in Joachim Harnecker, Katalog der Eisenfunde von Haltern..., Mainz 1997, Tafel 33/Abb. 364).

Unten: Vier auffälligerweise in gleicher Art gewaltsam schräg gebrochene Hufeisenframente mit unterschiedlicher Eisenqualität. Das kleine, vermutliche Maultier-Hufeisenfragment wurde metallurgisch im Institut für Werkstoffkunde, Univ. Hannover, analysiert: Eisen 99,799% (Eisen!), neben Phosphor und Kupfer als Beimengung. Nach Auffassung der Fachleute im Institut = beste Voraussetzung für wetter- bzw. korrosionsfestes Eisen! Derartig reines Eisen, die vermutlich ehemalige Benutzung durch ein Maultier und die durch Plinius belegte Phosphatbeimengung bei der Herstellung sprechen für die antike bzw. römische Herkunft.

Finder: W. Winkels, Chr. Winkels, R. Bökemeier

Deutung II des Verfassers:

Etwa ein Drittel der Funde stammt aus ungestörter Fundlage (in situ) außerhalb der Halde. Die Hufeisenfragmente und Kopfnägel aus Eisenreifen von Wagen aus dieser ungestörten Fundlage der nahen Umgebung des Hauptfundplatzes unterscheiden sich in keiner Weise von den entsprechenden Fundstücken der Haldenfläche mit umgelagertem Boden. Sie bilden ein einheitliches Fundinventar. Folglich sind die Fundstücke in der Halde aus ihrer Ursprungslage umgelagert worden. Als Beweis bietet sich ein ergrabenes Fundloch am Rand der Halde von ca. 0,6 m Tiefe in eindeutig verlagertem Boden mit Gesteinsbrocken an. Auf dem Boden dieses Loches von ca. 20 cm Bodendurchmesser fand Christoph Winkels in Anwesenheit des Verfassers drei Kopfnägel und ein Hufeisenfragment, die dicht an dicht dort lagen. Sie können nur in Menschenhand gewesen und einst dort achtlos als „Stücke ohne Wert" hingeworfen worden sein. Anschließend zog man weiteren Boden darüber, offensichtlich auch mit Hilfe der abgebrochenen Spitzhacke, die dort ca. 30 cm tief im Boden steckte. Diese Fundsitution erweckt den Eindruck, daß dort gezielt nach Metallstücken gesucht worden ist, wobei der Boden umgewühlt wurde. Die unbrauchbaren Fragmente warf man beiseite. Möglicherweise hat man nach Münzen und Gemmen und weiteren wertvollen Stücke gesucht, wie E. C. Wasserbach

Es wurde durch Säureaufschluß in zwei getrennten Verfahrensgängen im Institut für Geowissenschaftliche Gemeinschaftsaufgaben, Hannover, jeweils eine für eine Mikroprobe ausreichende Kohlenstoffmenge daraus gewonnen und herkömmlich datiert (C14-Datierung).

Abb. 70
Eines der vier Hufeisen aus dem Verwahrversteck auf dem Fundplatz Winnfeld/ Schnepfenflucht

Die erste Probe ergab das konventionelle C14-Alter von 1980 Jahren v. h. mit der Schwankungsbreite von +/-265 Jahren. Die Wiederholungsdatierung ergab, leider davon abweichend, das Alter von 535 - 1030 n. Chr. Damit zeigen sich Probleme bei der Reproduktion des ersten Wertes. Dennoch kann durch diese beiden Datierungen die Herkunft der Hufeisen aus dem zweiten Jahrtausend ausgeschlossen werden, wie es Kritiker behaupten. Finder: W. Winkels

Abb. 71
Eiserner Lunula-Anhänger (?) vom Fundplatz Winnfeld/ Schnepfenflucht
Finder: W. Winkels

Der vermutlich römische Halbmondanhänger (Lunula-Anhänger) vom Winnfeld ist in ähnlicher Form auf dem Hals des Pferdes vom Grabstein des Reiters Flavius Bassius (Museum Köln) am gesonderten Riemen abgebildet. Der Anhänger auf dem Grabstein zeigt eine ebenso große Stärke wie der Winnfeldanhänger. Möglicherweise war deshalb der Lunula-Anhänger des Flavius Bassius ebenfalls aus Eisen. Das Eigengewicht mußte hoch sein, um den langen Riemen senkrecht zu halten. Die in den meisten römischen Fundkatalogen veröffentlichten Lunula-Anhänger sind dagegen flach und bestehen meist aus Messing, Sie sind erheblich leichter als der Winnfeld-Anhänger. Verfasser hält diesen Anhänger für ein weiteres römisches Leitfundstück auf dem o. a. Fundplatz.

(Dissertatio...., Heinr. Wilhelm Meyer, Lemgo 1698) von Grabungen seines Großvaters auf dem Winnfeld berichtet.

Auch Hamelmann hat, wie bereits erwähnt, 1582 über umfangreiche Münzfunde auf dem Winnfeld berichtet, die er selbst in Lemgo gesehen habe. Er schreibt außerdem folgendes: „...es wurde dort auch vor 30 Jahren ein Haufen Steine gefunden, gleichsam ein Anzeichen, daß dort eine Befestigung gewesen ist, und Überreste von Steinen werden noch jetzt dort ohne Zweifel gefunden."

Wann und wofür wurde der Kalk gebrannt?

1552 gab es also Überreste möglicherweise einer „Befestigung". Den Branntkalk für den Mörtel dieses einstigen Bauwerks aus einer Zeit deutlich vor 1552 hat man sicherlich nicht beschwerlich über viele Kilometer aus den Tallagen herangefahren, sondern dort an Ort und Stelle aus dem dort reich vorhandenen Kalkgestein gebrannt. Folglich konnte der Kalk für diese alte Befestigung aus der Zeit vor 1552 durchaus aus dem nahe gelegenen Kalkofen des Fundplatzes stammen. Es ist nicht einmal auszuschließen, daß die alte „Hamelmannsche Befestigung" einer ehemaligen römischen Wachtturmanlage zuzuschreiben wäre, die dort, wo heute noch Ruinenreste vorhanden sind, einen weiten Blick sowohl über das nördlich als auch südlich vom Teutoburger Wald liegende Gelände erlaubt hätte.

Jedenfalls müßte dann der Kalkofen weitaus älter sein als die dort gefundenen Keramikscherben des 18. Jahrhunderts, die eher den Suchern nach römischen Münzen in dem von ihnen umgewühlten Boden zugeordnet werden könnten.

Der Kalkofen mitten im Fundplatz mag die Deutung komplizieren. An der Geschlossenheit des Fundinventars auf eng begrenztem Raum ändert er nichts. Das eiserne Fundinventar hebt sich deutlich von den Hinterlassenschaften der Menschen ab, die im 18. Jahrhundert oder früher den Boden dort umgewühlt haben.

Wetterfeste Schutzhaut umhüllt die Eisenfunde

Die Mehrzahl der wenig korrodierten eisernen Fundstücke zeigt nach einer metallurgischen Untersuchung im Institut für Werkstoffkunde, Hannover, eine höchste Reinheit von über 99,5% Eisen mit auffälligen Beimengungen von Phosphor und Kupfer, die nach Heinz Hake zu einem wetterfesten Eisen führen. „Es bilde sich dadurch im feuchten Boden bald eine dichte Schutzschicht um das Eisen, die weitere Korrosionen verhindere, ähnlich wie bei heutigen besten, wetterfesten Stählen, die u. a. auch Kupfer- und Phophorbeimengungen enthielten."

Während Kritiker den guten Erhaltungszustand dieser Eisenfundstücke vom Winnfeld für den angeblichen Nachweis der neuzeitlichen Herkunft benutzen, ohne die metallurgischen Befunde aus den Analysen in Hannover zu kennen, sollten zusätzlich die umfangreichen Untersuchungen von Percy angeführt werden (in Albert Neuburger, Die

Technik des Altertums, Voigländers Verlag, Leipzig 1921), in denen nachgewiesen wird, daß reines Eisen nicht rostet. Neuburger weist weiter darauf hin, daß bei den Eisenfunden in der römischen Saalburg/Taunus Eisenvivianit (ein Eisenphosphatmineral) als Rostschutz Verwendung gefunden hatte.

Abgesehen von metallurgischen Analysen dieses typisch reinen antiken Eisens, bieten allein die äußeren Unterschiede in der Zusammensetzung von 20 der insgesamt ca. 30 auf dem kleinen Fundplatz gefundenen Kopfnägel aus den Eisenreifen von Wagenrädern entscheidende Indizien für deren Herkunft:

Diese Kopfnägel lassen sich nach Größe, Form und Gewicht in mehrere Gruppen mit gemeinsamen Merkmalen sortieren. Wenn man voraussetzt, daß in den Eisenreifen der offensichtlich auf dem Winnfeld zerstörten Wagen jeweils Kopfnägel mit gleichen Merkmalen saßen und nicht etwa Nägel, die sich bis zu hundert Prozent in ihrem Gewicht unterschieden (wegen sonst drohender Unwucht), dann lassen sich mindestens sieben deutliche Nagelgruppen erkennen. Für die Ähnlichkeit der Kopfnägel eines einzigen Wagens spricht auch die Annahme, daß diese jeweils für einen Wagen von dem gleichen Schmied in gleichen Arbeitsgängen hergestellt worden sind. Folglich scheinen auf dem Fundplatz Winnfeld mindestens sieben verschiedene Wagen zerstört worden zu sein. Bei zufälligen Verlusten hätte man z. B. nicht auf dem eng begrenzten Fundplatz allein vier Nägel eines einzigen Wagens gefunden. Vier Nägel aus dem gleichen Rad weisen auf dessen Totalzerstörung hin.

Kopfnägel schon bei den Kelten

Zu den Winnfeld-Kopfnägeln gibt es Vergleichsstücke in dem berühmten Wagen des Keltenfürsten von Hochdorf (20 Kopfnägel je Reifen) aus dem 1. vorchristlichen Jahrtausend. Die Römer haben von den Kelten deren Wagenbauerkunst übernommen und die gleichen aus dem Eisenreifen herausragenden Kopfnägel benutzt. Die langandauernde Nutzung ähnlicher Kopfnägel wird jedoch auch bis in das 16. Jahrhundert belegt. Eine Radierung von Albrecht Dürer zeigt z. B. ein Wagenrad mit ebenfalls aus dem Eisenreifen herausragenden Kopfnägeln. Im Verlauf der Neuzeit wurden jedoch die Kopfnägel in die Eisenreifen eingetieft, so daß glatte Reifen entstanden.

Viele der Hufeisenfragmente vom Winnfeld bestehen aus einem Drittel des Schenkels jeweils mit der gleichen schrägen Bruchstelle an gleicher Stelle. Sie scheinen bei dem Versuch abgebrochen zu sein, die Eisen von den Pferdehufen gewaltsam zu trennen. Faßt man nämlich einen teilweise gelösten Hufeisen-Schenkel mit großer Kraft und versucht das am anderen Schenkel noch befestigte Hufeisen mit einem Ruck herunterzureißen, so bricht der noch befestigte Schenkel aus

Fortsetzung Seite 170

Abb. 72 a/b

Restaurierte Sandalennägel vom Fundplatz Winnfeld/Schnepfenflucht

a) Zwei restaurierte Sandalennagelfragmente im Vergleich mit einem modernen Sattlernagel, von unten gesehen: Die dunkleren Nagelköpfe vom Winnfeld sind im Kopf weitgehend mit Eisenmasse ausgefüllt, während der Sattlernagel unter dem Kopf hohl ist. Noppen wie unter den weit verbreiteten spitzkegligen römischen Sandalennägeln von Haltern oder Dangstetten sind nicht vorhanden.
Der zweite Sandalennageltyp mit Rundkopf ohne Noppen kommt in Dangstetten (Gerhard Fingerlin, Dangstetten I und II, Theiss, Stuttgart 1998) etwa zu 30% unter allen Sandalennägeln vor, wobei die Nagelschaftlängen zwischen 1,5 - 2,4 cm variieren. Die Nagelschäfte der Winnfeldnägel sind rechteckig bis quadratisch. Der erhaltene ist etwa 1,8 cm lang. In Dangstetten hat längere Zeit die XIX. Legion, eine der im Teutoburger Wald untergegangenen Legionen, gelagert.

Finder: W. und C. Winkels

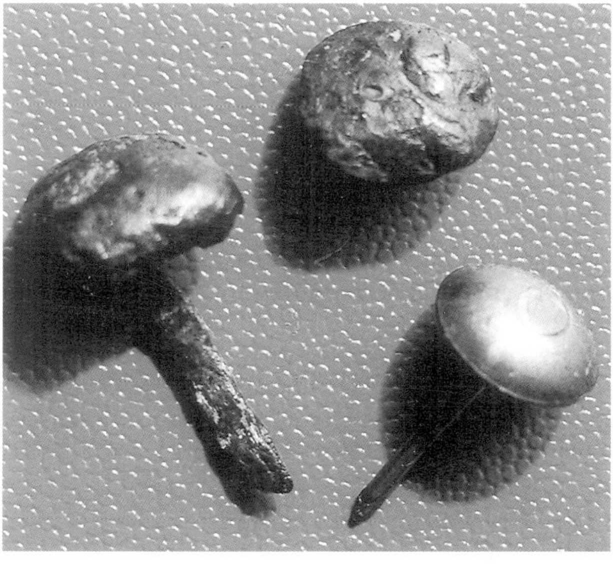

b) Die Winnfeld-Nagelköpfe zeigen oben auf ihren Köpfen glatte, rundgelaufene Flächen mit darin enthaltenen Scharten, vermutlich durch den Gebrauch auf steinigen Wegen. Derartige Gebrauchsspuren gibt es nicht auf Sattlernägeln (rechts unten). Insgesamt sind fünf derartige Sandalennägel bei den Prospektionen des Jahres 2002 auf dem Winnfeld gefunden worden. Verf. hält sie ebenfalls für römische Leitfundstücke des Fundplatzes.

Abb. 73
Erster Versuch der Zuordnung von 20 Kopfnägeln vom Winnfeld/ Schnepfenflucht
Finder:
W. Winkels,
C. Winkels,
R. Bökemeier

Hier waren Form und Größe des Nagelkopfes, der Korrosionsgrad und das Gewicht entscheidend für die Zuordnung der Nagelköpfe zueinander. Es wirken sich bei der Gewichtsermittlung die vorhandenen Längen der Nagelschäfte aus.
1 = 107 g, 2a = 110 g, 2b = 85 g, 2c = 79g,
3a = 63 g (kleines Schaftfragment), 3b = 84 g, 3c = 70 g,
4a = 74 g, 4b = 65 g 4c = 69 g 4d = 58g,
5a = 54 g, 5b = 47 g, 5c = 55 g, 5d = 57 g, 5e = 54 g,
6a = 40 g, 6b = 52 g, 7a = 38 g (kein Schaft), 7b = 40 g (kaum Schaft).
Hier ergeben sich sieben mögliche Gruppierungen, d. h. die 20 Kopfnägel stammen hier möglicherweise von sieben verschiedenen Wagen. Zu berücksichtigen ist, daß 10 weitere Wagennägel auf diesem Fundplatz geborgen wurden, die dem Verf. bei dieser Zuordnung nicht zur Verfügung standen.

Bei diesem Zuordnungsversuch wurde zusätzlich zu den Kriterien des ersten Zuordnungsversuchs auf die Form und Größe der Nagelschäfte geachtet. Hierdurch ergaben sich neun verschiedene Gruppierungen bzw. die Zuordnung zu neun verschiedenen Wagenrädern und damit zu neun Wagen insgesamt.
Die vom Bodeneigentümer genehmigten und von der Denkmalpflege akzeptierten Prospektionen vom 2.-4. Juli, 2001, die zu den Funden der Abb. 73/74/75 führten, fanden bei Tage unter zeitweiser Anwesenheit von Michael Zelle vom Lippischen Landesmuseum, mit Wolfgang Lippek, mit den Sondenführern Werner und Christoph Winkels und dem Verfasser als Zeugen statt. Der Verfasser fühlt sich genötigt, diese Klarstellung abzugeben, da Kritiker andere Fundumstände unterstellen.

Abb. 74
Zweiter Versuch der Zuordnung der von unten gesehenen 20 Kopfnägel vom Fundplatz Winnfeld/Schnepfenflucht

Fortsetzung von Seite 166

physikalisch begründbaren Kraftwirkungen schräg im letzten Drittel ab, so wie es mindestens fünf schräg gebrochene Hufeisenfragmente vom Winnfeld in auffälliger Weise zeigen. Es sind offensichtlich alles abgerissene Hufeisen, was auf Hast in dramatischen Situationen hinweist.

Das Fundinventar vom Winnfeld ist nicht zufällig dort verloren worden. Es kann auch nicht von möglichen Arbeiten am Kalkofen stammen, denn dazu liegen zu viele Fundstücke in Originalfundlage ca. 50 - 100 m abseits von dem dort feststellbaren verlagerten Boden. Die in situ gefundenen Hufeisen waren übrigens oft nicht fragmentiert und scheinen dort liegen geblieben zu sein, wo sie sich von den in den Untergrund getretenen Hufen gelöst hatten. Sie zeigten ein merkwürdiges Phänomen. Sie weisen nach Aussage der Finder alle in die gleiche Richtung, nämlich Griff nach Westen und Schenkelöffnung nach Osten. Die Pferde kamen offensichtlich von Osten und zogen bzw. flohen nach Westen. Sie scheinen aus dem Tal der Berlebecke gekommen zu sein, um auf dem alten Heerweg Schnepfenflucht nach Westen, das Winnfeld streifend, an die obere Lippe zu gelangen.

Den Kritikern, die allen Funden auf dem Winnfeld mittelalterliche oder neuzeitliche Herkunft bescheinigen, kann nur begegnet werden, indem der Kohlenstoff einer ganzen Reihe dieser Eisenfunde nach den bereits angeführten neuesten massenspektrometrischen Verfahren datiert wird. Die Kosten der Datierung sind jedoch relativ hoch. Der Verfasser hofft, daß diese sogenannte AMS-Datierung ihre Serienreife in den entsprechenden Instituten bald erreicht haben wird, so daß dann eine größere Anzahl der Eisenfunde vom Winnfeld datiert werden kann.

Der Verfasser kann sich nicht vorstellen, daß Kopfnägel von mindestens sieben verschiedenen Wagen, antik erscheinende Hufeisen von mindestens 10 verschiedenen Pferden und Maultieren, von denen noch vier Hufeisen in einem Verwahrversteck lagen, zwei Reibnägel, von dort offensichtlich zu Bruch gegangenem Vorderwagen, vier antike Taschenmesser, rings um einen frührömischen Riemenhaken und um ein vermutlich römisches Beschlagstück mit Scharnier und um einen eisernen römischen Lunula-Anhänger alle zufällig dort auf eng begrenztem Fundplatz im Mittelalter oder in der Neuzeit verloren gegangen sein sollten, während die Umgebung praktisch fundfrei ist.

▷
Abb. 75 Skizze für den hypothetischen Verlauf des Endstadiums der Varusschlacht im Teutoburger Wald auf der Grundlage der bisherigen Fundsituationen und der topographischen Gegebenheiten

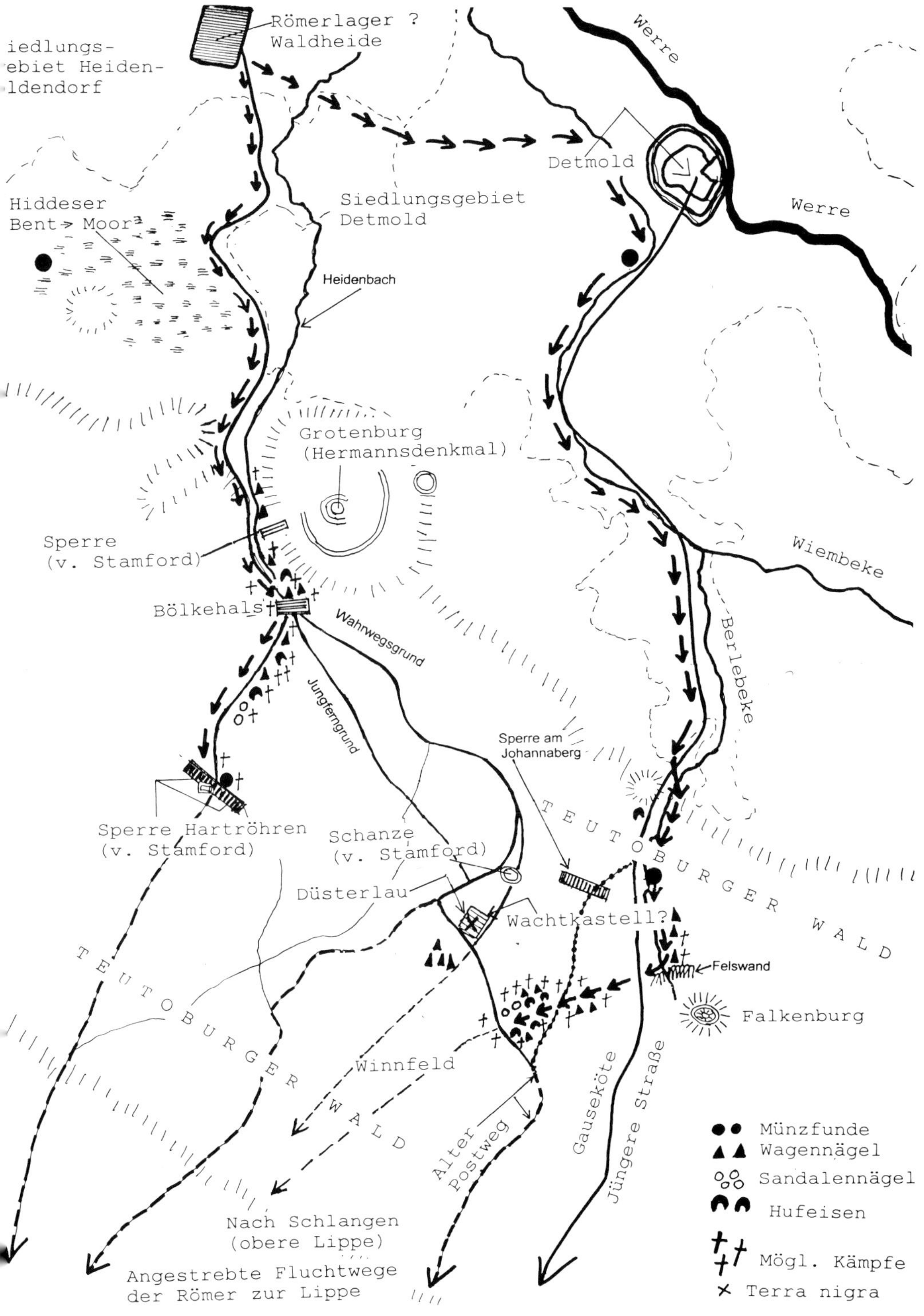
Römerlager ?
Waldheide
iedlungs-
ebiet Heiden-
ldendorf
Werre
Detmold
Werre
Siedlungsgebiet
Detmold
Hiddeser
Bent → Moor
Heidenbach
Grotenburg
(Hermannsdenkmal)
Sperre
(v. Stamford)
Wiembeke
Bölkehals
Wahrwegsgrund
Jungferngrund
Berlebeke
Sperre am
Johannaberg
Sperre Hartröhren
(v. Stamford)
Schanze
(v. Stamford)
TEUTOBURGER WALD
Düsterlau
Wachtkastell?
Felswand
Falkenburg
TEUTOBURGER WALD
Winnfeld
Alter
Postweg
Gauseköte
Jüngere Straße
Nach Schlangen
(obere Lippe)
Angestrebte Fluchtwege
der Römer zur Lippe
Münzfunde
Wagennägel
Sandalennägel
Hufeisen
Mögl. Kämpfe
Terra nigra

Die Reiter starben in den Beckumer Bergen

Die Hufeisen- und Wagennagelfunde vom Winnfeld belegen nach Meinung des Verfassers die dortige Zerstörung von römischen Troßteilen.

Th. von Stamford hat also vermutlich nicht Recht gehabt. Auf dem Winnfeld hat nicht die Schlacht zwischen den flüchtenden römischen Reitern des Vala Numonius und berittenen Germanen im Verlauf der Varusschlacht stattgefunden, wie er es in seinem Buch (Das Schlachtfeld im Teutoburger Walde, Cassel 1892) dargestellt hat und wie es der Verfasser ebenfalls zunächst geglaubt hatte. Es waren nach den Funden hochwahrscheinlich Reste regulärer Legionstruppen mit Troßfahrzeugen, die ihr Waterloo auf dem Fundplatz auf dem Winnfeld erlebt haben, nicht aber Reiter. Eigentlich hätte man das schon dem bereits erwähnten Bericht des Velleius Paterculus entnehmen können, der nämlich formulierte, daß „Vala Numonius mit seinen Reitergeschwadern dem Rheine zu flüchtete." Aber „es war ihm nicht vergönnt ...zu überleben, sondern er fiel als Deserteur auf der Flucht."

Schon diese Textauszüge belegen, daß sich die Reiter bereits weit entfernt vom Varusschlachtfeld auf dem Weg zum Rhein befunden haben müssen, als sie vernichtet wurden.

In diese Überlegungen hinein erhielt der Verfasser aus Numismatikerkreisen Hinweise auf die auffällige Häufung von römischen Buntmetallmünzen mit Varusgegenstempel im 52. Münzauktionskatalog vom September 1999 des renommierten Auktionshauses Rudolf Künker, Osnabrück. Auch seien in den letzten Katalogen bemerkenswert viele augusteische Denare und republikanische Legionsdenare mit Legionszeichen der untergegangenen Varuslegionen mit „Fundqualität" zum Verkauf angeboten worden. Konnten diese Münzen von einem neuen römischen Fundplatz stammen?

Münzen mit Varusgegenstempel

Werner Winkels ging diesen Hinweisen nach und konnte genaue Fundstellen für römische Münzen mit Varusgegenstempeln in Erfahrung bringen. Diese seien in Zusammenhang mit weiteren römischen Fundstücken von Reiterausrüstungen in den Beckumer Bergen gefunden worden. W. Winkels gab seine gewonnenen Kenntnisse mündlich und schriftlich an die zuständige Denkmalpflege in der Überzeugung weiter, noch wichtige Bodendenkmale für die Aufklärung eines „möglichen römischen Reiterkampfes" retten zu können.

Sollten diese Hinweise zutreffen, appelliert der Verfasser an die bei den illegalen Prospektionen beteiligten Sondenführer, u. U. noch vorhandene Funde der Denkmalpflege - eventuell auch über dritte Personen - zukommen zu lassen. Sie würden damit ihr Gewissen erleichtern können und gleichzeitig der Römerforschung an der Lippe einen großen Dienst erweisen.

Die neuen Funde sowie auch Fundplatz und Ort des möglichen Reiterkampfes „Beckumer Berge“ in Verbindung mit dem Varusschlachtfeld im Teutoburger Wald stimmen mit dem Bericht des Velleius Paterculus überein. Eine Flucht der römischen Reiter vom Varusschlachtfeld, die in den Beckumer Bergen endete, konnte nur vom Teutoburger Wald aus erfolgen.

Eine Flucht von Kalkriese aus in die Beckumer Berge wäre widersinnig gewesen und hätte einen Riesenumweg der Reiter über Wiehengebirge und Teutoburger Wald bedeutet. Eine Flucht in direkter Richtung zum Rhein von Kalkriese aus hätte das nördliche Münsterland streifen und über Rheine Richtung castra Vetera erfolgen müssen. Vom Teutoburger Wald aus konnten die Reiter des Vala Numonius über die Senne, den trockenen Delbrücker Landrücken, die fest gebahnte Römerstraße Liesborn-Dolberg durch den sonst sehr schwierigen Boden der Beckumer Berge die Lippe-Linie Richtung Haltern erreichen. Haltern war zu diesem Zeitpunkt der Flucht vermutlich noch in römischer Hand und mußte errreicht werden, wenn man dem Rheine zu fliehen wollte.

Sehr wahrscheinlich war der Hinterhalt von den Brukterern hier in ihrem Wohngebiet für den Fall vorbereitet, daß römische Truppenteile vom Schlachtfeld entfliehen konnten. Die Sperre konnte an der Römerstraße an unübersichtlichster Stelle im dichten Wald von Havixbrock zugleich mit einem Sammlungslager - dem heutigen Germanenlager - aufgebaut werden. Die Brukterer waren es hochwahrscheinlich, die die flüchtenden römischen Reitertruppen vernichteten. Sie waren es, die auch den Adler der XIX. Legion erbeuteten, den die Römer unter Germanicus sechs Jahre später auf ihrem Mordzug durch das Bruktererland wiederfanden. Es ist nicht auszuschließen, daß Vala Numonius als Legat (Legionsführer) diesen Adler „seiner Legion“ mit sich führte. Von daher wäre es auch verständlich, daß sechs Jahre später der Rachefeldzug der Germanicusarmee zunächst den Brukterern galt.

Germanenlager von Havixbrock

Hart südlich am Germanenlager vorbei führte die von Ludwig Hölzermann (Lokaluntersuchungen, die Kriege der Römer und Franken betreffend..., Münster 1978) an vier Stellen entdeckte und vom Verfasser wiedergefundene Römerstraße von Liesborn nach Dolberg.

Die Brukterer mußten im Sinne dieser Thesen die flüchtenden Reiter des Vala Numonius nur von den Reitwegen dieses Fahrdammes absperren und zu einem Umweg über den feuchten, zähen Kleiboden der Beckumer Berge zwingen. Dort waren durch die von den antiken Historikern bezeugten Niederschläge während der Varusschlacht die Beckumer Böden abseits der Straßen besonders zäh und kaum zu überwinden. Die Reiter waren praktisch bewegungsunfähig und konnten schnell von den leichtfüßigen Germanen erschlagen werden. Die o. a. Funde

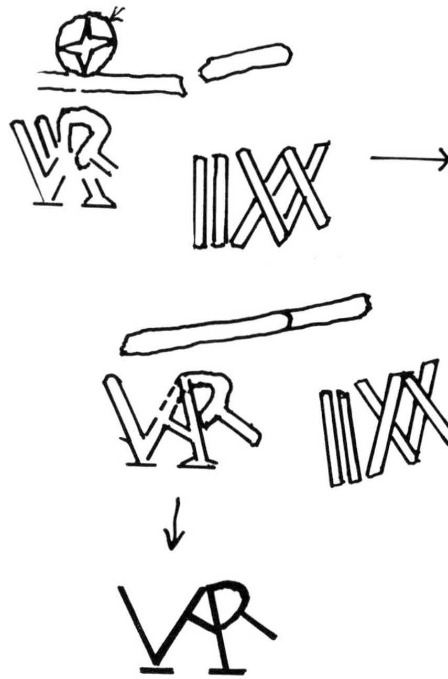

Voderseite der Bleimarke:
Aus der zeichnerischen Rekonstruktion (rechts) ergibt sich das Kürzel für VARUS, die verbindende Schreibweise (LIGATUR) für VAR.

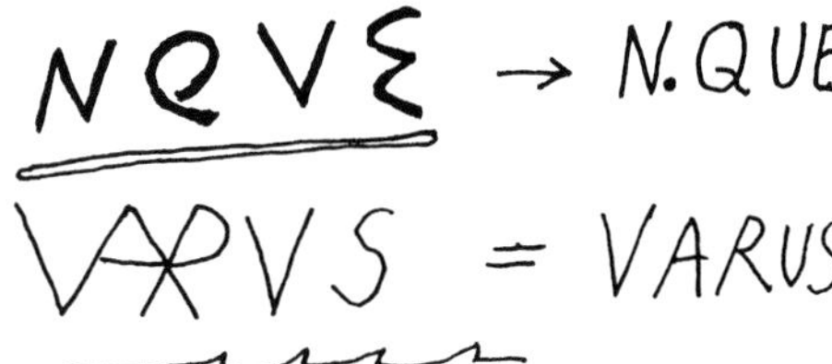

Rückseite der Bleimarke mit den Buchstaben NQUE und darunter, teilweise rekonstruiert, VARUS (VAR in Ligatur entsprechend der oben dargestellten Art).

sollen nach Augenzeugen im sumpfigen, feuchten Boden nordwestlich des Germanenlagers Havixbrock, über eine größere Fläche verteilt, gelegen haben.

Aufgrund der dem Verfasser bekannt gewordenen Fundstücke, besonders aber der Fundumstände, -situationen und -orte läßt sich möglicherweise ein vor einer Sperre in Nähe des Germanenlagers nach Nordwesten weisender Fluchtversuch römischer Reiter rekonstruieren.

Dieser Ausweichversuch scheint zur endgültigen Vernichtung geführt zu haben, ehe man das nahe Wachtkastell in Dolberg erreichen konnte.

W. Winkels legte dem Verfasser eine in diesem möglichen Reiterschlachtfeld gefundene Bleiplombe vor, die er der zuständigen Denkmalpflege zur Überprüfung übergab. Diese Plombe erinnert in ihrer Form und Größe sehr an die unter der Römerbrücke von Trier in der Mosel gefundenen römischen Bleiplomben für zu verschließende Behälter. Sie sind „Zeugnisse des Warenverkehrs" (Heinz Cüppers, Die Römer in Rheinland-Pfalz, Theiss Verlag, Stuttgart 1990).

Die Bleiplombe aus den Beckumer Bergen enthält, eingegossen neben der Zahl IIXX (in einer weniger häufigen Darstellungsweise) und dem hochwahrscheinlichen Gegenstempelzeichen des Varus (VAR, in verbundener Schreibweise (Ligatur)), auf der Rückseite teils undeutlich NQUE und ausgeschrieben, möglicherweise „VARUS", wobei die ersten drei Buchstaben nur in Teilen sichtbar sind. Dabei scheinen die ersten drei Buchstaben VAR, sich wiederum in Ligatur zu befinden. Diese Bleiplombe war u. U. eine Steuer- bzw. Tributmarke der XVIII. Legion unter ihrem Statthalter Varus. N.QUE könnte sich nach dem lateinischen Lexikon aus NONAE-QUE ableiten und den Zeitpunkt der Tributabgabe zur „Zeit der Nonen" meinen = 9. Tag vor den Iden = jeweils der 7. März, Mai, Juli, Oktober.

Auf der Vorderseite der Plombe haben Verletzungen ein ovales Bruchstück aus seiner ursprünglichen Lage gedrängt. Im Versuch der „zeichnerischen Rekonstruktion" entsteht „VAR in Ligatur" in Form des bekannten Varus-Gegenstempels auf Münzen. Daneben steht IIXX, wahrscheinlich das Zeichen der XVIII. Legion, einer der Legionen des Varusheeres.
Auf der Rückseite steht möglicherweise über dem Halbierungsbalken NQUE = N.QUE = NONEQUE (laut lateinischem Lexikon). Deutungsversuch von NONEQUE: „und der Nonen" = 9 Tage vor den „Iden" = jeweils der 7. März, Mai, Juli, Oktober. Da auf der unteren Hälfte der Rückseite der Plombe vor den letzten beiden Buchstaben ...US offensichtlich VAR in Ligatur steht, also zu „VARUS" zusammengesetzt werden könnte, ergäbe sich jetzt die mögliche Erklärung, daß es sich hier um eine Tribut-Plombe der XVIII. Legion unter ihrem Statthalter Varus für jeweils für die 9. Tage vor den Iden handelt.

◁
Abb. 76
Römische Bleiplombe (?) aus den Beckumer Bergen
Finder: W. Winkels

Die Sperren im Teutoburger Wald

Schon lange hatte sich der Verfasser vorgenommen, die von Th. von Stamford in einer Karte seiner Publikation (Das Schlachtfeld im Teutoburger Walde, Cassel, 1892) eingezeichneten „germanischen Sperranlagen" in den Paßstraßen des Teutoburger Waldes aufzusuchen und eigene Untersuchungen anzustellen.

12. Mai 2001:

Strahlendblauer Frühlingstag. Heute soll dem Gerücht nachgegangen werden, eine „Raubsondengänger-Truppe würde die Wistinghauser Schlucht ausräumen". Die Denkmalpflege ist mit einer Nachsuche einverstanden.

Der Treff mit den beiden Sondenführern kann erst um 10.00 Uhr stattfinden.

Der Verfasser nutzt jedoch den frühen Morgen:

Anfahrt zum „Teuto" von Lemgo aus. Die Bergkette läßt sich von dieser Nordseite nirgends besser als vom Apenberg (Klüter Berg) aus fotografieren. Klare Luft! Die Berge zeichnen sich messerscharf ab. Rechts neben der Grotenburg mit dem Hermannsdenkmal zeigt sich die breite und tiefe Dörenschlucht. Dahinter der mächtige Stapelager Berg mit den sich anschließenden in der Ferne zierlich erscheinenden Stapelager und Wistinghauser Schluchten. Langgestreckt der Tönsberg. Dann die Bielefelder Schlucht mit der Sparrenberger Egge. Das Ende der langen Bergkette scheint sich bei dieser herrlichen Sicht weit in der Ferne zu verlieren.

Dennoch liegt dicht über der sonst klaren Silhouette der Bergkette ein dunkelbrauner Schleier. Smog! Smog im herrlichen, waldreichen Lipperland? Es kann nicht anders sein. Der Ozonsmog der heißen Vortage sammelt sich nach neuen wissenschaftlichen Untersuchungen besonders konzentriert in waldreichen Gegenden. Dort ist er nachts und am frühen Morgen höher konzentriert als in den Ballungsregionen der Städte, wo er tagsüber hohe Werte erreicht. Der Chemiker erkennt in diesem Smogschleier die rotbraune Farbe des Stickstoffdioxids, eines cancerogenen Gases, das aus jedem Autoauspuff in unterschiedlichen Mengen entweicht bzw. erst nach dem Entweichen an der Luft entsteht.

Nur schnell zur ersten Station, dem Johannaberg bei Berlebeck, östlich der Grotenburg/Teutoburg. Dort hatte der Verfasser beim Studium der Grundkarte des Winnfeldes das Kulturdenkmal „Sperrwall" entdeckt.

Vom zauberhaft gelegenen Hotel „Hirschsprung" zweigt der Weg rechts ab zur Hochfläche am Johannaberg. Sicherlich ist diese ein mittelalterliches Rodungsgelände, über das seit Urzeiten der „Alte Postweg" von Detmold nach Paderborn führte.

In der Gegenwart dagegen verläuft die Nachfolgetrasse leicht östlich in der Talsenke und, später stark ansteigend, über die berüchtigte „Gauseköte", eine neuere Straße.

Geländeinspektion:

Dank der Deutschen Grundkarte 1:5000 ist es ein leichtes Spiel, den Sperrwall zu finden. Der Wall zieht sich am steilen Berghang des Hellberges hoch. Es ist ein am Fuß ca. 10 m breiter jetzt noch bis 2 m hoher Wall mit deutlich vertieftem Graben an der Nordseite. Von Norden also erwarteten die Erbauer die zu sperrenden Feinde. Der Wall ist auf der anderen Wegseite in der ebenen Hochfläche ca. 80 m weiter nach Osten zu verfolgen. Er besteht jedoch nicht mehr in Höhe des „Alten Postweges", der sich von Berlebeck am heutigen Wohnhaus Johannaberg vorbei emporwindet. Dort erstreckt sich heute ein altes Abbaugebiet für die Kalksteingewinnung bis in den Abhang hinein.

Der alte Hohlweg zeigt jedoch noch klar den früheren Verlauf dieses ehemals so wichtigen Heerweges über dieses Abbaugebiet. Der Sperrwall ist so geschickt angelegt worden, daß er an der schmalsten Stelle zwischen steiler Bergflanke und dem steilen Abfall zum Tal gleich zwei älteste Heerwege sperrte.

Einmal nämlich den erwähnten „Alten Postweg" und zum anderen den klug die Höhenlinien ausnutzenden „Peterstieg", in den sowohl der alte Weg aus dem „Heidental" (westlich der Grotenburg mit dem Hermannsdenkmal) als auch die Zuwegung aus dem Ortsteil „Schling" einmünden. Wann ist dieser Sperrwall am Johannaberg errichtet worden? Liegt sein Ursprung in der Römerzeit, oder aber war er nur Bestandteil eines Systems an spätmittelalterlichen Landwehren?

Zwei Alternativen für die Flucht aus dem Heidental

Wenn es ein Sperrwall aus der Römerzeit war, dann hätten die Römer vom Heidental aus nur zwei Alternativen gehabt:

– Einmal über das bekannte ehemalige Forstamt Hartröhren zur Senne, in die freie Ebene zur Heerstraße an der Lippe. Th. von Stamford (Die Varusschlacht, Eigenverlag, Cassel 1892) hatte hier jedoch auch einen damals noch deutlicher als heute sichtbaren Sperrwall beschrieben.

– Wenn somit bei Hartröhren kein Durchkommen gewesen wäre, so wäre dem Heer im Heidental nur die zweite Alternative, nämlich der Weg über das Winnfeld geblieben. Dort konnte man die Sperre vom Johannaberg einfach links liegen lassen. Unterhalb vom Winnfeld aus konnte man dann den „Alten Postweg" Richtung obere Lippe wieder ohne Passage der Sperre vom Johannaberg erreichen, wenn dort nicht u. U. starke germanische Verbände, möglicherweise Marser, gestanden hätten. Dorthin hätten die Marser den kürzesten Weg von ihren Wohnsitzen aus gehabt. Daß sie an der Varusschlacht teilgenommen haben, ist von den antiken Historikern belegt. Außerdem hatten sie einen Legionsadler erbeutet.

Die Ausrichtung der bereits erwähnten, im Boden steckengebliebenen Hufeisenfunde von Ost nach West am östlichen Ende des Winnfeldes lassen jedoch einen anderen Weg von Resten eines römischen Heeres annehmen. Offensichtlich kam die mögliche römische Heeresgruppe aus dem Tal der Berlebecke, um über die heutige Schnepfenflucht westlich über den Paß in direkter Richtung die obere Lippe zu gewinnen.

Das Südfeld von Hörste

Vor der Schlucht liegt das Südfeld von Hörste. Ein rascher Blick belehrt, daß dort Sommergetreide heranwächst, wo der Verfasser 1999 zwei in der zweiten Hälfte des 14. Jahrhunderts u. a. mit Holzkohle verfüllte Gräben nachwies, deren Herkunft trotz dieser Datierung noch nicht geklärt ist. Das Holz hätte z. B. in bereits seit langer Zeit bestehenden Gräben verbrannt werden können, von denen einer die Form eines heute umstrittenen Spitzgrabens zeigte.

Von diesem möglichen Lagergelände aus hätten die Römer durch die breite Dörenschlucht leicht oberhalb des feuchten Talgrundes der Rethlage ohne größere Schwierigkeiten an die obere Lippe ziehen können.

Auch hier ist die Grundkarte (1:5000) sehr präzise. So ist der Sperrwall in der Dörenschlucht schnell zu finden. Der Verfasser erkennt sofort: Diese Sperre ist nach dem gleichen Prinzip wie die Sperre vom Johannaberg, offensichtlich von den gleichen Baumeistern, errichtet worden. Auch hier zieht sich der sogar noch mächtigere Wall den Berghang etwa hundert Meter hinauf. Zum sumpfigen Tal der Rethlage hin ist er nur schwächer erhalten. Die Sperrsituation ist eine Wiederholung der Verhältnisse der Sperre am Johannaberg.

Der Blick auf die Karte bei der Suche nach weiteren Sperrwällen zeigt: Auch der alte Heerweg von Pivitsheide/Heidenoldendorf nach Lopshorn (auf der Südseite des Teutoburger Waldes) ist durch einen ähnlichen Berghangwall am Allhornberg und am gegenüberliegenden Berghang des Ufflers verschlossen gewesen.

Wenn somit von Berlebeck im Osten bis zur Dörenschlucht im Westen die vier einzigen Paßwege gesperrt waren, dann könnte auch ein gleicher Sperrwall vor der noch weiter westlich liegenden Stapelager Schlucht liegen.

Der Verfasser findet in der Stapelager Schlucht innerhalb weniger Minuten Reste des ehemaligen Sperrwalles, der ehemals nur auf dem scharfen Berggrat leicht erhöht werden mußte. Leider ist dieser Wall

a) Sperrwall aus der Dörenschlucht: Der Einzelwall, archivalisch als Landwehr „upper Rettlage“ (DKZ-Nr. 4018, 31) wird nach Cornelia Kneppe und Elke Treude in Lippische Mitteilungen, (71. Band, Detmold 2002) erwähnt. Stärkster Graben nach Norden ausgerichtet

Abb. 77 a/b/c
Sperrwälle aus dem Teutoburger Wald

b) Sperrwall am Johannaberg: Einzelwall in ähnlicher Bauweise wie der Wall „upper Rettlage“

c) Offensichtlich manuell erhöhter Geländegrat in der Stapelager Schlucht, dessen ehemalige, durch Hausbau zerstörte Fortsetzung an den alten Ringwall am Anfang der Stapelager Schlucht anschloß (Nr. 2 der Übersichtskarte, Stapelager Schlucht, Abb. 78)

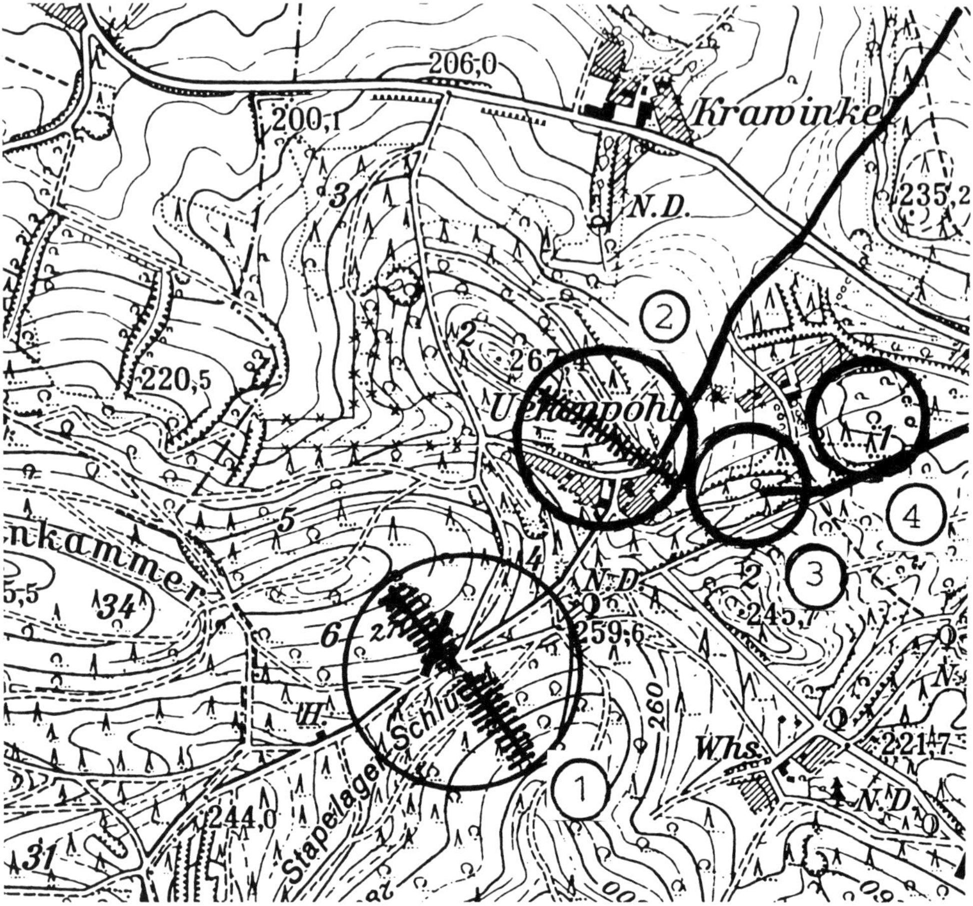

Abb. 78
Übersichtskarte der Stapelager Schlucht/ Teutoburger Wald

1) Doppelsperrwälle auf der Paßhöhe Stapelager Schlucht mit ehemaliger rechteckiger Schanze direkt an der Paßstraße

2) manuell erhöhter Naturgrat Uekenpohl

3) Ringwall am Anfang der Stapelager Schlucht

4) manuell erhöhte, straßenbegleitende Wälle einschließlich eines weiteren Ringwalles. Der Verfasser hält den Ringwall (3) für einen der ältesten Sperrwälle

0 250 500 m

durch kleine Steinbrüche und durch ein Haus mitten darin weitgehend zerstört worden. Jetzt wird schnell klar, daß dieser natürliche und manuell erhöhte Sperrwall an seinem Ende einst an den bereits in der Publikation „Varusschlacht“ des Verf. dargestellten ovalen Ringwall anschloß. Durch dieses sich ergänzende Sperrsystem wurden beide Zuwegungen zum Stapelager Paß sehr wirkungsvoll geschlossen. Es erscheint unwahrscheinlich, daß diese wie auch die vorher besprochenen Sperren von militärischen Verbänden mit Troß hätten überwunden werden können. Diese Aussage gilt jedoch nicht für die Reiter, die einige der Sperren natürlich leichtfüßig umgehen konnten. Von Stamford ist der Auffassung, daß der vom Heidental abzweigende alte „Reuterpfad" auf „Reiterpfad" zurückzuführen wäre. Auf ihm hätten die Reiter des Vala Numonius versucht zu fliehen.

Zwischen dem Fuß der Südseite des Bergriesen und dem heutigen flach verlaufenden Paßweg liegt Gelände, über das einst, heute noch deutlich sichtbar, der alte Heerweg führte. Wenn denn die Römer hier

Die Nr. 1 der Übersichtskarte (Abb. 78) wurde nach archivalischen Nachrichten im 16. Jahrhundert als Landwehr benutzt. Ausrichtung des „Frontwalles" nach Norden (hier links)

Abb. 79
Doppelsperrwall von der Paßhöhe der Stapelager Schlucht

in der Paßmitte Kämpfe zu bestehen gehabt hätten, müßten Metallreste zu finden sein.

Die drei Männer sondieren mit ihren Geräten wegen möglicher Signalstörungen voneinander entfernt, in breiter Front, um nach drei Stunden festzustellen, daß der Boden keinerlei Signale für Edelmetalle von sich gibt. Hier eine Cola-Dose, dort ein Kronenkorken, aber keine alten Fundstücke, auch keine Grablöcher von eventuellen Raubsondengängern. Also absolute Fundleere. – Schließlich erreichen die Männer die Quelle unterhalb des Tönsberges.

Eiskalt und glasklar sprudelt das Wasser, gerade richtig für einen erfrischenden Trunk nach konzentrierter Arbeit.

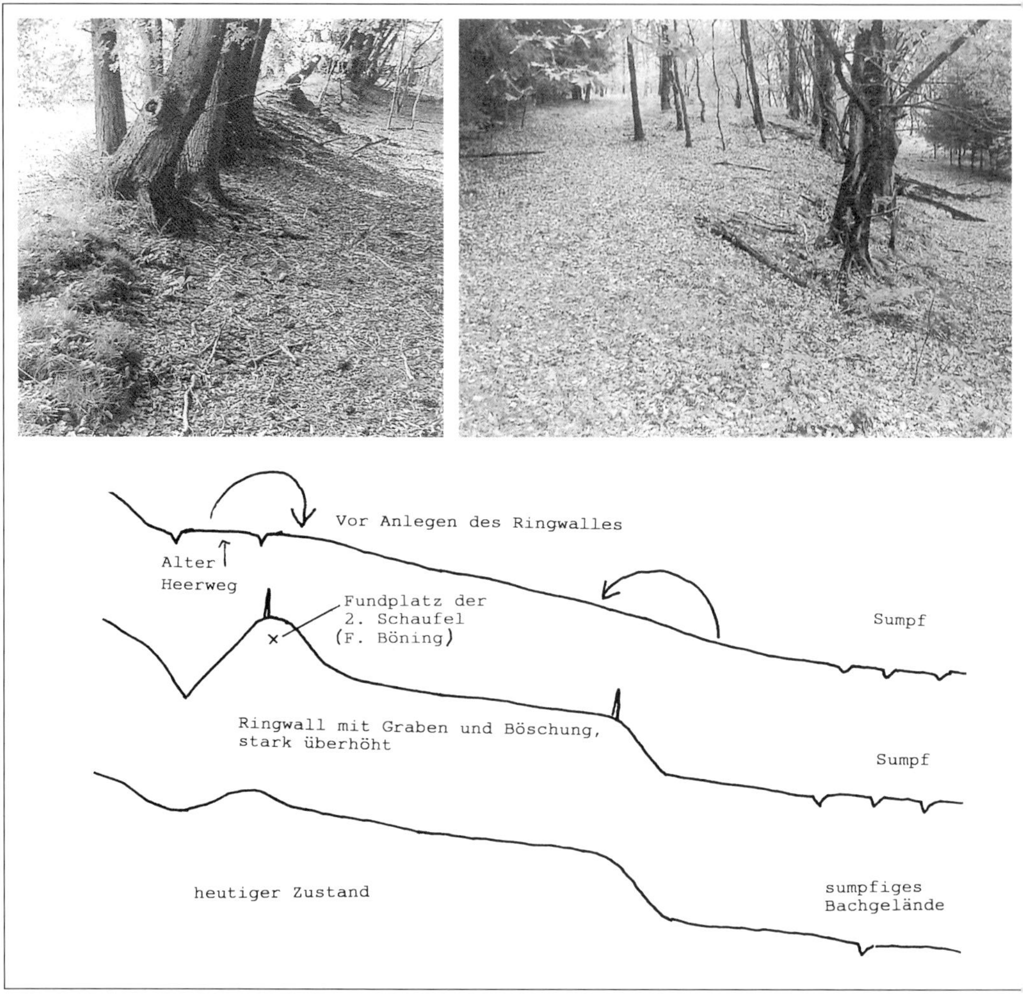

Abb. 80 a/b
Der Ringwall in der Stapelager Schlucht (Nr. 3 der Übersichtskarte, Abb. 78)

a) Die Fotos zeigen den Ostwall (linkes Foto) und die Westböschung über dem Bachsumpf (rechtes Foto) am Ringwall am Anfang der Stapelager Schlucht (von der Stapelager Kirche aus gesehen). In der Schemaskizze (oberer Verlauf) wird zunächst die Situation vor Anlegen des Ringwalles zu rekonstruieren versucht.
Die Bögen geben die vermutliche Verlagerungsrichtung des Bodens an. Der alte Heerweg verlief offensichtlich einst über dem heutigen Grabenrest östlich vor dem Wallrest. Seine Verlängerung führte in direkter Richtung zur Paßhöhe.
Die heutige Trasse führt etwa 50 m weiter östlich, ist also vermutlich später nach Aufreißen der alten Trasse bei der Erbauung des Ringwalles neu errichtet worden, wodurch es zur Abknickung der Trasse kam.
Im mittleren Rekonstruktionsversuch wird der Zustand des Ringwalles nach seiner Fertigstellung nachempfunden. Unten ist der heutige Geländequerschnitt, vereinfacht und erhöht wie bei allen drei zeichnerischen Verläufen, dargestellt.
Im Vordergrund (hier nicht sichtbar) führt nahezu waagerecht offensichtlich vom ehemaligen Wall abgetragene Erde zu einem mächtigen Erdhügel, der aus nördlicher Sicht wie ein riesiger bronzezeitlicher Grabhügel aussieht.

Eigentlich hätte man dieses Ergebnis voraussagen können. Wenn die Germanen die Römer hinter dem, von Norden aus gesehen, vorne liegenden Engpaß soweit in die dann sehr breite Schlucht hineingelassen hätten, wäre vermutlich ein Durchbruch bis in die Senne möglich gewesen. Sicherer hätte man die Römer gleich vorne an der engsten Stelle zwischen den beiden Bergflanken des Tönsberges und der Hunneckenkammer sperren und überfallen müssen.

So ist es auch erklärbar, daß vermutlich weitere Überfälle im Durcheinander des sich stauenden Heereszuges mehr oder weniger weit vor der Schlucht hätten stattfinden müssen, wobei die römischen Fundstücke im weiten Einzugsbereich der Schlucht in die Erde geraten wären. Daß diese Überlegungen keine reine Theorie bedeuten, zeigen die bereits in den Jahren 1999 und 2000 dort geborgenen Fundstücke, von denen mehr als ein halbes Dutzend bereits bis 2001 durch rheinische Archäologen als römisch klassifiziert werden konnten.

b) Großer Hügel unbekannter Funktion, „Grabhügelansicht“:
Bei einer Exkursion (2004) stellten etwa 25 Teilnehmer des Freundeskreises für Archäologie in Niedersachsen (FAN) fest, daß dieser Erdberg kein bronzezeitlicher Grabhügel sei. Ein Wallschnitt wäre zur Beantwortung dieser Frage sicher ganz nützlich.
Foto: Gerhard Steinborn, Bremerberg

Auf der Heimfahrt gingen dem Verfasser nicht die morgens gesehenen Sperren in den Paßstraßen des Teutoburger Waldes zwischen Wistinghausen und Berlebeck aus dem Sinn. Wie konnten die etwa auf einer Strecke von 14 km Luftlinie liegenden optimalen Sperren der alten Paßstraßen logistisch so exakt und wirksam nach einem ganzheitlichen Plan errichtet werden?

Aus welcher Zeit stammen die Sperrwälle?

Reichten die gesehenen Sperrwälle wirklich bis in die Römerzeit, oder waren es allein „mittelalterliche Landwehren"? Der ehemalige Leiter des Lippischen Landesmuseums, Otto Weerth, hat das Ergebnis seiner Recherchen über „Die Landwehren des Lippischen Waldes" (13. Jahresbericht des Historischen Vereins für die Grafschaft Ravensberg, 1899) publiziert. Er verweist auf archivalische Dokumente für die spätmittelalterliche Herkunft vieler lippischer Landwehren. Cornelia Kneppe und Elke Treude (Landwehren in Lippe, in Lippische Mitteilungen, 71. Band, Detmold 2002) schreiben in diesem Zusammenhang: "Weitere Belege zeigen, dass noch im ausgehenden 16. Jahrhundert Landwehren auf Geheiß des Landesherren errichtet wurden, insbesondere jene Straßensperren an den wichtigen Nord-Süd-Verbindungen durch den Lippischen Wald, die beispielsweise in der Stapelager und Dörener Schlucht noch heute erhalten und durch Wanderwege erschlossen sind." An anderer Stelle heißt es bei diesen beiden Autorinnen:

„Gerade der sorgfältigen Auswertung der archivalischen Quellen .....verdanken wir die Erkenntnis, dass auch die Landwehrsysteme Entwicklungen durchlaufen haben, daran ablesbar, dass beispielsweise ältere Landwehrzüge durch den Lippischen Wald zugunsten der auf dem höchsten Punkt der Passstraßen gelegenen Straßensperren, wie etwa der Landwehr „upper Rettlage" (Sperrwall in der Dörenschlucht, Verf.), aufgegeben wurden."

Somit ergäbe sich aus den archivalischen Quellen, daß es neben spätmittelalterlichen Landwehren auch „ältere Landwehrzüge" unterhalb der Paßhöhen gegeben hat. Aber aus welcher Zeit wären die älteren Landwehren? Wer hat sie zu welchem Zweck errichtet? Waren es „Wälle aus der Urzeit", wie Ludwig Hölzermann (Lokaluntersuchungen...., Münster 1978) parallele Mehrfach-Sperrwälle aus der Stapelager Schlucht benennt? Waren es ältere Landwehren aus dem Früh- oder Hochmittelalter, oder waren es, entsprechend den Aussagen von Stamfords, cheruskische Sperrwälle während der Varusschlacht?

Nach diesen ersten Besichtigungen und hypothetischen Überlegungen folgte die Untersuchung der Sperrwälle in der Lopshorner Paßstraße nach. Es war ein Bild des Jammers: Dieses doch immerhin als Kulturdenkmal registrierte Bauwerk befand sich in einem schlimmen Zustand.

Der sich zum Allhornsberg hochziehende Doppelwall war übersät von Abfallholz, enthielt Gruben nicht definierbarer künstlicher Bodenaufschlüsse, Durchstiche für Forstwege und Spuren von Arbeitsmaschinen der Forstverwaltung. In der Senke im Bereich der Straße waren die Reste der ehemaligen rechteckigen Schanze durch die Ausbaumaßnahmen der Straße stark in Mitleidenschaft gezogen worden und außerdem von Wohlstands-Parkmüll übersät. Der östliche Ast des Doppelwalles am Hang des Ufflers ist durch spätere Hohlwege und Forstarbeiten stark beeinträchtigt worden.

Pflege-, Hinweis- und Schutzmaßnahmen wären dringend nötig, um dieses Kulturdenkmal zu erhalten.

Planung und Aufbau des gesamten Sperrwerks

Dennoch: Planung und Aufbau des Gesamtsperrwerkes sind heute immer noch klar zu erkennen. Das Gesamtwerk umfaßt zwei sich beiderseitig die ansteigenden Bergflanken hochziehende Doppelwälle und die zentral im Tal liegende rechteckige Schanze. Die alte Paßstraße wurde damit wirkungsvoll unterbrochen. Der Nordwall ist jeweils der stärkere Frontwall.

Die Paßstraße bestand aus einem Bündel von etwa 6 bis 10 Hohlwegstraßen beiderseits der heute ausgebauten Straße Richtung Senne. Teilweise scheinen später Durchbrüche durch den Sperrwall für diese Trassen angelegt worden zu sein. Daraus läßt sich leider nicht ableiten, ob die Sperrwälle in der Römerzeit oder aber im Mittelalter errichtet worden sind. Für beide Datierungen ließen sich Argumentationsketten aufbauen.

Wichtig sind Überlegungen Ludwig Hölzermanns, daß die „Landwehren des Mittelalters ....aus der willkürlichen Anordnung einzelner selbständiger Bezirke (städtischer oder dynastischer) hervorgingen“. Die Landwehren des linken und rechten Rheinufers und an der Lippe seien dagegen nach „einem einzigen großartigen Plane zum Schutze eines weit ausgedehnten Landstriches erbaut worden“.

An anderer Stelle:

„Es ist nicht schwer nachzuweisen, daß die rheinischen Landwehren schon zur Zeit der Römerherrschaft existierten, ja daß dieselben der Occupation durch die Römer ihren Ursprung verdanken. Um so mehr ist es zu bedauern, daß die durchaus gleich construirten Landwehren in Westfalen fast gar keine Beachtung gefunden haben.“

Nach Hölzermann sind die Landwehren an der Lippe also von den Römern erbaut worden, da u. a. der stärkere Frontwall durchweg nach Osten zur Feindseite hin ausgerichtet sei.

Nun, der Doppelwall vom Lopshorner Paß am Allhornsberg zeigt genau diese Struktur der „römischen Landwehren“. Auch hier zeigt der starke Frontwall nach Norden.

Der Feind oder doch die abzukassierenden Reisenden des späten Mittelalters wurden von Norden erwartet wie auch bei den anderen nur aus einem Wall bestehenden Sperranlagen. Diese Wälle liegen jedoch zu weit von den römischen Anlagen an der oberen Lippe entfernt, um hier im Teutoburger Wald von den Römern gegen alle Gesetze der Logistik erbaut worden zu sein.

Hinwendung der Sperranlagen nach Norden

Die Hinwendung der Sperranlagen nach Norden und ihre Lage am Nordrande des Gebirges sprechen auch gegen ihre Errichtung durch mittelalterliche Dynastien etwa in Detmold, denn dann hätten die Sperren für die Einreisenden nach Süden ausgerichtet sein müssen. Bestandteile einer ringförmigen Stadtlandwehr um das Stadtgelände von Detmold herum sind es ebenfalls nicht. Detmold hatte keine geschlossene Stadtlandwehr wie etwa die im Mittelalter reicheren und größeren Städte Paderborn und Lemgo.

Die Sachsen als Erbauer der Sperrwälle gegen karolingische Heere scheiden aus, da auch sie die Frontrichtung der Sperranlagen gegen Süden, z. B. gegen Paderborn, hätten richten müssen, von wo die fränkischen Truppen Karls des Großen tatsächlich heranmarschierten.

Die strategischen Argumente weisen eher auf Anlage durch die vereinigten germanischen Stämme hin, die die Römer zu langen Heerzügen längs des nördlichen Gebirgsrandes zwingen wollten. Dort in schwierigem Gelände konnten sie den zersplitterten römischen Heereszug vernichten. Ein Ausweichen von Norden nach Süden durch den Teutoburger Wald war dank dieser Sperren nur Reitern möglich.

Aus dieser Sicht müßte geprüft werden, ob nicht vor den archivalisch belegten spätmittelalterlichen Landwehren ältere Vorgängerwehren vorhanden gewesen sind, die ausgangs des Mittelalters einfach weiter ausgebaut und genutzt wurden, so wie es ähnlich bei den später zu besprechenden Höhenburgen gewesen ist.

Sicher gibt es in den rätselhaften parallelen Mehrfach-Wällen am Bölkehals im Heidental und in dem Ringwall in der Stapelager Schlucht völlig von den spätmittelalterlichen Sperren abweichende Formen.

Wenn somit nicht auszuschließen ist, daß einige Sperrwälle auf das 1. Jahrhundert zurückgehen, könnte eine reizvolle Spekulation angestellt werden.

Könnte nicht Segimer, der führende Fürst der Cherusker, der Architekt und der Erfinder von Sperren im Teutoburger Wald gewesen sein?

Die Varusschlacht konnte, logistisch gesehen, seine Schlacht gewesen sein. Er war bereits vermutlich der Planer und Vorbereiter des Krieges gegen die Römer in der Schlacht von Arbalo im Jahre 11 v. Chr. gewesen, die später erläutert wird.

Die Strategie von Arbalo hätte beinahe zum Siege geführt, wenn die Paßstraßen dort abgeriegelt gewesen wären. In der Varusschlacht durfte es kein Entkommen über ungesperrte Wege geben. Möglicherweise sind also die älteren Sperren in den Paßstraßen des Lippischen Waldes dem Varusschlacht-Geschehen zuzuordnen.

Was lag näher, als daß Arminius sechs Jahre nach der Varusschlacht zur Zeit der Rachefeldzüge des Germanicus und dessen Feldherrn Caecina die gleiche Strategie noch einmal anwendete, zumal belegt ist, daß Segimer zur Zeit der Rachefeldzüge des Germanicus noch lebte und seinen Sohn entsprechend beraten konnte?

Das zu sperrende Gebirge, ähnlich langgestreckt wie der Teutoburger Wald, war nun das Wiehengebirge. Hart nördlich von diesem Gebirge lag die zweite große Aufmarschlinie der Römer, nämlich auf dem alten „Helweg vor dem Sandforde".

Dann müßten also in den Wiehengebirgspässen vor dem tatsächlichen Überfallsort Kalkriese ähnliche nach Norden gerichteten Sperren wie im Teutoburger Wald zu finden sein? Zunächst führten den Verfasser diese theoretisch-logistischen Überlegungen. Der zweite

Am Bölkehals liegen mindestens sechs Wälle mehr oder weniger parallel nebeneinander und erinnern an die von Hölzermann benannten „Landwehren aus der Urzeit" (Lokaluntersuchungen, die Kriege der Franken und Römer betreffend... Münster 1878, Tafel IX), die ebenfalls mit 5-6 Parallelwällen abgebildet werden.

Abb. 81 a/b/c
Sperrwälle am Bölkehals/ Heidental westlich des Hermannsdenkmals

a) Von Norden aus gesehen, sind hier Teile des 4., 5. und 6. Sperrwalles zu sehen. An der Flanke des 5. Walles ist das Loch erkennbar, in dem in 70 cm Tiefe eine Schaufel von W. Winkels gefunden wurde.

Abb. 81 b/c
Sperrwälle am Bölkehals/ Heidental westlich des Hermannsdenkmals

b) östlicher Verlauf des 3. und 4. Walles der „Landwehr aus der Urzeit“ am Bölkehals: Diese beiden Wälle sperrten eindeutig den alten „Wahrweg“, der zum Winnfeld führte. Die Wälle 5 und 6 sperrten dagegen den „Jungferngrund“, dessen Fortsetzung ebenfalls das Winnfeld erreichte.

c) Der alte Heerweg „Jungferngrund“

Schritt war, genaue topographische Karten vom Wiehengebirge zu erwerben.

Jetzt war der dritte Schritt zu vollziehen, nämlich die genaue Geländeuntersuchung.

Vorüberlegung:

Im Jahre 15 n. Chr. konnte das römische Caecina-Heer (dessen verlustreiche Kämpfe Verf. in Kalkriese annimmt) mit Troßteilen, sich einmal auf der nördlich des Gebirges verlaufenden Heerwegstrasse befindend, nur östlich vor dem veriegelten Engpaß von Kalkriese entweichen. Es bieten sich für derartige Fluchtbewegungen besonders die breiten, flachen Paßstraßen von Wehrendorf und Herringhausen zwischen Schwagstorf und Bad Essen an.

Wehrendorf scheint seinem Namen als „wehrendes Dorf“ alle Ehre zu machen. Die Engstelle zwischen beiden Berghängen des Wiehengebirges zeigt vielerlei umfangreiche Erdarbeiten.

Am Fuße des Osterberges liegen 4-5 zu der Paßstraße hin parallele Wälle, wie sie von Hölzermann als „Wälle aus der Urzeit“ in der Stapelager Schlucht des Teutoburger Waldes festgestellt worden waren und wie sie im Heidental vorliegen.

Etwa 100 m weiter südlich befinden sich Reste eines tiefen Grabens und zweier Wälle, die sich senkrecht am Osterberg hochziehen. Durch den östlichen Wall dieses Doppelwalls ist offensichtlich in jüngerer Zeit eine tiefe Rinne gezogen worden, in die man ein Reihe von Buchen gepflanzt hat.

Abb. 82
Vier parallele Wälle in der Schlucht von Wehrendorf/ Wiehengebirge

Diese parallelen Wälle in der Schlucht von Wehrendorf/Wiehengebirge erinnern stark an die Wälle vom Bölkehals im Heidental/Teutoburger Wald und an die von Hölzermann dargestellten „Landwehren aus der Urzeit“.

Abb. 83
Sperrwall im Paß von Herringhausen/ Wiehengebiege

Dieser Wall an der Westflanke des Passes schließt an einen Naturgrat mit tiefer Schlucht an.

Trotz aller Beschädigungen ist der Charakter des ehemaligen Sperrwalles noch zu erkennen. Als Hohlweg scheidet der davor liegende, steil ansteigende Graben aus. Die Hohlwege verlaufen nämlich an den Hängen entlang und ziehen sich teilweise in Windungen zur Höhe.

Leider liegt auf der gegenüberliegenden Hangseite des Westerberges ein Hangeinschnitt, der vermutlich durch Nutzung als Steinbruch entstanden ist. Hier kann deshalb ein möglicher ehemaliger Sperrwall nicht mehr entdeckt werden.

Im östlich von Osterkappeln liegenden Paß von Herringhausen jedoch ist auf der Westseite ein Stück des den Hang aufwärts strebenden Doppelsperrwalles erhalten. Hier ist für den Vorwall die steile Flanke des natürlichen Berggrates durch Erhöhung ausgenutzt worden. Es entsteht dadurch ein riesiger Vorgraben. Dahinter liegt der manuell ausgehobene Graben für den zweiten Wall, der nach etwa 100 m Länge am Hang wie an den Sperrwällen des Teutoburger Waldes endet. Die Anlage dieses Walles kann ihre Ähnlichkeit zu den Sperranlagen des Teutoburger Waldes nicht leugnen.

Es sind nur Reste von Sperranlagen, die sich hier im Wiehengebirge vor der Trichterfalle in Kalkriese erkennen lassen. Es ist jedoch nicht auszuschließen, daß sie vor einer möglichen mittelalterlichen Nutzung ihre Herkunft in der Römerzeit hatten. Sie hätten tatsächlich eine Rolle als Sperre gegen seitliche Fluchtbewegungen von den in Kalkriese überfallenen römischen Heeresteilen des Caecina gehabt haben können. Schließlich ergeben sowohl die Fundverteilung als auch die Textstellen bei Tacitus für den Kampfplatz in Kalkriese tatsächliche Absetzbewegungen von Teilen des römischen Heeres nach Nordwesten über die Niederungen des Großen Moores hinweg. Ähnliche Absetzbewegungen konnten möglicherweise durch die vom Verfasser aufgezeigten Sperren in den beiden deutlichsten Gebirgseinschnitten von Wehrendorf und Herringhausen am Beginn des Überfalles verhindert werden.

Erbaute Arminius auch die Sperren im Wiehengebirge?

Nach den Erfolgen der Cherusker in der Varusschlacht ist es zumindest nicht auszuschließen, daß Arminius sechs Jahre später im Wiehengebirge die gleichen strategischen Vorarbeiten wie sechs Jahre vorher im Teutoburger Wald getroffen hat, umso mehr, als ja auf dem Kampfplatz Oberesch von Kalkriese auch Sperr- und Kampfwallbauten nachzuweisen sind.

Tacitus berichtet außerdem von der Aufstauung von Bächen an den „pontes longi“, die umfangreiche Erdarbeiten erforderten. Die Germanen waren es also gewöhnt, Erdarbeiten in das taktische Kampfgeschehen zu integrieren.

Und da ist in diesem Zusammenhang der Sperrwälle im Teutoburger Wald noch der bereits erwähnte „Bölkehals“ zu beachten! Wilhelm Teudts Ausführungen zu dieser Engstelle im Heidental direkt unterhalb der Grotenburg/Teutoburg hatten den Verfasser schon immer fasziniert (Germanische Heiligtümer, Eugen Diederichs Verlag, Jena 1934, S. 184):

„Zu erwähnen ist weiter ein Eisenfund im und am Bach an einer schluchtartigen Stelle, wo der Heidenbach überschritten werden muß, um in den Wahrwegsgrund (Richtung Winnfeld) zu gelangen. Der Bach trägt hier den eigenartigen Namen „Bölkehals“ (bölken ist das Schreien von Tieren und Menschen). Es sind mehr als 100 Stücke und Stückchen von unförmigen Rostklümpchen bis zu gut erhaltenen Stücken, die zeigen, daß es sich um einheitliche Überreste zusammengebrochener Wagen handelt aus einer Zeit, wo noch an Stelle der jetzigen Reifen kurze Nägel mit großen Köpfen (4x4 cm) zum Schutz der Räder gebraucht wurden. Unter den Stücken befindet sich das Drittel eines Hufeisens, dessen Form genau dem Bilde entspricht, welches Neuburger (Technik des Altertums, S. 55) mit der Unterschrift „Altrömisches Hufeisen“ bringt.... Angesichts unserer Anschauung von den Rückzugswegen des Varus liegt es nahe, wo sich außerdem rätselhafte Wälle befinden, auch an die Möglichkeit zu denken, daß es Wagen des römischen Trosses waren, die hier zusammengebrochen sind...“

Bereits früher waren Wagenachsnagel-Funde mit „römischen Formen“ aus dem Heidentalbach vorgestellt worden. Erneute Recherchen

Abb. 84 a/b/c
Ein Stück Römerstraße am Bölkehals/Heidental im Teutoburger Wald?

a) Römische Straße in Bacharach (Heinz Cüppers, Die Römer in Rheinland-Pfalz, Theiss, Stuttgart 1990, Abb. 192): Der am Hang des Kühlberges zu sehende Straßenabschnitt führte vom Rheintal auf die Hunsrückhöhenstraße. Die tiefen Radspuren im Felsen beweisen die lange Benutzung. Die Straßenneigung beträgt 10,6 %, die Spurbreite 1,30 m.

b) Hier ist ein ähnlicher Straßenabschnitt mit tiefen Spurrillen im Felsen der Steinbeke im Eggegebirge zu sehen. Nach großen Niederschlägen fließt zeitweise hier Wasser in der Steinbeke. Es herrscht also Doppelnutzung vor. Auch hier sind die Spurrillen 1,30 m voneinander entfernt. Foto: Alfons Koch, Fürstenberg/Weser

c) Zur Diskussion!
In diesem in den Felsen gehauenen geraden möglichen „Wegeabschnitt" fließt zeitweise Wasser. Im Sommer ist dieser Abschnitt immer trocken. In den Fugen der Felsplatten des ebenen „Weges" von 1,50 m Breite wurden 2002/2003 viele eingeklemmte Kopfnägel des Typs der Kopfnägel vom Winnfeld gefunden, was für die Benutzung dieses Abschnittes mit Wagen spricht. Tiefere Spurrillen sind jedoch nicht feststellbar. Möglicherweise hat es sich um ein kurzfristig benutztes Teilstück der Trasse aus dem Heidental Richtung Hartröhren und zur Senne gehandelt. Die Mehrfachsperrwälle vom Bölkehals haben z. T. diesen möglichen Wegeabschnitt verdeckt, wodurch deutlich wird, daß beim Errichten der Sperrwälle der vermutliche Weg bereits vorhanden war. Foto: Gerhard Steinborn, Bremerberg

unterhalb und oberhalb der von Wilhelm Teudt so anschaulich beschriebenen Stelle „Bölkehals" des Heidentales ergaben eine Vielzahl von weiteren Eisenfunden, von denen eine ganze Anzahl den von Teudt beschriebenen „kurzen Nägeln mit großen Köpfen (4x4 cm)" entsprachen. Sie waren in Form und Größe sowie im Erhaltungszustand außerdem den Kopfnägeln vom Winnfeld sehr ähnlich. Ein Kopfnagel lag direkt neben einem Fragment des Eisenreifens eines Wagenrades mit der rechteckigen Öffnung, in die genau der Schaft des daneben liegenden Kopfnagels hineinpaßte. Sicherlich entsteht hier jedoch von neuem das Problem, daß ähnliche Kopfnägel bis in die frühe Neuzeit nachzuweisen sind. Somit ist eine klare zeitliche Zuordnung dieser Fundstücke aufgrund der äußeren Merkmale nicht möglich. Es scheint nur der bereits angeführte Weg der C14-Datierung mit Hilfe der Massenspektrometrie (AMS-Verfahren) für die Lösung des Datierungsproblems gangbar zu sein, der möglicherweise demnächst seine Serienreife erreichen könnte.

Besuch des F. A. N. im Teutoburger Wald

Im Rahmen seiner Sommertagung 2004 besuchte der Freundeskreis für Archäologie in Niedersachsen e. V., F.A.N. (entsprechender Bericht auf homepage: www.fan-nds.de) neben den Sperranlagen mit dem rätselhaften „Grabhügel" in der Stapelager Schlucht auch die Sperren am „Bölkehals", u. a. auch, um zu prüfen, ob es dort einen „Felsenweg" gibt. Es war nicht leicht, über durchfeuchtete Wälle, Gräben und Gestrüpp zum Ort des vom Verfasser vermuteten Weges zu gelangen. Die schließlich den Ort erreichenden FAN-Mitglieder waren mehrheitlich der Auffassung, daß dieser „Felsenweg" einst tatsächlich in das Gestein geschlagen und planiert worden sei und mit 1,50 m Breite durchaus einen befahrbaren Weg aus dem Heidental hinauf zur Kammhöhe des Gebirgsrückens dargestellt haben könnte.

Der Verfasser wies in Nachbetrachtungen im Tagungslokal auf folgende Überlegungen hin:

„Zu Zeiten von Wolkenbrüchen rauscht jeweils ein reißender Bach den möglichen „Felsenweg" hinab. Überall wird der Weg zum Bachbett, in dem nach Abfluß der Wasserströme Holz, Erde und Gestein liegen bleiben. Beim nächsten Wolkenbruch werden z. T. die Hindernisse fortgewaschen und neue herantransportiert. Nach jedem Frühjahr erscheinen Teile des „Weges" wie blank gescheuert. Da der Weg offensichtlich mit Hammer und Meißel in den felsigen Boden geschlagen ist, konnten die vielen Sturzbäche über Jahrhunderte hinweg die nahezu rechteckige Struktur, die aus Boden und Seitenwänden gebildet wird, nicht zerstören. Viele der in den Spalten der Bodenplatten verkeilten Kopfnägel konnten die Fluten nicht wegspülen. Sie sind ein Beweis dafür, daß hier tatsächlich ein von Wagen benutzter Weg anzunehmen ist. Es gibt ähnliche Wege mit tiefen Spurrillen im Rheinland, so z. B. die römische Straße von Bacharach, die vom Rheintal über den Hang des Kühlberges auf die Hunsrückhöhenstraße führt (Heinz Cüppers, Die Römer in Rheinland-Pfalz, Theiss, Stuttgart 1990, Abb. 192). Im Eggegebirge gibt es das Flüßchen Steinbeke. Es hat ein sehr ähnliches Bach- bzw. Wegebett im ebenen felsigen Grund, diesmal aber mit tiefen Spurrillen. Die beiden vergleichbaren Beispiele lassen nicht ausschließen:

Römische Felsenstraßen mit Spurrillen

Das felsige „Wegebett" vor den Sperrwällen des Bölkehalses war vermutlich einst ein Weg, der jedoch nur eine kürzere Zeitspanne

a) Besichtigung der teils verschütteten "Felsenstraße" im Heidental/ Bölkehals: Es wird festgestellt, daß die ebene Straße in den Felsen geschlagen worden ist und daß keine deutlichen Spurrillen von Wagenrädern vorhanden sind.

Abb. 85 a/b
Mitglieder des Freundeskreises für Archäologie in Niedersachsen e. V., F.A.N., (www.fan-nds.de) bei topographischen Studien im Teutoburger Wald
Fotos: Gerhard Steinborn

b) Am Nordrand des "Grabhügels" in der Stapelager Schlucht: Hier sind die Mitglieder des Freundeskreises der Auffassung, daß Merkmale für ein bronzezeitliches Hügelgrab fehlen und daß es sich an dieser Seite eher um eine von Süden erfolgte Aufschüttung handelt (vgl. Abb. 80b).

benutzt worden ist, weil er keine ausgeprägten Spurrillen zeigt. Die dort vorhandenen Mehrfachwälle überlagern diesen „Felsenweg". Sie sind mit ihren Wall-Enden auf diesen Weg gesetzt worden.

Der Verfasser sieht diesen „Felsenweg" als Kulturdenkmal des Heidentals an und wird sich bemühen, eine entsprechende Klassifizierung und einen angemessenen Schutz durch die Denkmalpflege zu erreichen. Der zuständige Forstmeister nimmt die Hinweise ernst. Er weist darauf hin, daß bekannt sei, daß in frühgeschichtlicher Zeit Bachbetten durch den Urwald gern für Durchfahrten benutzt worden seien. Man kenne derartige „Bachbettwege" auch anderenorts.

Zum Schluß dieses Kapitels sollten noch einige nachdenkenswerte Hinweise von W. Teudt genannt werden (Germanische Heiligtümer, 3. Aufl., Jena 1934, S. 190 u. S. 184), die dieser hinsichtlich des hier besprochenen Heidentals gemacht hat:

„Das Heidental, an dem die jetzt nahezu erdrückte Volkserinnerung als Schlachtfeld (Varusschlachtfeld, Verf.) haftete, liegt unmittelbar unter dem südwestlichen Hange der Grotenburg.... Sein Name hat mit „Haide" nichts zu tun, da im Gegensatz zu vielen Stellen der Umgebung dort keine Haide zu finden ist und wohl auch niemals zu finden war. Eher mag der Name mit „Heddern" = Fremden zusammenhängen, wie in Heddernheim (regionaler römischer Hauptort des 1. und 2. Jahrhunderts, Verf.) bei Frankfurt a. Main."

W. Teudt an anderer Stelle:

„Die Funde in Horn (die in der Heimatforschung bekannten „Horner Hufeisen", Verf.) und im Bölkehals sind besondere Fälle. Im übrigen dürften wenigstens Funde auf der Oberfläche und in einer vom Pfluge noch erfaßbaren Tiefe auf dem Varusschlachtfelde noch weniger zu erwarten sein als auf anderen alten Schlachtfeldern, wo ebenfalls nach wenigen Jahrzehnten ganz erstaunlich wenig gefunden wird, wenn es sich nicht um Geschosse der modernen Waffen handelt. Infolgedessen ist z. B. bis jetzt auch keinerlei Beweis dafür angetreten, an welcher Stelle bei Detmold die Schlacht zwischen den Franken und Sachsen im Jahre 780 (783, der Verf.) sich ereignet hat, obwohl kein Zweifel darüber aufkommen kann, daß sie bei Detmold gewesen ist."

Der Irrtum des W. Teudt

Möglicherweise irrt W. Teudt in diesem letzten Satz, denn bei den Hufeisenfunden von Horn befanden sich neben frühmittelalterlichen Lanzenspitzen auch zwei Saxe, typisch sächsische Schwerter, wie sie bereits vom Verf. in seiner Publikation (Die Varusschlacht, Tübingen 2000, Abb. 98) abgebildet worden sind. Damit ist die Möglichkeit nicht auszuschließen, daß die „Horner Funde" auf die Sachsenschlacht von 783 zurückzuführen sind, denn der Fundort liegt nur ca. 8 km vom Stadtzentrum Detmolds entfernt. Dort ist am ehesten der „campus", die Schlachtfeldebene, wie sie in den Fränkischen Annalen von Einhard angegeben worden ist, vorhanden. Zusätzlich sollte darauf verwiesen werden, daß von Teudt noch nicht gekannten, hochempfindlichen Metalldetektoren auch die kleinsten Metallfunde anzeigen können. Das Problem zur Auffindung der Varusschlacht liegt eher vermutlich darin, daß sich das Schlachtgeschehen über eine sehr große Fläche hingezogen hat, die zudem durch die Germanicusarmee bei ihrer Beerdigungsaktion bestens aufgeräumt worden ist.

Germanische Burgen an den Römerschlachtfeldern

Nachdem die germanischen Stämme unter Führung der Cherusker den Römern zum dritten Male eine schlimme Niederlage bereitet und Caecina mit der I., V., XX. und XXI. Legion an den „pontes longi" im Jahre 15 n. Chr. beinahe vernichtet hatten, war anzunehmen, daß Germanicus alles versuchen würde, um die gefallenen Kameraden zu rächen. Daß die Römer dabei das Volk der Cherusker zu vernichten beabsichtigten, so wie man es im Jahre 15 n. Chr. bei den Brukterern bereits getan hatte, war den cheruskischen Führern sicher klar.

Vermutlich hatte sich Arminius vorgenommen, bei den im Jahre 16 n. Chr. zu erwartenden Verteidigungskämpfen seinen Willen durchzusetzen. Hatten doch die cheruskischen Kämpfer in der Schlacht an den „pontes longi" gegen Caecina mit seinen vier Legionen (vermutlich in Kalkriese) auf Inguiomerus gehört und gegen seinen Rat einen Angriff auf das Lager der bedrängten Römer durchgeführt. Dieser Angriff hatte den Römern den erfolgreichen Ausbruch aus dem Lager ermöglicht.

Aufgrund der schlechten Erfahrungen der Römer im Engpaß an den „pontes longi" war andererseits zu erwarten, daß Germanicus alles tun würde, um eine Wiederholung der für das römische Heer bedrohlichen Situation in diesem sumpfigen Engpaß zu vermeiden. Das war nur durch Änderung der Marschroute auf dem erneuten Einmarsch in das Cheruskerland zu erreichen.

Die Römer würden deshalb keinesfalls noch einmal von Westen durch das bergige Land in die Cheruskergaue ziehen. Wenn sie aber trotzdem das Cheruskervolk vernichten wollten, mußten sie einen anderen Weg wählen.

Zog das Römerheer durch das Chaucenland?

Möglicherweise sah der Militärstratege Arminius die gewaltige Heeresmacht des Germanicus mit acht Legionen und fast ebensoviel Hilfstruppen von Norden her heranmarschieren. Nur dort konnten die Römer im freien Gelände im agmen quadratum kämpfen und siegen. Vermutlich hätte Arminius in der Rolle eines römischen Heerführers den Aufmarsch so vollzogen. Für die Cherusker war es verhängnisvoll, daß die Chaucen auf der Seite der Römer standen. Die Chaucen hatten nämlich noch eine Rechnung mit den Cheruskern zu begleichen, weil diese unter Tiberius (5 n. Chr.) mit ihren Reitern an vorderster Front mitgeholfen hatten, die Chaucen zu unterwerfen.

Aus Sicht der Cherusker unter Arminius war also zu erwarten, daß die Römer aus dem Land der Chaucen heraus an der Weser aufwärts heranmarschieren und ein riesiges Aufgebot an chaucischen Auxiliarverbänden mitbringen würden.

Selbst wenn die Römer an der Ems landen würden, würden sie es nicht wagen, noch einmal über den Heerweg am nördlichen Fuße des Wiehengebirges durch die „pontes longi" zu ziehen, sondern viel weiter nördlich über Geestböden durch das sichere südliche Chaucenland zur Weser marschieren.

Dann aber mußte sich das jetzt nach römischen Kampfesweisen gut trainierte Volksheer aus den Cherusker-, Angrivarier- und Brukterer-stämmen rechtzeitig in den alten großen Höhenburgen an den nördlichen Einfalltoren zum Cheruskerland in Nammen an der Porta Westfalica und auf der Amelungsburg im Süntel bei Hessisch-Oldendorf sammeln. Nur von dort würden sie wenn überhaupt verhindern können, daß ihre Wohnstätten im dahinter liegenden Land niedergebrannt und ihre Frauen und Kinder erschlagen würden. Derartige Grausamkeiten hatten ja die Römer im vergangenen Frühjahr im Bruktererland zur Genüge begangen.

Es war den Brukterern zusammen mit Kämpfern der Cherusker und der Marser hinterher nur übrig geblieben, den Mördern eine Niederlage im Bergland beizubringen, nachdem diese ihre gefallenen Kameraden aus der Varusschlacht auf der Walstatt bestattet hatten.

Sammeln der germanischen Kämpfer an den Burgen

Vermutlich hatte Arminius in Absprachen mit den Heerführern der Angrivarier, Brukterer und Marser entsprechende Vorbereitungen getroffen. Was lag dann näher, als die Kämpfer zu den schon lange bestehenden Höhenfestungen in den Weserbergen zu rufen. Dort konnte man lange vorher Getreide für die Nahrungsversorgung des riesigen Germanenheeres lagern. Die übrigen verderblichen Nahrungsmittel konnte man kurz vor der Sammlung der Streitkräfte anliefern. Für den Widerstand gegen 8 römische Legionen mit ebenso viel Hilfstruppen mußte schon ein germanisches Riesenheer von annähernd 100 000 Kämpfern rechtzeitig zusammenströmen. Um dafür den Nachschub sicherzustellen, war eine große logistische Leistung zu vollbringen.

Starke Indizien für den durch den Verfasser bereits in seiner „Varusschlacht...." skizzierten Marschweg der Römer durch das südliche Chaucenland gibt es durch neueste Denarfunde u. a. in Goldenstedt (Frank Berger, Wilhelm Dräger, Bernd Hamborg, 16 römische Münzen im Industrie Museum Lohne, Lohne 2003).

Eine sichere Verwahrung der wochenlang vor der Schlacht zu deponierenden Versorgungsgüter war nur in den großen Höhenfestungen möglich.

Die lippischen Höhenburgen wie die Grotenburg/Teutoburg, das Tönsberglager, die Herlingsburg und der Piepenkopf sind bereits im 3. Jahrhundert v. Chr. erbaut worden (C14-Datierungen von Friedrich Hohenschwert, Ur- und frühgeschichtliche Befestigungen in Lippe,

Lemgo 1978, S. 213). Der gleiche Autor schreibt in „Lippe" (Lippischer Heimatbund Hrsg, Paderborn 1993) über diese Burgen: „Die Anlagen mit Verteidigungs- und Fluchtburgcharakter....sind offensichtlich auf Anregungen aus dem Bereich der keltischen Latènekultur zurückzuführen." Hohenschwert weist in erstgenannter Publikation (S. 83) auf die durch C14-Datierung gesicherte Wiederbenutzung und den Ausbau in frühgeschichtlicher und mittelalterlicher Zeit (sächsisch-fränkische Kriege) hin, wofür „ausschließlich politische und strategische Gründe entscheidend waren".

Ähnliche Aussagen lassen sich aufgrund von archäologischen Untersuchungen auch für die Höhenburg „Amelungsburg"/Wesergebirge machen, in deren Nähe wahrscheinlich das germanische Heiligtum „Herkuleshain" bei Hessisch-Oldendorf lag. Auf dem Höhenplateau von 900 x 300 m des Amelungsberges ist noch heute das teilweise durch Wälle, teilweise durch steile bis fast senkrechte Bergeshänge abgesicherte Lager zu erkennen. In jüngster Zeit wurde dort offensichtlich bei Grabungen durch die Bezirks-Denkmalpflege Hannover ein kostbares keltisches Halsband geborgen (Foto und Bericht in mehreren Zeitungen, Mai 2004). Damit wird der keltische Ursprung auch dieser Burg neben dem Tönsberglager belegt, das nach neuen Untersuchungsergebnissen um ca. 100 v. Chr. von den Kelten verlassen wurde.

Hier auf der Amelungsburg konnte sich die Hauptmacht des vereinigten germanischen Heeres im Jahre 16 n. Chr. sammeln, um dann in den Schlachten von Idistaviso zu den Füßen der Amelungsburg und später weiter nördlich in Leese am Angrivarierwall dem großen römischen Heer in offener Feldschlacht entgegenzutreten.

Niemals zuvor hatten die Arminiustruppen eine derartige offene Feldschlacht gegen die Römer gewagt. Die Tatsache, daß man auf der Ebene von Idistaviso zum ersten Mal den Mut dazu hatte, kann man dadurch erklären, daß die germanischen Heeresverbände über alle Maßen groß und die Kerntruppen der Cherusker ausgezeichnet nach römischem Vorbild trainiert waren.

Die Schlacht von Idistaviso

Die Schlacht von Idistaviso ist vom Verfasser bereits früher in „Die Varusschlacht..." beschrieben worden. Hier geht es darum, den logistischen Hintergrund einer derartigen Völkerschlacht darzustellen. Eine Sammlungsburg von großen Ausmaßen (23 ha) war also wahrscheinlich Vorbedingung für die zu erwartende Großschlacht. – Interessanterweise gibt es sogar einen indirekten literarischen Hinweis bei Tacitus für die hochgelegene Sammlungsstelle Amelungsburg, die von Verf. unweit des Schlachtfeldes von Idistaviso angenommen wird.

Hören wir bis zum entscheidenden Satz zunächst die Ansprachen der germanischen Führer an ihr vermutlich in der Amelungsburg

Abb. 86
Nachgewiesene (Kalkriese) und vermutete römische Schlachtfelder an ehemaligen Burgen

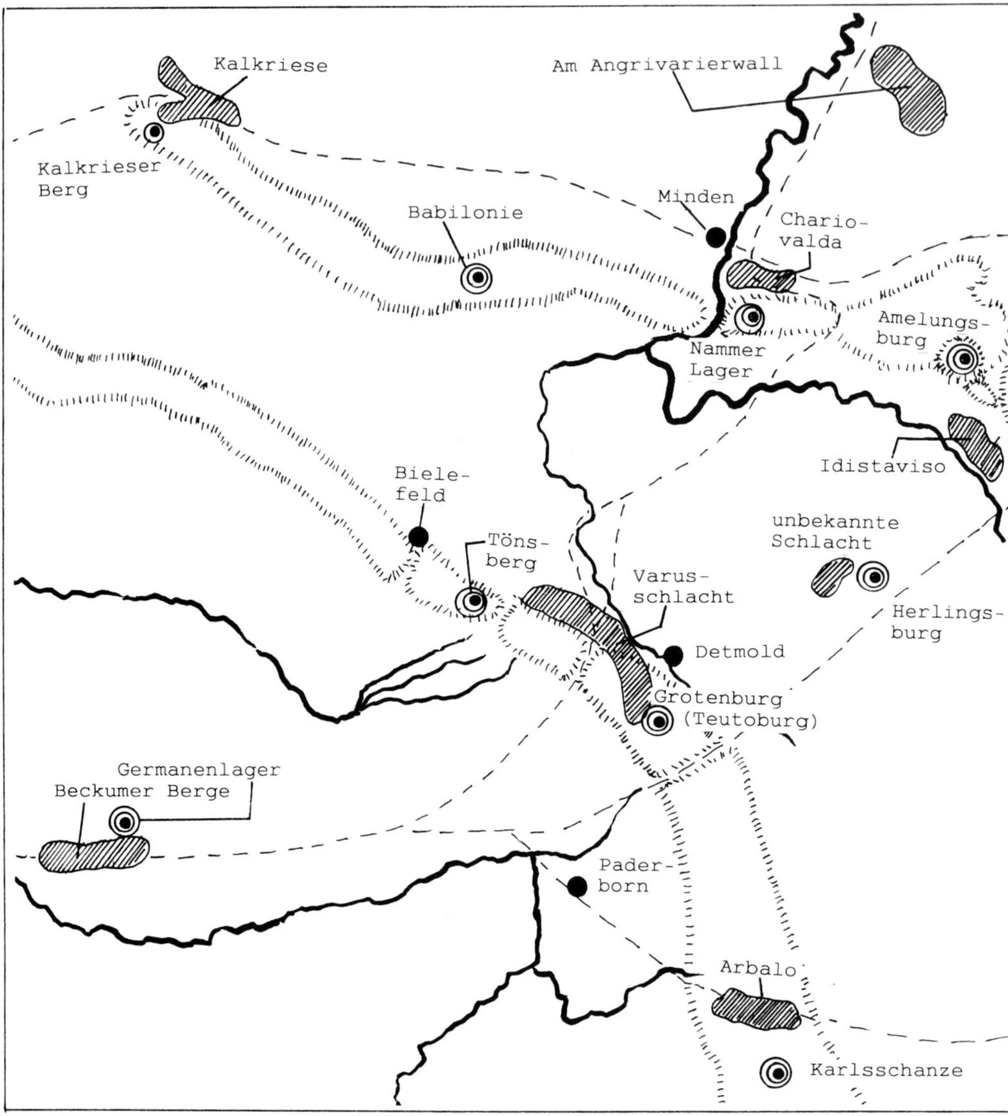

Schlachtfelder: Schraffiert Burgen: Konzentrische Kreise

versammeltes Heer vor der Schlacht auf dem Idistaviso-Campus (Tacitus/Annalen II/15):

Auch Arminius und die übrigen Fürsten der Germanen unterließen es nicht, Ihre Scharen zum Kampfe anzufeuern. „Was ihr hier vor euch habt", so versicherten sie ihnen, „das sind die feigen Überbleibsel des Varusheeres. Um nicht in den Krieg ziehen zu müssen, haben sie eine Meuterei in Szene gesetzt (14 n. Chr. am Niederrhein). Die einen (die Caecina-Legionäre aus dem Vorjahreskampf) bieten ihren wundenbedeckten Rücken, die anderen ihre von Wind und Wellen gelähmten Glieder (Sturmfolgen bei der Rückkehr 15 n. Chr.) noch einmal dem Grimm der Feinde und dem Zorn der Götter preis - ohne Hoffnung auf Erfolg.

Sind sie doch nur deshalb zu Schiff über den unwegsamen Ozean gekommen, um beim Angriff keinen Widerstand und bei der Flucht keine Verfolgung fürchten zu müssen. Sobald es aber zum Handgemenge kommt, was nützen dann ihnen, wenn sie besiegt sind, Segel und Ruder?

Denkt nur an der Römer Habsucht , an ihre Grausamkeit und ihren Übermut! Bleibt uns da noch anderes übrig, als unsere Freiheit zu behaupten oder zu fallen, noch ehe man uns zu Knechten macht?"

Und nun der wichtige Satz (Ann. II/16):

„Dann führten sie ihre Krieger, die, durch solche Reden angefeuert, nach der Schlacht verlangten, in eine Ebene, namens Idistaviso, hinab."

„Hinabführen" kann man die Krieger nur von einer Höhe, also von der Höhenburg Amelungsburg auf die darunter liegende Ebene Idistaviso bei Hessisch-Oldendorf.

Höhenburgen an den römischen Schlachtfeldern

Diese Überlegungen führten Verfasser dazu, die mutmaßlichen übrigen Schlachtfelder aus der Zeit der römischen Eroberungskriege dahingehend zu untersuchen, ob dort nicht ebenfalls aus logistischen Gründen ähnliche Höhenburgen vorhanden sind. Das Ergebnis der Überprüfung ist überraschend:

Beginnen wir mit der ersten großen Römerschlacht zwischen den Heeren des Drusus und des Segimers im Jahre 11 v. Chr. bei Arbalo.

Der Verfasser hatte bereits früher ausgeführt, daß Arbalo im Eggegebirge in der Nähe von Altenbeken gesucht werden müsse. Tatsächlich gibt es eine germanische Höhenburg, die Karlsschanze, in der Nähe des Ortes Willebadessen. Wenn Drusus sich auf dem Rückzuge von der Weser im Raum Höxter in Richtung zur oberen Lippe befand, wird er vermutlich über die einen Tagesmarsch westlich von Höxter heute vermutlich nachweisbaren Lager (vgl. Kapitel „Reste römischer Lager im Weserbergland?") unweit der Höhenburg „Karlsschanze" gezogen sein. Nördlich von diesem Rückweg lag wahrscheinlich das Tal von Arbalo, in dem die Römer kurz vor einer vernichtenden Niederlage gestanden haben. Möglicherweise hatten sich Segimers Krieger zuvor in der Höhenburg „Karlschanze" nicht weit abseits der Römerstraße gesammelt.

Abb. 87 a/b/c
Wallburgen mit ähnlichem Aufbau, nach Ludwig Hölzermann (Lokaluntersuchungen.... Münster 1878)

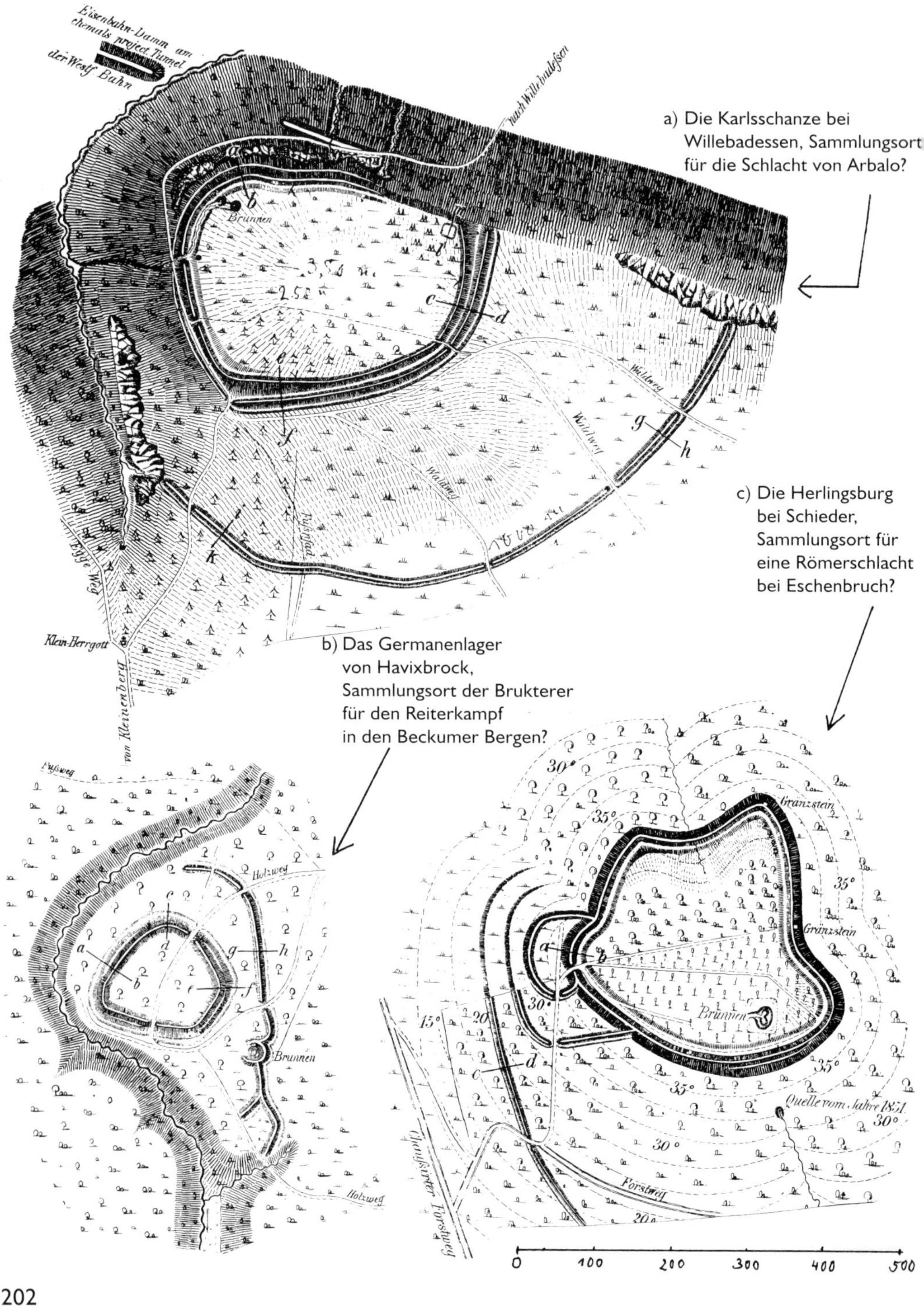

a) Die Karlsschanze bei Willebadessen, Sammlungsort für die Schlacht von Arbalo?

b) Das Germanenlager von Havixbrock, Sammlungsort der Brukterer für den Reiterkampf in den Beckumer Bergen?

c) Die Herlingsburg bei Schieder, Sammlungsort für eine Römerschlacht bei Eschenbruch?

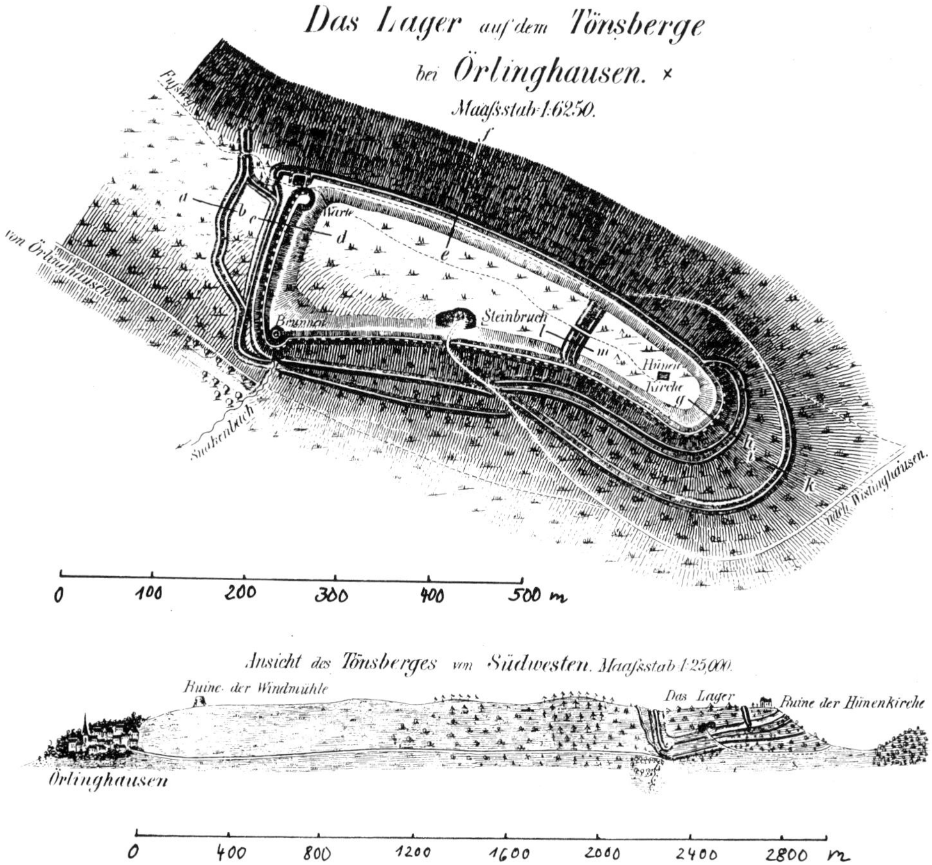

Nach heutigem Untersuchungsstand wurde diese „Burg" um 300 v. Chr. als keltische Höhensiedlung errichtet und um 100 v. Chr. verlassen. Nach C14-Datierungen wurde das Tönsberglager um Chr. Geb. und um 800 n. Chr. wieder benutzt.

Abb. 88
Das Tönsberglager nach Ludwig Hölzermann

Östlich vor dem schmalen Paßübergang Rehberg über das Eggegebirge von Altenbeken scheint dieses Tal zu liegen, von dem der Pfarrer zu Pömbsen in einer Publikation von 1924 (Gotthardt, Reelsen in Geschichte und Gegenwart, Reelsen 1924) von umfangreichen Funden römischer „Götterfiguren en miniature, Pila und römischer Schwertknäufe bei der Anlage von Grenz- und Drainagegräben" berichtet.

Für das Schlachtfeld im Teutoburger Walde gibt es gleich zwei große Höhenburgen. Am Beginn des vermutlichen Schlachtgeschehens liegt das erwähnte ehemals keltische und um Christi Geburt durch die Cherusker wieder benutzte Tönsberglager (Nachbildung in der Ausstellung

Abb. 89
Die Teutoburg/
Grotenburg

Auch diese aus der vorrömischen Eisenzeit stammende Burg wurde nach C14-Datierungen zur cheruskischen Zeit benutzt. Die Burganlage Grotenburg liegt mitten im in sich geschlossenen Teutoburger Wald, der vermutlich nach der „Teutoburg", benannt worden ist. Das sich weit nach Nordwesten und Südosten anschließende Gesamtgebirge hieß in karolingischer Zeit Osning. In der Teutoburg/ Grotenburg errichtete Ernst von Bandel das 1875 eingeweihte Hermannsdenkmal. Der Taleinschnitt rechts von der Teutoburg/Grotenburg ist das Heidental, durch das möglicherweise die letzten Reste des Varusheeres zu entkommen suchten. Der Name „Heidental" (vgl. Hölzermanns Heidenstraße = Römerstraße) mag bereits einen Hinweis auf die Römer (Nichtchristen = Heiden) enthalten. W. Teudt (Germanische Heiligtümer, Jena 1934, S. 190) schreibt: „Das Heidental, an dem die jetzt (1934) nahezu erdrückte Volkserinnerung als Schlachtfeld (Varusschlachtfeld, Verf.) haftete....." Teudt ruft zur „Durchforschung des Heidentals" hinsichtlich der Lokalisierung der Varusschlacht auf.

„Im Schatten des Arminius" im Lippischen Landesmuseum) direkt an einem wichtigen Heerweg durch die Wistinghauser Schlucht.

Dort konnten sich zum Beginn des Schlachtgeschehens die Brukterer an ihrer Stammesgrenze sammeln. Bezeichnenderweise ist, wie bereits erwähnt, der Aufgang zum Tönsberglager nach Westen, zum Bruktererland hin, gerichtet, während zur Cheruskerseite nach Norden kein entsprechender Zugang vorhanden ist.

Im Zentrum des wahrscheinlichen Schlachtgeschehens liegt die Grotenburg, vermutlich damals die Teutoburg. Sie übertrifft an Größe das Tönsberglager noch bei weitem (fast 40 ha). Diese etwa auch um 300 v. Chr. entstandene Burg, vermutlich also ebenfalls vom Ursprung her eine keltische Burg, hatte jedoch ihren Zugang vom Cheruskerland von Norden, konnte also Sammlungslager für diesen Hauptstamm im Abwehrkampf gegen die Römer sein. Eine dort gefundene Pilumspitze mag ein Stück aus dem Kampf gegen die Römer gewesen sein.

Zwischen diesen beiden Höhenburgen bzw. in deren Nähe ist nach Meinung des Verfassers das Varusschlachtfeld zu suchen, so wie es bisher beschrieben wurde. Also auch hier sind für die Sammlung der Truppen notwendige Höhenburgen vorhanden.

Am Ort der Reiterschlacht an der Weser gegen den Bataverfürsten Chariovalda aus der Germanicusarmee, die im Jahre 16 n. Chr. der Schlacht von Idistaviso vorausging, befindet sich unweit der Porta Westfalica oberhalb des Dorfes Nammen das sogenannte „Nammer Lager". Dort wären die germanischen Krieger vor dem in wenigen Kilometern Entfernung stehenden riesigen Germanicusheer am „Sandforde" geschützt gewesen.

Von dort aus konnten die Reiter ihren Angriff auf die die Weser überquerenden römischen Reiter vornehmen. Anschließend hatten sie nur einen Tagesritt bis zur Höhenfestung Amelungsburg.

Eine der größten der Wallburgen auf dem Bergplateau stammt ebenfalls aus der vorrömischen Eisenzeit (keltischer Halsbandfund) und wurde sowohl in cheruskischer als auch in sächsischer Zeit benutzt. Sie hat eine Länge von 900 m und eine Breite von 300 m. Sie kontrollierte das Rohdental, eine Nord-Süd-Durchgangsstraße durch das Wesergebirge und liegt oberhalb des vermutlichen Schlachtfeldes von Idistaviso im Jahre 16 n. Chr.

Abb. 90
Die Amelungsburg im Wesertal bei Hessisch-Oldendorf

Unter den Höhenburgen des Wiehengebirges ragt die „Babilonie" hervor. Ob sie jedoch nur vorbeugend errichtet worden ist oder ob sie mit der Schlacht an den „pontes longi" (in Kalkriese) in Verbindung steht, ist ungewiß. Wahrscheinlich haben sich die germanischen Truppen vor den dortigen Kämpfen auf dem Kalkrieser Berg gesammelt, wo ein provisorisches Höhenlager gelegen haben könnte. Es waren auf jeden Fall während der Nacht von den Römern die Freudengesänge der Germanen auf den Bergen zu hören.

Natürlich kann es in ebenem oder hügeligem Gelände keine Höhenfestungen in der Nähe von wahrscheinlichen Schlachtorten geben. Dennoch bestehen auch dort Möglichkeiten, feste Sammlungslager einzurichten. Als Beispiel dafür mag das sogenannte „Germanenlager" in den Beckumer Bergen bei Havixbrock dienen, dort, wo, wie bereits erwähnt, nach Funden u. U. der Schlachtort für den Untergang der Reiterschwadronen des Vala Numonius gesehen werden könnte. Ludwig Hölzermann hat dieses mutmaßliche Sammlungslager der Brukterer, das aber auch unter Umständen in den späteren Sachsenkriegen benutzt wurde, akribisch genau gezeichnet und die römische Herkunft ausgeschlossen, aber den germanischen Ursprung unterstellt. Dieses Germanenlager von Havixbrock zeigt ähnliche Konstruktionsmerkmale wie etwa die Karlsschanze, das Tönsberglager und die Herlingsburg. Statt einer Anhöhe nutzt man dort in ebenem Gelände die Schlucht eines Bachlaufes für die Anlage der Burg.

Schlachtfeld am „Angrivarierwall"

Auf dem vermutlichen Schlachtfeld „Am Angrivarierwall" (Leese/Nienburg an der Weser) gab es ebenfalls keine Berge für ein Höhenlager des sich dort sammelnden riesigen Volksheeres.

Dort errichtete man auf sandigem Boden möglicherweise eine große Anzahl an ovalen Kampfwällen, die gleichzeitig zur Verteidigung in dieser letzten großen Volksschlacht zwischen Germanen und Römern benutzt werden konnten. Kritische Aussagen, die vom Verfasser angeführten ovalen Ringwälle seien „äolische (durch Wind verursachte) eiszeitliche Phänomene", sind zurückzuweisen. Derartige gleichmäßig geformte ovale Reste können nach Auskunft von Geomorphologen, denen die noch in Resten vorhandenen Wälle gezeigt wurden, nur aus Menschenhand hervorgerufen worden sein. Die äolische oder auch fluviatile Entstehung derartiger vollendet ovaler Ringgebilde sei nach geomorphologischen Erkenntnissen auszuschließen.

Der Verfasser selbst hat keinen Zweifel an der Herstellung dieser Ringwälle von Leese in cheruskischer Zeit, auch deshalb, weil nämlich, wie bereits beschrieben, ein nahezu identischer Ringwall vor dem Stapelager Paß/Teutoburger Wald den Heerweg sperrt. Außerdem ist am Ostrand der Ebene der Ringwälle von Leese an der Weser heute noch die Düsselburg mit der gleichen Ringwallform wie bei einigen der vom Verfasser aufgefundenen Ringwallreste vorhanden.

Es gibt natürlich auch noch Höhenlager, für deren Nähe kein Schlachtgeschehen direkt bekannt ist. Nun hat es aber außer den ausdrücklich von den römischen Historikern genannten Schlachten noch weitere größere Auseinandersetzungen der Römer mit den Germanen gegeben.

So fand unter Vinicius um 1 n. Chr. der sogenannte „unermeßliche Krieg“ (immensum bellum) statt, in welchem sicherlich mehrere Schlachtorte anzunehmen sind. Auch der vom Verfasser bisher in die Nähe Vlothos verlegte Kampf nach der Bestattung der Varuslegionäre ist noch nicht sicher lokalisiert.

Auf jeden Fall wäre als eine für ein derartiges Schlachtgeschehen prädestinierte nachgewiesene Höhenfestung noch die Herlingsburg zu nennen, von der Hölzermann so treffend eine Lithographie angefertigt hat. Bezeichnend ist es, daß man in Eschenbruch zu Füßen dieser Burg im Volksmund zu Beginn des 19. Jahrhunderts noch von einer ehemals dort stattgefundenen großen Römerschlacht sprach. Daß auf alten Karten des 17. und 18. Jahrhunderts diese Burg als „Arminiusburg“ verzeichnet ist, beruht auf Annahmen und nicht auf echten historischen Nachweisen. Auch der Ursprung der Herlingsburg liegt in der keltischen Zeit mit nachfolgender Benutzung in frühgeschichtlicher Zeit (C-14-Datierungen Hohenschwerts in die Zeit um ca. 200 v. Chr. und um die Jahrtausendwende).

Insgesamt liegen also praktisch an allen bekannten Orten großer Römerschlachten Höhenfestungen oder befestigte Ringwallanlagen.

Römische Lagerreste im Weserbergland?

Zu Beginn dieses Kapitels über vermutliche römische Lagerreste im Weserbergland der Kreise Höxter und Paderborn sollte die Quellenlage der römischen Geschichtsschreiber als zusätzliche Grundlage für die nachfolgenden Aussagen und Hypothesen herangezogen werden.

Über die Heereszüge des Drusus in den Jahren 11-9 v. Chr. bis zu dessen Tode hat am umfassendsten Cassius Dio (Historia Romana, LIV/32;33; 36,3 und LV/1-2,3) berichtet, so wie es bereits teilweise früher in diesem Buch beschrieben worden ist:

„Gleich zu Beginn des Frühjahres zog Drusus wieder ins Feld (von castra Vetera aus, Verf.), setzte über den Rhein und bezwang die Usipeten (nördlich der unteren Lippe, Verf.). Dann schlug er über die Lippe eine Brücke, fiel ins Land der Sugambrer ein (das Bergische Land, Verf.) und kam von da ins Land der Cherusker bis zur Visurgis. Das rasche Vordringen ermöglichte ihm der Krieg zwischen den Sugambrern und Chatten.... Das war für Drusus eine günstige Gelegenheit, unbehelligt durch das Land zu kommen."

Das Drusussheer zog durch das Sugambrerland.

Damit ist also Drusus mit seinem Heer durch das Sugambrerland südlich der Ruhr, vermutlich über die Haar und den dortigen Hellweg, gezogen. Ob Drusus bereits in diesem Jahre über Büren und das Sintfeld oder erst weiter nordöstlich im Raum Paderborn vom „Großen Hellweg" zur Weser abgebogen ist, kann nicht sicher vorausgesagt werden. Beim späteren Abbiegen hätte der Zug der Drususarmee über Schwaney, Neuenheerse, Brakel und das Nethetal erfolgen können, wie es von dem Verfasser in seinem Beitrag „Lagerte die Drususarmee einst an der Nethemündung?" auf der Homepage des „Freundeskreises Römerforschung im Weserbergland" (www.roemerfreunde-weser.info) angenommen worden ist. Beim frühen Abbiegen auf der Höhe von Büren hätte Drusus über das Sintfeld, Kleinenberg, Peckelsheim, Borgholz entweder bei Beverungen oder bei Amelunxen an der Nethemündung am besten die Weser erreichen können. In beiden Fällen jedoch hätte die Nethemündung als dominierende größte freie Fläche an der Weser der wichtigste Standort des Drususheeres sein können.

Für seine Erfolge des Jahres 11 v. Chr. erhielt Drusus die „Triumphalinsignien, den Einzug zu Pferde (kleiner Triumph, Verf.) und die Prokonsulatswürde bewilligt". Der Titel „Imperator wurde ihm... vom Heer verliehen" - - Für das darauf folgende Jahr (10 v. Chr.) berichtet Cassius Dio (36,3) - offensichtlich nachdem Drusus von Rom in das Legionslager Mainz zurückgekehrt war:

„Den Germanen, insbesondere den Chatten, die mit den Sugambrern gemeinsame Sache gemacht und das von den Römern zugewiesene

Land verlassen hatten, fügte Drusus zum Teil empfindlichen Schaden zu, zum Teil bezwang er sie."

Diesem Satz ist zu entnehmen, daß die Römer offensichtlich bereits im Vorjahre (11 v. Chr.) den Chatten Land zugewiesen hatten, während folgerichtig das andere nicht zugewiesene Land für die Römer vermessen und vorbehalten blieb? Durch das unbotmäßige Verhalten der Germanen („insbesondere der Chatten") mußte also im Jahre 10 v. Chr. von Mainz und der von den Römern offensichtlich benutzten alten, später „Frankfurter Weg" genannten Heerstraße aus das Land der Chatten bis an die Weser neu unter Kontrolle gebracht werden.

Weitere Hinweise auf die folgenden Tätigkeiten dieses Jahres 10 v. Chr. werden von den römischen Geschichtsschreibern nicht gegeben. Es ist offensichtlich für die römischen Historiker wenig spektakulär verlaufen. So könnte man u. U. dieses Jahr als das Jahr des Beginns der Provinzsicherung bis zur Weser ansehen.

In diesem Jahr sind vermutlich bereits mit Hilfstruppen besetzte Standkastelle, möglicherweise aber auch schon Landzuweisungen für römische Pächter vorgenommen worden, damit könnten die ersten Voraussetzungen für die Errichtung einer Provinz im Weserbergland geschaffen worden sein.

Für das Jahr 9 v. Chr. hat Cassius Dio folgendes zu berichten:

„Drusus fiel erneut ins Land der Chatten ein (offensichtlich abermals von Mainz aus, Verf.) und drang bis zum Land der Sueben (damals Werragebiet ?) vor. Das Land bezwang er nicht ohne Mühe; den Feind, der ihm Widerstand leistete, besiegte er nicht ohne Blutvergießen. Von hier aus (Werra?) wandte sich Drusus zur Weser und drang alles verheerend bis zur Elbe vor."

Drusus benutzte die Trasse des späteren „Frankfurter Weges".

Wahrscheinlich ist also in beiden Jahren, 10 und 9 v. Chr., von Mainz aus die Einfallstaße auf der Trasse des späteren „Frankfurter Weges" nach Norden benutzt worden. Offensichtlich war das an diesem Heerweg, aber auch am Lippe- und Hellweg liegende Land schon derartig gesichert, daß Drusus bis zur Elbe vorstoßen und auch dort weitere Kastelle anlegen konnte, ohne von seiner Basis in Mainz abgeschnitten zu werden. Florus (II/30,21-28) bestätigt diese Annahmen:

„Außerdem legte er zur Sicherung der Provinz (klare Definition „Provinz" !, Verf.) überall Schanzen und feste Plätze an im Gebiet der Maas, Elbe und Weser."

Die in diesem Kapitel beschriebenen vermutlichen römischen Lagereinrichtungen könnten also bereits bis zum Jahre 9 v. Chr. erfolgt sein. Mit noch größerer Wahrscheinlichkeit kann man das bis zum Jahre 8 v. Chr. annehmen, in welchem Tiberius nach dem Tode des Drusus einen neuen Feldzug nach Germanien führte. Es ist bereits darauf hingewiesen worden, daß Velleius Paterculus für dieses Jahr von einer „nahezu steuerpflichtigen Provinz“ spricht.

Der vermutliche Drususvorstoß von Mainz aus an die Werra im Jahre 9 v. Chr. ist in jüngster Zeit durch die Entdeckung des etwa 4 ha großen ovalen Römerlagers in Hedemünden durch Klaus Grote von der Denkmalpflege des Kreises Göttingen als gesichert anzunehmen. Außerdem belegt diese Entdeckung, daß die Aussagen der römischen Historiker zuverlässig sind.

Der Verfasser möchte vorweg Alfons Koch, Fürstenberg/Weser, für die Bereitstellung seiner wichtigen Infrarot-Luftbilder danken. Ohne diese in über dreißig Jahren persönlichen Engagements erstellten Luftaufnahmen des erfahrenen Luftbild-Fotographen wäre es nicht zu den begleitenden Untersuchungen in den D-SAT-Aufnahmen, topographischen Recherchen, zu amtlich genehmigten Prospektionen mit dem

Abb. 91 a/b
Römisches Kastell an der oberen Nethe bei Brakel/ Kreis Höxter?

a) Auf diesem Infrarotfoto von Alfons Koch, Fürstenberg/Weser, sind die quadratische Lagerumrandung mit Rundecken und ein in der oberen rechten Ecke abgetrenntes kleineres Lager jeweils mit Inneneinbauten zu erkennen. Die Größe des Quadrats beträgt ca. 180 x 180 m und erreicht damit die Größe von 3,24 ha, die für eine größere, möglicherweise berittene Kohorte ausgereicht hätte. Das mögliche Standlager lag auf einem Geländesporn mit weitem Überblick über das Nethetal, das nach Amelunxen/Godelheim südlich von Höxter zur Weser führt.

Metalldetektor und damit schließlich zur Formulierung dieses Kapitels gekommen.

Zunächst soll als das erste Ergebnis dieser Recherchen das vermutliche „Kastell Brakel" an der oberen Nethe vorgestellt werden. Dieses mögliche Lager mit quadratischem Umfang von 180 x 180 m = 3,24 ha Größe, vollendeten Rundecken und enthaltener Abtrennung eines kleineren Lagers in einer Ecke des älteren größeren Lagers zeigt typische Merkmale vieler römischer Kastelle am Limes wie z. B. in Altenstadt.

Dieses Beispiel eines wahrscheinlichen römischen Lagers mit Anzeichen von Innenausbauten auf einem Geländesporn unweit der oberen Nethe bei Brakel sollte als erstes Indiz für das Vorhandensein ehemaliger römischer Standlager im Weserbergland gesehen werden. Die in ihrer Umgebung auf vielen parallelen Infrarotfotos leicht zu lokalisierende Umrandung ist auch auf den Satellitenaufnahmen (CD-ROM, Art.

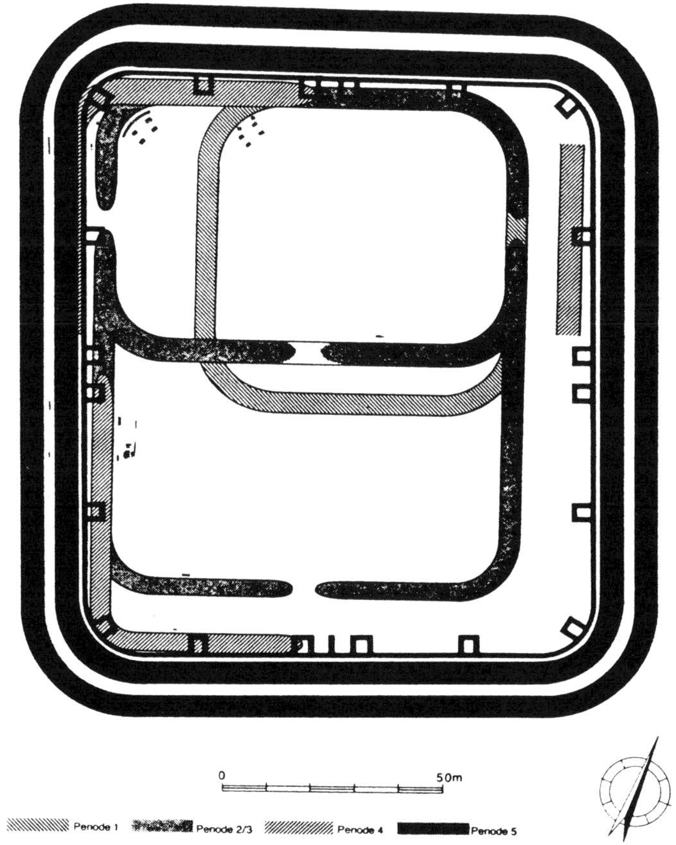

b) Hier sind die verschiedenen Bauperioden des Numeruskastelles Altenstadt im Taunus-Limes abgebildet. Auch hier sind zwei Kastellverkleinerungen jeweils unter Benutzung der Lagerecke des größeren Kastells festzustellen. Aus: Dietwulf Baatz/Fritz-Rudolf Herrmann, Die Römer in Hessen, Theiss, Stuttgart 1982, Abb. 152)

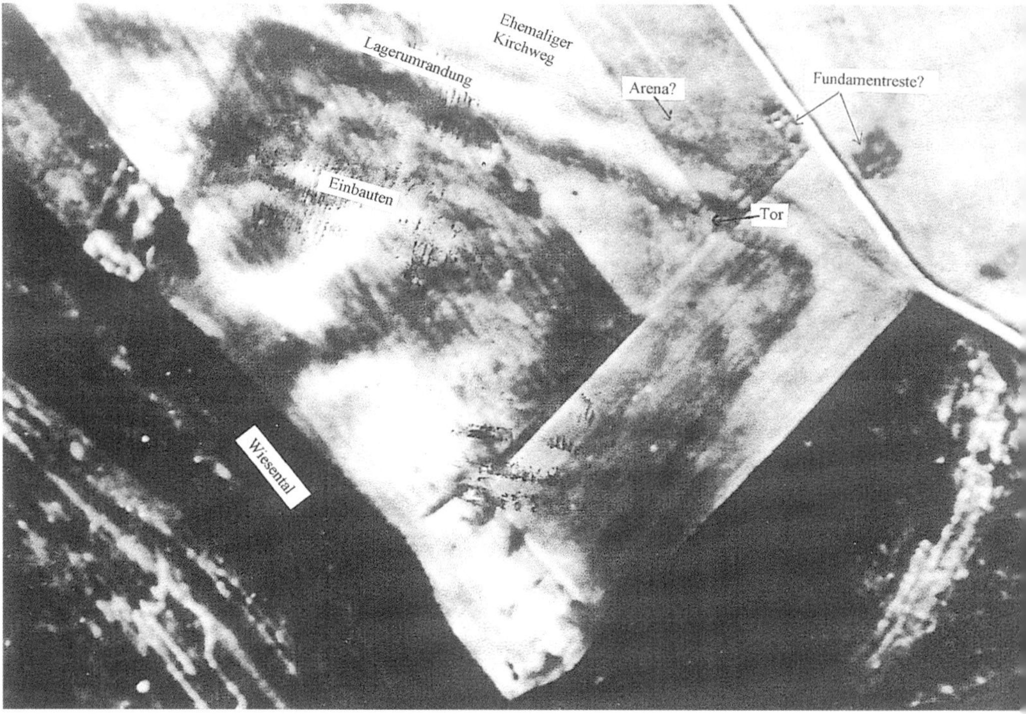

Abb. 92
Mögliches römisches Standlager Sommersell/Nieheim im Kreis Höxter

Siehe auch Farbtafel VII

Auf dieser schwarz-weiß wiedergegebenen Infrarot-Farbaufnahme von Alfons Koch, Fürstenberg/Weser, sind neben einer trapezförmigen Lagerumrandung vor einem Wiesental mögliche zugeordnete Gebäudereste (oben rechts) außerhalb der Lagerumrandung erkennbar.

Nr. 641, TOP WARE) zu erkennen, womit deren Vorhandensein bewiesen sein sollte.

Auf einem Schwarz-Weiß-Infrarot-Foto hatte Alfons Koch auf einem Ackergelände nördlich eines Wiesentals innerhalb des Lother Grabenbruchs im Gemeindegebiet von Sommersell/Nieheim bereits vor dem Foto von Brakel die trapezförmige dunkle Umrandung eines weiteren möglichen Römerlagers abbilden können. An den Nordrand des Wiesentals scheint sich dieses Lager anzuschließen, während auf der Südseite dieser Bachtalschlucht von einem möglichen weiteren Lager heute noch Teile des ehemaligen Walles und des vorgelagerten Grabens vorhanden sind. Einem sich an dieses zweite mögliche Lager von Sommersell noch einmal südlich direkt anschließenden genehmigten Tonabbaugebiet sind bereits Teile der vermutlichen Ost- und Südseiten-Umrandung zum Opfer gefallen. Rettungsgrabungen wären dringend erforderlich.

Alfons Koch, der fast alle von ihm gefundenen Strukturen auf seinen Luftbildern mehrfach fotografiert hat, hat auch das nördliche Gelände vom Wiesental in Sommersell später auf Infrarot-Farbfilm wiederholt aufgenommen. Eines dieser späteren Fotos, ein Infrarotbild, fast senkrecht von oben fotografiert, zeigt Erstaunliches. Zunächst scheinen Innenausbauten, schmale längliche Rechtecke und größere Quadrate innerhalb der Trapezumrandung zu erkennen zu sein. Oben rechts vor der durch die Höhenlinien erzwungenen spitzwinkligen Rundecke der Trapezumrandung liegt offensichtlich ein Tor mit einem vorgelagerten Wall-Graben-Stück , so wie es typisch für das Titulum-Tor in augusteischer Zeit ist. Nur ca.20 m vor dem Tor liegt ein Oval mit Doppelumrandung von etwa 40 m Länge mit direkt anschließendem Umriß eines möglichen ehemaligen Gebäudes mit rechteckiger sechsfacher Kammerung. War es eine Arena mit Räumen für die in Tierkämpfen einzusetzenden Tiere? Eine Arena hatte bereits Heribert Klabes in seinem Buch Corvey (Huxaria Verlag, Höxter 1997) in Corvey angenommen. Dieses Oval ist ebenfalls auf den dortigen D-SAT-Aufnahmen erkennbar.

Ca. 25 m von der möglichen Arena entfernt, haben die Infrarotstrahlen offensichtlich die Fundamentreste eines kompakten Gebäudes mit Breiten- bzw. Längsmaßen von 13-18m auf den Film gebannt. Könnte es, dem Grundriß von ähnlichen Badegebäuden am Limes entsprechend, möglicherweise ein Kohorten-Badegebäude sein?

Römische Wasserleitungen aus Blei

Da die Römer für die Versorgung ihrer Badegebäude am Limes häufig Wasserleitungen aus Blei nutzten, ist der Fund eines tropfenfömigen Bleirohrfragmentes in Nähe des vermuteten Badegebäudes für Sommersell ein wichtiges Indiz. Das Bleirohr hat einen scharfkantigen Grat, wie er durch Zusammenfalten einer Bleiplatte von etwa 14,5 cm Breite zu einem Rohr entsteht. Überstehende Kanten des Bleirohres scheinen „umgenietet" und anschließend verlötet worden zu sein. Genau diese Querschnitte werden für die Bleirohre der römischen Ruwertal-Wasserleitung bei Trier von H. Cüppers (Die Römer in Rheinland-Pfalz, Theiss, Stuttgart 1990, S. 586) beschrieben. Dazu sind eine Keramikscherbe aus der römischen Kaiserzeit direkt auf der Fläche des möglichen Badegebäudes und drei mutmaßliche Geschoßspitzen innerhalb der Trapezumrandung, eine davon vermutlich eine Pilumspitze, gefunden worden.

Verf. ist davon überzeugt, daß in Sommersell einst ein römisches Lager von etwa 2,8 ha Größe unmittelbar nördlich an das dortige ca. 80 m breite tiefe Wiesental mit Quellbach angelehnt war. Die steile Böschung zum Quellbach hin ermöglichte, hier die mühsame Errichtung von Wall und Graben einzusparen. Gleichzeitig konnte man durch

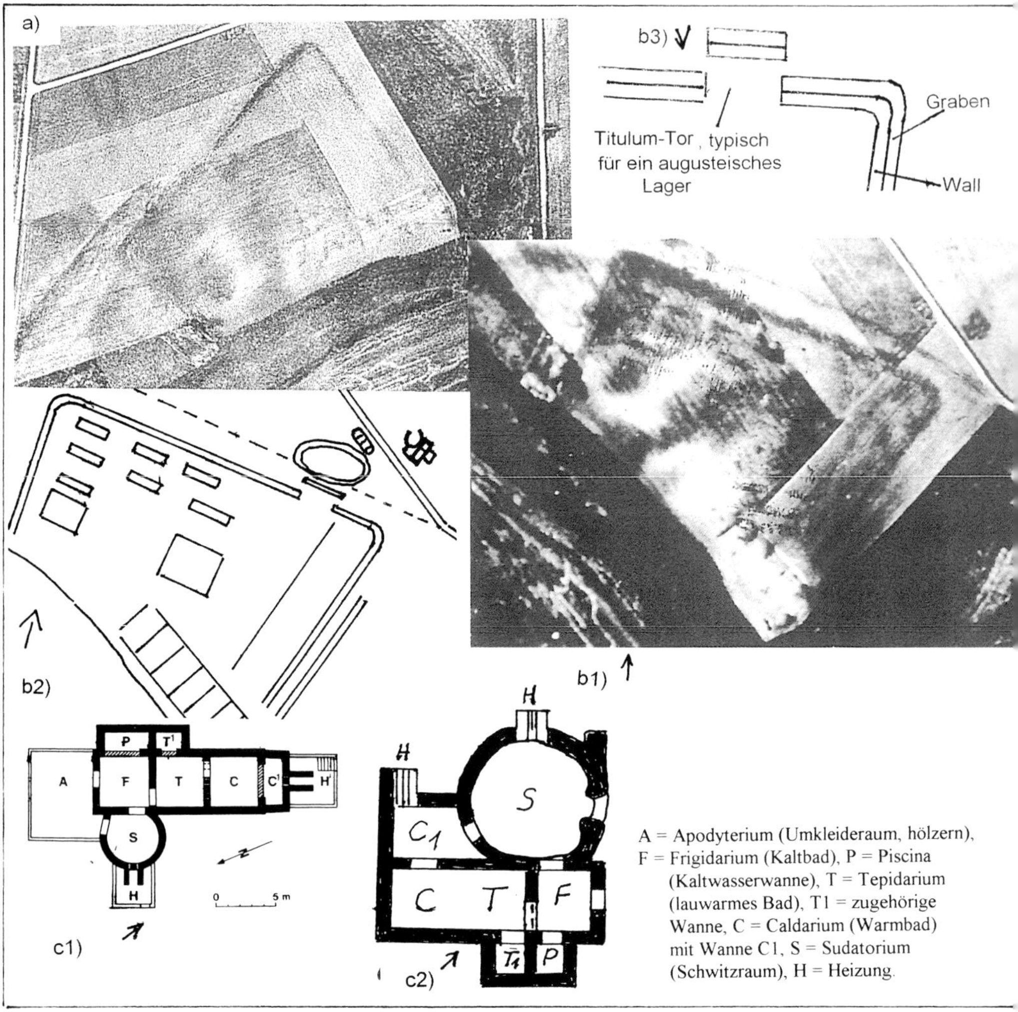

A = Apodyterium (Umkleideraum, hölzern), F = Frigidarium (Kaltbad), P = Piscina (Kaltwasserwanne), T = Tepidarium (lauwarmes Bad), T1 = zugehörige Wanne, C = Caldarium (Warmbad) mit Wanne C1, S = Sudatorium (Schwitzraum), H = Heizung.

Absperrung an den Kopfenden in dem so entstehenden Wiesencamp entweder die eigenen Reitpferde oder Schlachtrinder für die Nahrungsversorgung halten. Offensichtlich war diese topographische Lage so günstig, dass man an der Südseite der Schlucht das erwähnte ähnliche zweite Lager anbaute.

Aus Vergleichslagern am Limes kann abgeleitet werden, dass die Größe des nördlichen 2,8 ha großen Lagers für eine berittene Kohorte von fünfhundert Reitern Hilfstruppen (cohors quingenaria) gereicht hätte.

Die topographisch auffällige Lokalisierung der beiden möglichen Sommerseller Lager an einem Wiesental mit Bach erfährt durch eine

a) Schwarz-weiß-Infrarot-Foto mit trapezförmiger Dreiviertelumrandung oberhalb eines breiten Wiesentals (dunkler Streifen)

b1) Farbiges Infrarot-Foto in ähnlicher Postion: Hier sind Inneneinbauten und (oben rechts) beidseitig der Feldstraße Reste zweier ehemaliger Gebäude zu erkennen; rechts der Straße möglicherweise die Fundamentreste eines ehemaligen Kohorten-Badegebäudes; links der Straße sind es möglicherweise Räume eines ovalen Gebäudes zur Haltung von Tieren gewesen, die in der davor liegenden möglichen Arena (Oval mit Doppelumrandung) u. U. zu Kampfspielen eingesetzt wurden. Alle Merkmale sprechen für eine römisches Standlager von etwa 3 ha Größe. Fotos: Alfons Koch, Fürstenberg/Weser

b2) Skizze über die möglichen Fundamentreste auf dem Infrarot-Foto zu b1)

b3) Skizze des möglichen Titulum-Tores, des meist verbreiteten Lagertores der augusteischen Zeit, das (oben rechts) links vor der spitzwinkligen Lagerecke in b1) zu erkennen ist

c1) Grundriß des römischen Kohorten-Badegebäudes von Würzberg im Odenwald-Limes

c2) Rekonstruktionsversuch des Verfassers von den Fundamentresten des möglichen Kastell-Badegebäudes in Sommersell Fotos: Alfons Koch, Fürstenberg/Weser

Hinweis: Auf der Südseite des Wiesentals befinden sich noch heute Reste von Wall und Graben eines möglichen 2. Lagers, dessen Fläche bereits zur Hälfte durch einen genehmigten Tonabbau vernichtet worden ist. Rettungsgrabungen für das o. a. nördliche Lager sind eilig und dringend notwendig, da auch diese Fläche zum Abbaugebiet gehört.

Abb. 93 a/b/c
Strukturen des möglichen Römerlagers Sommersell/Stadt Nieheim/Kreis Höxter im Vergleich mit Limes-Strukturen

Siehe auch Farbtafel VII

ähnliche mögliche Lagersituation in Holzhausen, ebenfalls im Stadtgebiet von Nieheim/Kreis Höxter, eine Bestätigung.

Das Infrarotfoto von Alfons Koch vom Gelände dieses weiteren vermutlich römischen Lagers Holzhausen zeigt Spuren von zehn rechteckigen Gebäudestrukturen von etwa je 40 m Länge und 8 m Breite, die jeweils zu zweit aneinander gelehnt waren. Derartig sahen die Legionärskasernen in römischen Lagern wie z. B. im Legionslager Neuß aus.

Die Größe des möglichen Römerlagers Holzhausen

Östlich vor diesen möglichen Legionärskasernen von Holzhausen sind schwächere quadratische Gebäudespuren sichtbar, die möglicherweise ehemaligen Offiziersbauten zugeordnet werden könnten. Die vermutlichen 40 m langen Kasernen konnten 10 Appartements mit Vor- und Hauptraum für je 8 Legionäre (contubernien) von jeweils 5 x 8 m Größe enthalten. Damit würden in 10 möglichen sichtbaren Kasernen in Holzhausen einst ca. 800 Legionäre gelebt haben können. Da die vermutliche „Kasernenzeile" am Bildrand abgeschnitten ist, könnten es auch 12 Kasernen gewesen sein. Damit hätte man 960 Legionäre unterbringen können. Mitsamt den Offizieren hätte es sich dann möglicherweise um eine 1000 Mann starke Truppe gehandelt. Üblicherweise entsprach diese Mannschaftsstärke einer großen Reitereinheit an Hilfstrupen, der sogenannten „ala milliaria".

Abb. 94 a/b/c/d/e/f
Fundstücke aus dem vermutlichen Römerlager Sommersell

a) Drei vermutliche Geschoßspitzen Von links: Geschoßspitze mit dreieckigem Querschnitt, vermutlich von der Tülle abgebrochen (vgl. Abb. e); Geschoßspitze mit flach auslaufendem Dorn; vermutlich Pilumspitze aus gehärtetem Eisen, etwa noch 2,7 cm lang, vgl. Abb f.

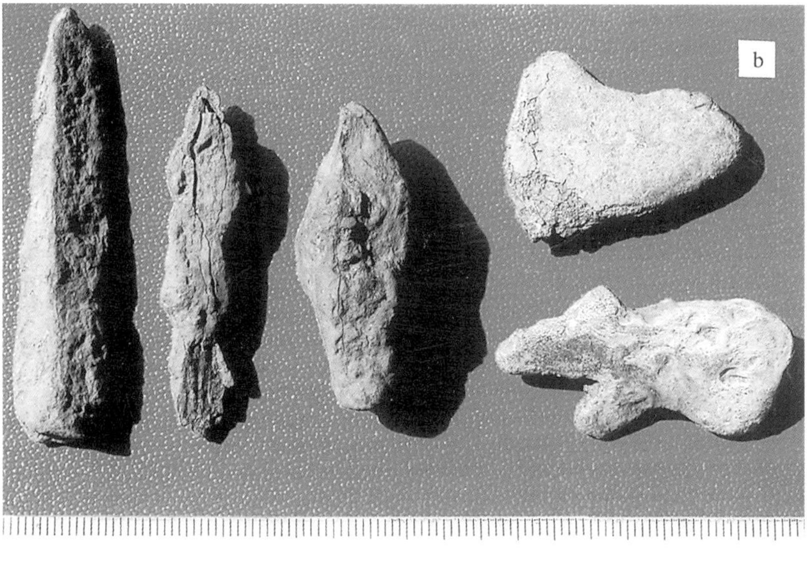

b) Zwei Gußstücke neben oben dargestellten Geschoßspitzen: Es sind vermutlich Legierungen aus Silber mit Zinn oder Blei, begründet durch Potentialmessungen. Ein ähnliches Stück stammt von Stapelage, dem Ort von augusteischen Münzfunden.

c) Mögliche Pilumspitze,
von oben gesehen, zeigt
vier Grate und leicht
abweichende Basis-
Quadratform

d) Mögliche Pilumspitze,
von unten gesehen, zeigt
runden Querschnitt der
Klinge (Schaft) mit etwa
0,6 - 0,7 mm Durchmesser

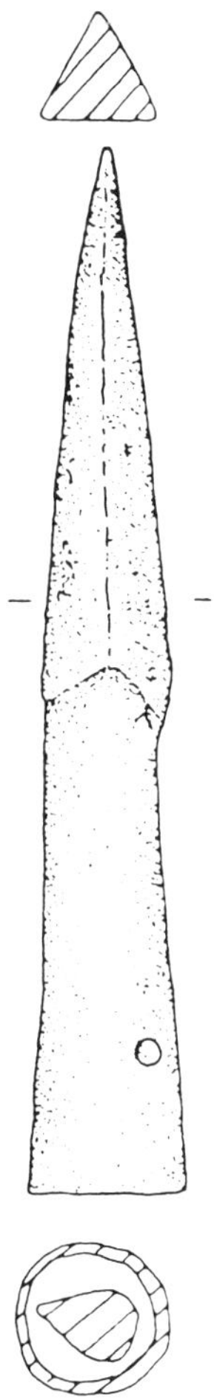

e) Bolzenspitze
mit dreieckigem
Querschnitt
nach C. Unz/E Deschler-Erb,
Katalog der Militaria
aus Vindonissa,
Brugg 1997, Tafel 24/513

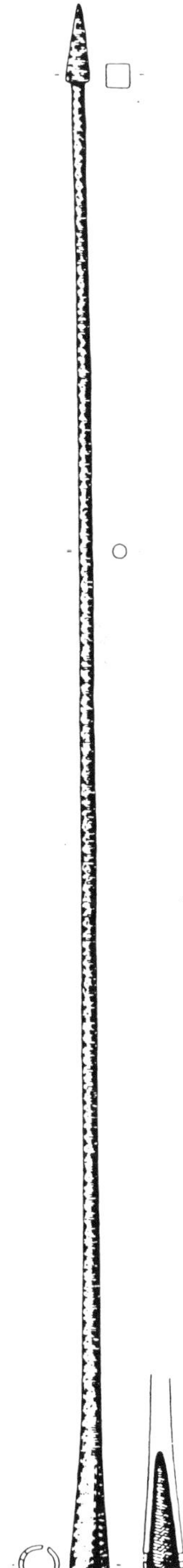

f) Pilum
nach J. Harn-
ecker, Katalog
der Eisenfunde
von Haltern,
Mainz 1997,
Tafel 73/770

Finder: Gerhard Steinborn,
Franz-Josef Blaschke

Abb. 95 a/b/c/d
Fragment eines Bleirohres aus dem möglichen römischen Lagergelände Sommersell

Das offensichtlich durch Ackerbearbeitung aus einem größeren Stück herausgerissene Fragment eines Bleirohres ist völlig zusammengedrückt. Dennoch kann man noch sehen, daß der Querschnitt einst tropfenförmig bzw. dreieckförmig war, so wie er entsteht, wenn man eine Bleiplatte um eine Stange herum hochfaltet und die überlappende Kante verlötet. Die Lötstellen an der gefalzten Kante sind sowohl wie Reste des dreieckigen Querschnitts des Rohres erkennbar.
Die Bleiplatte hatte einst die Breite von 14,5 cm. Damit sind große Ähnlichkeiten zu den Bleirohren der römischen Wasserleitungen vom Ruwertal/Trier (1. Hälfte des 1. Jahrhunderts) gegeben, wie sie von Heinz Cüppers, Die Römer in Rheinland-Pfalz (Theiss, Stuttgart 1990, S. 586) beschrieben sind.

a) Das Gesamtfragment: Oben links ist der obere Bereich des ehemaligen Dreiecks-Querschnittes zu sehen.

Da das mögliche Lager in Holzhausen sich ebenfalls direkt an ein ähnliches tiefes Wiesental mit Bach wie in Sommersell anlehnt, zeigt dies in doppelter Weise, daß diese topographische Lage große Vorteile für die Römer haben mußte, denn ringsherum sind ebenso wie in Sommersell vielfach weitere ideale Lagerplätze jedoch ohne Wiesental vorhanden, die man für den Lagerbau hätte nutzen können. Man hat aber diese Flächen ohne Bachtalschlucht nicht berücksichtigt. Auch im

b) Der völlig zusammengedrückte
hintere Gesamtquerschnitt des Rohres

c) Rest der unteren Kante
des ehemals dreieckigen Rohres

d) Falzstellen an der überlappenden Kante der ehemaligen Bleiplatte

Abb. 96 a/b
Strukturen eines möglichen römischen Standlagers in Holzhausen/Nieheim/Kreis Höxter

a) Hier schmiegen sich mögliche Fundamentreste ehemaliger (Holz)Gebäude ebenfalls an ein tiefes Wiesental wie in Sommersell an. Die länglichen Rechtecke sind möglicherweise als ehemalige römische Legionärskasernen von jeweils ca. 40 m Länge und 8 m Breite paarweise zusammengefaßt und besitzen dazwischen jeweils eine gemeinschaftliche Aufenthaltsfläche. Hier sind möglicherweise 10 ehemalige Kasernen für 10 Zenturien zählbar. Sie sind am oberen Bildrand deshalb abgeschnitten, weil der Luftbild-Fotograph die Strukturen während der Aufnahme nicht sehen konnte. Diese werden erst nach der Entwicklung der Infrarotfotos sichtbar. Somit könnten es auch 12 Kasernen gewesen sein, die für 12 Zenturien jeweils mit 80 Legionären gereicht hätten. Dann hätte man mit Offizieren zusammen von einer Gesamtmannschaft von 1000 Soldaten ausgehen können. Derartige Einheiten gab es bei den berittenen Hilfstruppen als „ala milliaria". Links neben den möglichen Kasernen lagen vermutlich größere quadratische Bauten, die Offiziersgebäude.
Vor der Straße im Vordergrund gibt es weitere Strukturen möglicher Nebengebäude („Magazingebäude" ?). Damit gibt es auch hier, möglicherweise wie in Sommersell, Bebauung auf beiden Seiten des Wiesentales, in welchem man sowohl die Reitpferde als auch Rinder für die Nahrungsversorgung halten konnte.
Foto: Alfons Koch, Fürstenberg/Weser

Lager Holzhausen konnten in dem abgesperrten Wiesental Reitpferde oder aber Schlachtrinder gehalten werden. Auch hier brauchte man die Lagerseite zum Wiesental wegen der starken Böschung nicht mit einer arbeitsaufwendigen Wall-Graben-Umrandung zu versehen. Auch in Holzhausen wurde, nach weiteren Strukturen auf dem Foto zu urteilen,

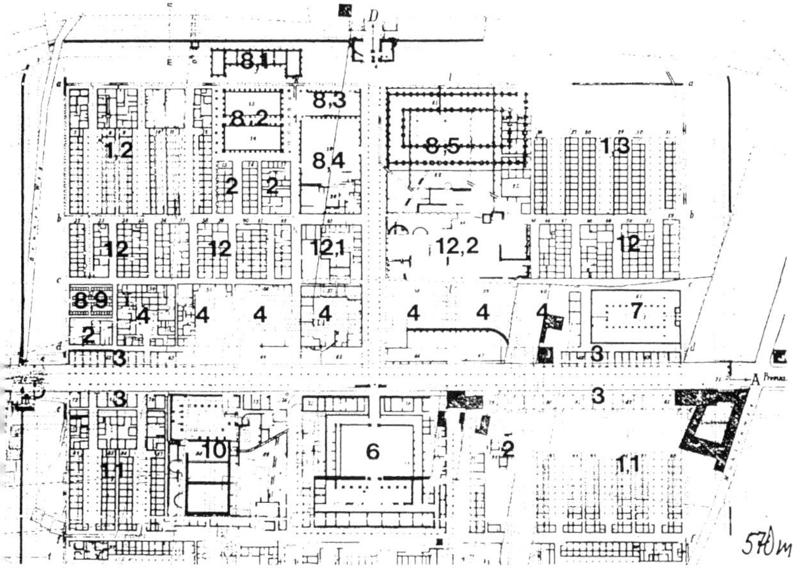

b) Legionskasernen aus dem berühmten 5. Legionslager Neuß, dem sogenannten Coenenlager. Die Strukturen entsprechen denen vom möglichen Römerlager Holzhausen.

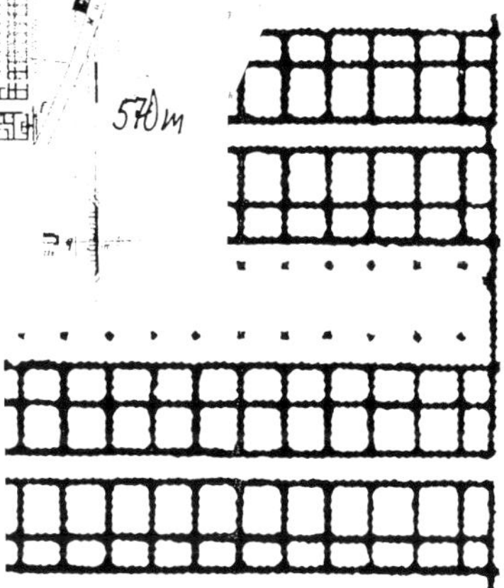

Ausschnitt, Legionärskasernen

die andere Seite des Wiesentales benutzt. Hier liegen die Reste einer rechteckigen Umrandung, möglicherweise von Magazingebäuden für Handwerker und Marktstände, vor, so wie sie an den Limes-Kastellen häufig üblich waren. U. U. zeigen angedeutete Umrisse darin enthaltener Gebäude auch ein ehemaliges Badgebäude an. An Funden zeigten sich bisher eiserne Kopfnägel von der gleichen Art wie die vom Fundplatz Winnfeld/Schnepfenflucht im Teutoburger Wald. Außerdem konnte in ersten Prospektionen ein den Beschlägen von Fundplätzen des Teutoburger Waldes und den Abbildungen im Fundkatalog von J. Oldenstein (Zur Ausrüstung römischer Auxiliareinheiten, Mainz 1976) ähnlicher Messingbeschlag geborgen werden (vgl. Kap. Funddiskussionen, „Vergleich von Beschlägen....").

Berittene Hilfstruppen-Einheiten in Lagern zwischen den Hauptlagern an der Weser und an den Etappelagern am Hellweg oder Lippeweg wären rein strategisch in neu erobertem Land sehr sinnvoll gewesen. So war Verf. nicht überrascht, als er beim gezielten „Surfen" in den D-SAT-Aufnahmen (TOP WARE, Art. Nr. 641) vom Gelände zwischen Weser und dem Hellweg Ruhrgebiet – Paderborn östlich von Peckelsheim auffällige Strukturen eines möglicherweise einst ausgebauten weiteren Römerkastelles nördlich direkt an einer Bachschlucht entdeckt. Die neu angeschaffte topographische Karte für das auffällige Gelände bringt eine Überraschung, nämlich eine eingezeichnete Rundecke als „Kulturdenkmal Wallanlage" auf der anderen, der südlichen Seite der Bachschlucht.

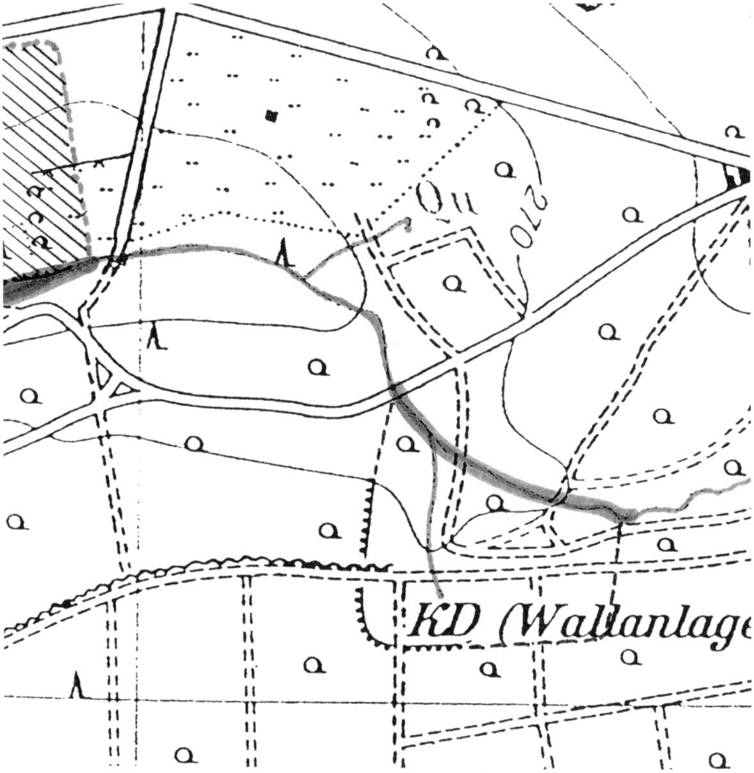

Abb. 97
Kulturdenkmal Wallanlage östlich von Peckelsheim

Dieses möglicherweise römische Lager zeigt die gleichen topographischen Besonderheiten wie die beiden zuvor vorgestellten möglichen Römerlager von Sommersell und Holzhausen. Teile dieser Wallanlage sind heute noch mit Wall, Graben und Rundecke gut erhalten und liegen trapezförmig vor einer Bachschlucht. Auf dem Kartenausschnitt ist der eingezeichnete Teil der Umrandung, der im Osten noch weiter verläuft, zeichnerisch ergänzt worden. Oben links, gegenüber auf der nördlichen Bachseite zeigt die D-SAT-Aufnahme (TOP WARE Art. 641) auf dem Monitor deutliche Strukturen eines möglichen zweiten Lagers. Damit erfüllt sich auch hier offensichtlich das Merkmal der doppelten Bebauung auf beiden Seiten des Bachtales wie in Sommersell und Nieheim. Damit gibt es, nahezu in dreifacher Weise belegt, möglicherweise Römerlager vom „Typ Weserbergland". Die breit eingezeichneten Bachabschnitte sind heute teilweise entsprechend breite Wassergräben, die sie bereits früher vermutlich ebenfalls zum Schutz der nicht durch Wall und Graben befestigten entsprechenden Lagerseiten gewesen sind.

Wall und Graben des „Kulturdenkmales Wallanlage" östlich von Peckelsheim **Abb. 98**

Wall und Graben des „KD (Kulturdenkmal) Wallanlage" sind am eingezeichneten Ort tatsächlich vorhanden. Auch die Rundecke ist unter dem Laub amerikanischer Eichen deutlich erkennbar. Eine Zuwegung in das erhöhte mögliche Lagerinnere führt über die heute noch Wasser enthaltende Bachschlucht hinweg. Diese Reste eines aufgestauten Wassergrabens zeigen die mögliche Realität eines früheren römischen Wassergrabens an dieser Stelle vor der sehr dem „Sommerseller Trapez" ähnelnden vermutlichen ehemaligen Lagerumrandung. Das „KD Wallanlage" östlich von Peckelsheim und südlich der Bachtalschlucht lässt sich, durch den Verlauf des Wassergrabens vorgegeben, tatsächlich zu einem vergleichbaren „Sommerseller Trapez" mit der ähnlichen Größe von ca. 3 ha ergänzen. Dieser südlichen Bachtallage schräg gegenüber liegen die Strukturen der erwähnten D-SAT-Aufnahme in nördlicher Bachtallage. Der dort noch vorhandene tiefe Wassergraben wird heute vermutlich als Fischteich benutzt. Diese „D-SAT-Umrandung" nördlich des Wassergrabens bildet wiederum ein Trapez, in dem nur drei Seiten mit Wall und Graben befestigt werden mußten. Die möglichen Lagereinbauten sind auf dem Monitor sehr eindrucksvoll zu erkennen. Verf. hat beim „Surfen“ in den D-SAT-Aufnahmen kein weiteres derart deutliches Beispiel gefunden.

Auch diese beiden möglichen trapezförmigen römischen Lager an einer Bachtalschlucht bei Peckelsheim lassen sich nach dem Muster der vermutlichen Lager von Sommersell und Holzhausen als drittes Beispiel für eine ähnliche typische Bauweise römischer Lager im Weserbergland, gewissermaßen als das „Modell Weserbergland“, ansehen.

Römische Standlager mit Innen- und Außenbauten im Weserbergland, die auch im Winter möglicherweise mit Auxiliareinheiten besetzt gewesen wären, müßte man als Beginn des bereits erwähnten Provinzaufbaues sehen. In Übereinstimmung mit dem oben erwähnten Hinweis aus Cassius Dio (36/3) auf die Landzuweisungen an die Chatten konnten auf der anderen Seite aus dem möglichen Landfundus der römischen Eroberer Landzuweisungen an Einzelsiedler vorgenommen werden. H. G. Horn (Die Römer in Nordrhein-Westfalen, Theiss, Stuttgart 1987, S. 147) schreibt zur Landschaft und Besiedlung in der römischen Provinz: „Auf dem Lande bestimmten im wesentlichen Einzelhöfe (villae rusticae) das Siedlungbild. Diese landwirtschaftlichen Betriebe wurden im Rheinland offenbar zumeist von ausgedienten Soldaten (veterani) und einheimischen Pächtern (coloni) bewirtschaftet.“ Wenn also im römischen Weserbergland bereits mit Provinzcharakter derartige Landzuweisungen an Pächter zur Versorgung der dauerhaft stationierten Truppen schon stattgefunden hätten, müßten folgerichtig auch Reste ehemaliger „villae rusticae“ zu finden sein.

Römische Gutsgebäude im Weserbergland?

Der Verfasser hat wochenlang in den D-SAT-Aufnahmen vom Weserbergland nach möglichen Resten derartiger ehemaliger römischer Gutsgebäude geforscht. Einige auffällige Strukturen, die in dieser Hinsicht diskutiert werden könnten, werden in entsprechenden Karten, D-SAT-Aufnahmen, meist in der Nähe möglicher Römerlager vorgestellt und mit vereinfachten Umrißzeichnungen römischer Gutsgebäude aus Hessen, Rheinland-Pfalz und Nordrhein-Westfalen verglichen. Diese Strukturen im Weserbergland sind so interessant, daß eine archäologische Untersuchung dieser möglichen Bodendenkmäler als sinnvoll angesehen werden sollte. Diese möglichen, sehr großen Gebäudestrukturen könnten als weitere Indizien für die römische Provinzbildung im Weserbergland angesehen werden.

Eines dieser möglichen Gutsgebäude liegt nördlich von Bad Wünnenberg auf dem Sintfeld, einer hochgelegenen Ackerfläche seit vorgeschichtlicher Zeit. Das Sintfeld selbst hat etwa seit 1400 bis Ende des 18. Jahrhunderts wüst gelegen, weil es im 14. Jahrhundert von marodierenden Raubrittern verwüstet worden war. Dadurch ist es auch heute

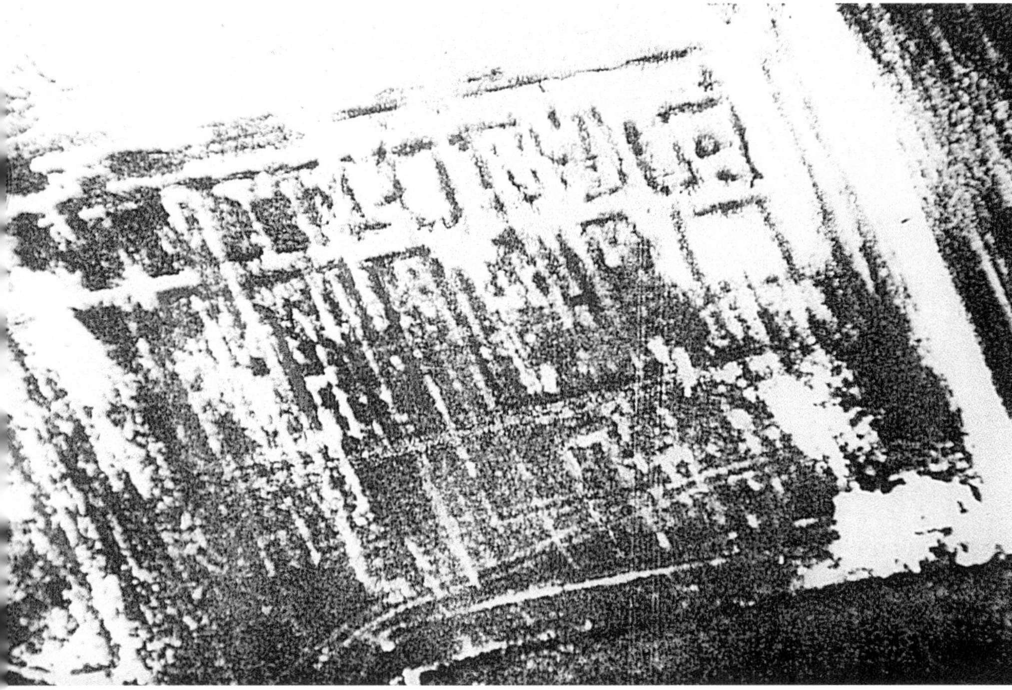

Dieses komplett bebaute Lager scheint von Doppelgräben umgeben zu sein und mindestens 10 Kasernen neben Offiziers- und Versorgungsgebäuden zu enthalten. In großer Nähe neben diesem möglichen Römerlager konnte Alfons Koch ein zweites ähnliches Lager ebenfalls in Infrarot-Technik fotografieren. Beide möglichen Lager liegen nach Bestätigung durch die Satellitenaufnahmen offensichtlich unweit einer wichtigen Furt über die Alme am West-Ost-Königsweg von den Niederlanden über Lippstadt, das Sintfeld (dort heißt dieser alte Heerweg heute Hirschweg), durch die Warburger Börde nach Hessen. Die nördliche Abzweigung über Peckelsheim führte offensichtlich zur Nethemündung südlich von Höxter zur Weser. Der Kreuzungspunkt mit dem alten Nord-Süd-Königsweg „Frankfurter Weg" liegt westlich des früheren Hauptortes des Sintfeldes, Eilern. Foto: Alfons Koch, Fürstenberg/Weser

Abb. 99
Vermutliches römisches Kohortenlager bei Büren

noch relativ gering besiedelt. Die somit weitgehend unzerstörte Landschaft, abgesehen von der größten binnenländischen Windparkanlage, hat damit mögliche vor- und frühgeschichtliche Bodendenkmäler bevorzugt erhalten können.

So auch die Trassen zweier wichtiger Königswege, einmal des bereits erwähnten Kulturdenkmals „Frankfurter Weg" und zum anderen des „Herßweges", des heutigen „Hirschweges". Der Frankfurter Weg führte von Mainz (Ort des großen römischen Legionslagers) und Frankfurt über Gießen, Korbach, das Sintfeld, Paderborn, Minden nach Bremen

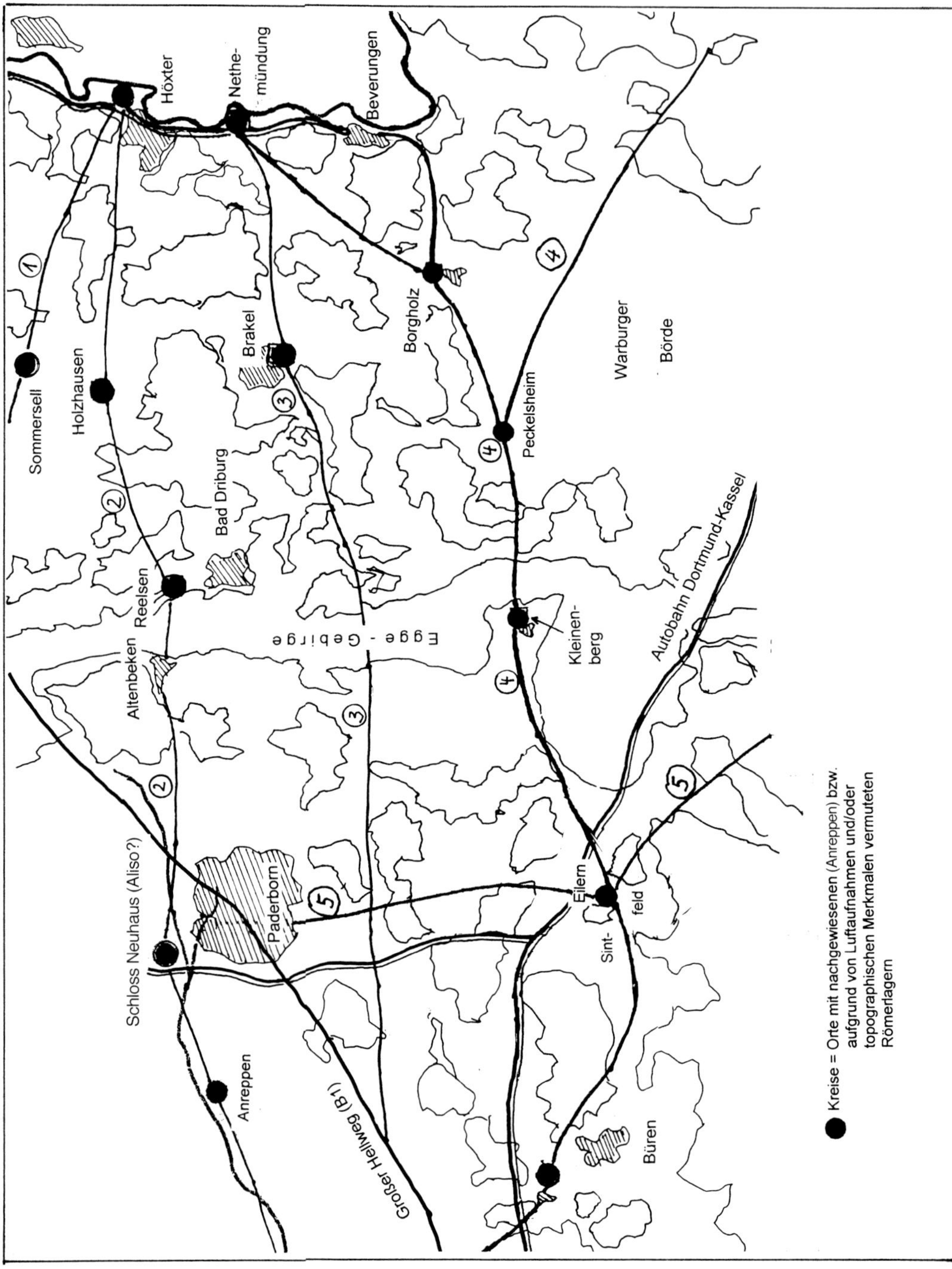
Höxter
Nethe-
mündung
Beverungen
Sommersell
Holzhausen
Bad Driburg
Brakel
Borgholz
Warburger
Börde
Peckelsheim
Reelsen
Altenbeken
Egge - Gebirge
Kleinen-
berg
Autobahn Dortmund-Kassel
Schloss Neuhaus (Aliso?)
Paderborn
Eilern
Sint-
feld
Anreppen
Großer Hellweg (B1)
Büren
1
2
3
4
5
Kreise = Orte mit nachgewiesenen (Anreppen) bzw. aufgrund von Luftaufnahmen und/oder topographischen Merkmalen vermuteten Römerlagern

Mögliche Straßentrassen:

1 = Trasse Horn/Detmold nach Höxter/Weser

2 = Trasse Neuhaus (Aliso?) über Altenbeken und Holzhausen nach Höxter/Weser

3 = Trasse vom Hellweg über die „Römerstraße“ (?) Schwaney-Neuenheerse, Brakel und das Nethetal nach Godelheim an der Nethemündung

4 = Teilstück des alten Königsweges Niederlande-Hessen, von dem hier ab Peckelsheim eine Abzweigung nach Beverungen bzw. Höxter führt

5 = der Alte Königsweg „Frankfurter Weg“ von Frankfurt über Gießen, Paderborn, Minden nach Bremen und Hamburg

◁
Abb. 100
Skizze über den möglichen strategischen Zusammenhang alter Trassen und möglicher Römerlager im Weserbergland

und Hamburg. Es ist bekannt, daß Karl der Große diese Heerstraße mehrmals gezogen ist. Da andererseits die Karolinger gerne die ehemaligen Straßen der Römer benutzt haben und auch Drusus mehrfach von Mainz an die Weser gezogen ist, ist die frühere römische Nutzung dieses alten Heerweges nicht auszuschließen. Hinzu kommt die Entdeckung des Römerlagers Dorlar bei Gießen an diesem uralten Heerweg, dessen Vorhandensein auf den Schutz dieser wichtigen Straße hinweisen könnte.

Der „Hirschweg“ war Teilstück des großen Königsweges von den Niederlanden über Lippstadt, Büren und das Sintfeld nach Hessen. Beide Königstraßen kreuzen sich westlich von Eilern, dem ehemaligen Hauptort des Sintfeldes. Genau an dieser Kreuzung am Schäferberg und am „Gollentaler Grund“ liegen Reste von Wällen und Gräben, die auf ehemalige große Marschlager hinweisen könnten. „Auf dem Klee“ scheinen (auf dem Monitor) sogar Fundamentreste von Gebäuden auf dem entsprechenden Ausschnitt der Satellitenaufnahmen (D-SAT, CD ROM Art. Nr. 641, Fa. TOP WARE) erkennbar zu sein.

Römische Gutsgebäude im Weserbergland?

Die Strukturen im Boden des Sintfeldes verbergen sicher noch manche Überraschung. Sie sind möglicherweise weitere Indizien auch für den Aufmarsch der Römer vom Westen, von castra Vetera I aus, zur Weser. Bei Büren scheinen an dieser Trasse des „Herßweges“ zwei kleinere römische Lager nebeneinander gelegen zu haben, wie zwei Infrarot-Aufnahmen von Alfons Koch, Fürstenberg/Weser, bestätigt durch D-SAT-Aufnahmen, annehmen lassen.

Alle Indizien einschließlich der Geschoßspitzen- und Bleirohrfunde in Sommersell weisen darauf hin, daß vermutlich das Weserbergland von 11 v. Chr. bis zur Varusschlacht im Jahre 9 n. Chr. von den Römern ständig besetzt gewesen ist und Verbindung durch Heerstraßen zu beiden großen Aufmarschlagern der Römer, nämlich zu castra Vetera I in Xanten und zu castra Mogontiacum (Mainz) besaß. Jedoch ist es nicht

a
b
c
d
e
Regia (Frankfurter Weg)
busch
352,2
Galgenberg
E g g e
E i l e r B e
363,8
L636
Hirschweg
310,3
Eilern
318,0
Eilernhof
KD Wüstung
Kircheilern
Friedrich
Schäferberg
315,1
Eiler Grund
Gollentaler Grund
326,0

◁
Abb. 101 a/b/c/d/e Mögliche Lagerstrukturen am Frankfurter Weg bei Eilern/Sintfeld

a) Die drei Pfeile kennzeichen die berühmte „Via Regia“, den „Frankfurter Weg“, der in diesem Abschnitt westlich von Eilern/Sintfeld als Kulturdenkmal geschützt ist. Vor den drei Pfeilen liegt heute noch ein tiefer und breiter Graben, wie es sonst nicht an frühgeschichtlichen Heerwegen üblich ist, um so mehr, als links vor dem Graben ein mächtiger, wenn auch abgeflachter Wall vorhanden ist. Der Verfasser stellt hier zur Diskussion, ob Wall und Graben nicht dem am linken Bildrand vorgelagerten Plateau des Schäferberges als Ort eines oder mehrerer ehemaliger Lager zugeordnet werden könnte.

b) Der hier am westlichen Rande des Schäferberg-Plateaus zum Gollentaler Grund hin sichtbare abgeflachte Wall-Rest am Hang des Schäferbergs (ein Pfeil) könnte die Hypothese von ehemaligen Lagern auf dem Schäferberg stützen.

c) Auf der anderen Seite des Gollentaler Grundes ist die Geländekante manuell bearbeitet. Hier könnte einst ein später verfüllter Graben gelegen haben und somit Indiz für ein zweites großes Lagergelände sein. Das im Hintergrund liegende Plateau bildet aufgrund der Höhenlinien (vgl. Satellitenaufnahme d) und Kartenausschnitt e) ein ideales Lagergelände in Rechteckform.

d) Ausschnitt aus den D-SAT-Aufnahmen (TOP WARE, Art. Nr. 641) des in den Fotos a-c gezeigten Geländes: Hier ist besonders auf dem Monitor ein langgestrecktes Oval (schraffiert) und unter Einschluß des Wall- und Grabenabschnittes am Frankfurter Weg eine polygonale Struktur ergänzbar (Strichelung). Deutlich ist der dunkle Streifen des ehemaligen Grabens an der Geländekante zum Gollentaler Grund hin (zwei Pfeile) zu erkennen. Am Kreuz zeigen die D-SAT-Aufnahmen auf dem Monitor wie mit Röntgenaugen durch den Boden den Umriß der ehemaligen Kirche von Eilern an, die auf die karolingische Zeit zurückgeht.

e) Modifizierter topograpischer Kartenausschnitt (4418 Bad Wünnenberg, Landesvermessungsamt Nordrhein-Westfalen), der die unter a-d aufgezeigten Phänomene lokalisiert. Zusätzlich zeigt die Karte alte Wall- und Grabenstrukturen.

anzunehmen, daß Varus in den Jahren 7-9 n. Chr. im Weserbergland der Kreise Höxter und Paderborn sein Sommerlager bezogen haben könnte. Durch die Eroberungen durch die Tiberiusarmee im Nordosten des Freien Germanien im Jahre 5 n. Chr. und die Errichtung eines festen Lagers im Chaucenland (Phabiranum) verschob sich wahrscheinlich das Zentrum für die römischen Eroberer, von der oberen Lippe aus gesehen, in Richtung auf das Chaucenland. Dort mußte man u. a. die Tributerhebung einführen und eine neue Infrastruktur dafür schaffen, während man das praktisch „provinzialisierte“ Weserbergland nur weiterhin sichern mußte. Somit war der nahe der Weser bei Minden gelegene Raum um Herford in Richtung zum Chaucenland strategisch vermutlich für die Varusarmee sehr gut für das Sommerlager geeignet. Die Lage von Sommersell könnte auf eine Verbindungsstraße vom Raum Herford über das Werretal und Detmold nach Höxter hinweisen, während andererseits von Herford aus eine Schnellverbindung durch den Bielefelder Paß an die mittlere Lippe möglich war.

Abb. 102
Ausschnitt eines Denkmals westlich des Ortskerns von Eilern/Sintfeld

Das Denkmal erinnert an die Wüstungsperiode auf dem Sintfeld von 1400 - 1788.

▷
Abb. 103
Vereinfachte Umrißskizzen möglicher Fundamentreste ehemaliger Gebäude im Weserbergland im Vergleich mit Umrißskizzen römischer Gutsgebäude (aufgrund von D-SAT-Strukturen)

1 = Römischer Gutshof Steinwenden, in: H. Cüppers, die Römer in Rheinland-Pfalz, Theiss, Stuttgart 1990, S. 567

2 = Römischer Gutshof Heppenheim, in: D. Baatz/H.-R. Herrmann, Die Römer in Hessen, Theiss, Stuttgart 1982, S. 347

3 = Struktur innerhalb des Nethemündungsgebietes bei Godelheim (vgl. Abb. 104 a/3)

4 = Römischer Gutshof Wachenheim, in: Die Römer in Rheinland-Pfalz, S. 564

5 = Struktur auf dem Steinberg von Wehrden/Godelheim bei Höxter (vgl. Abb. 104 a/5)

6 = Struktur südöstlich von Erwitzen/Kreis Höxter (vgl. Abb. 104 b)

7 = Römischer Gutshof Euskirchen-Kreuzweingarten, in H. G. Horn, Die Römer in Nordrhein-Westfalen, Theiss, Stuttgart 1987, S. 427

8 = Mögliche Struktur auf der Ostseite der Weser bei Allersheim/Bevern, Kreis Holzminden (vgl. Abb. 104 d/8)

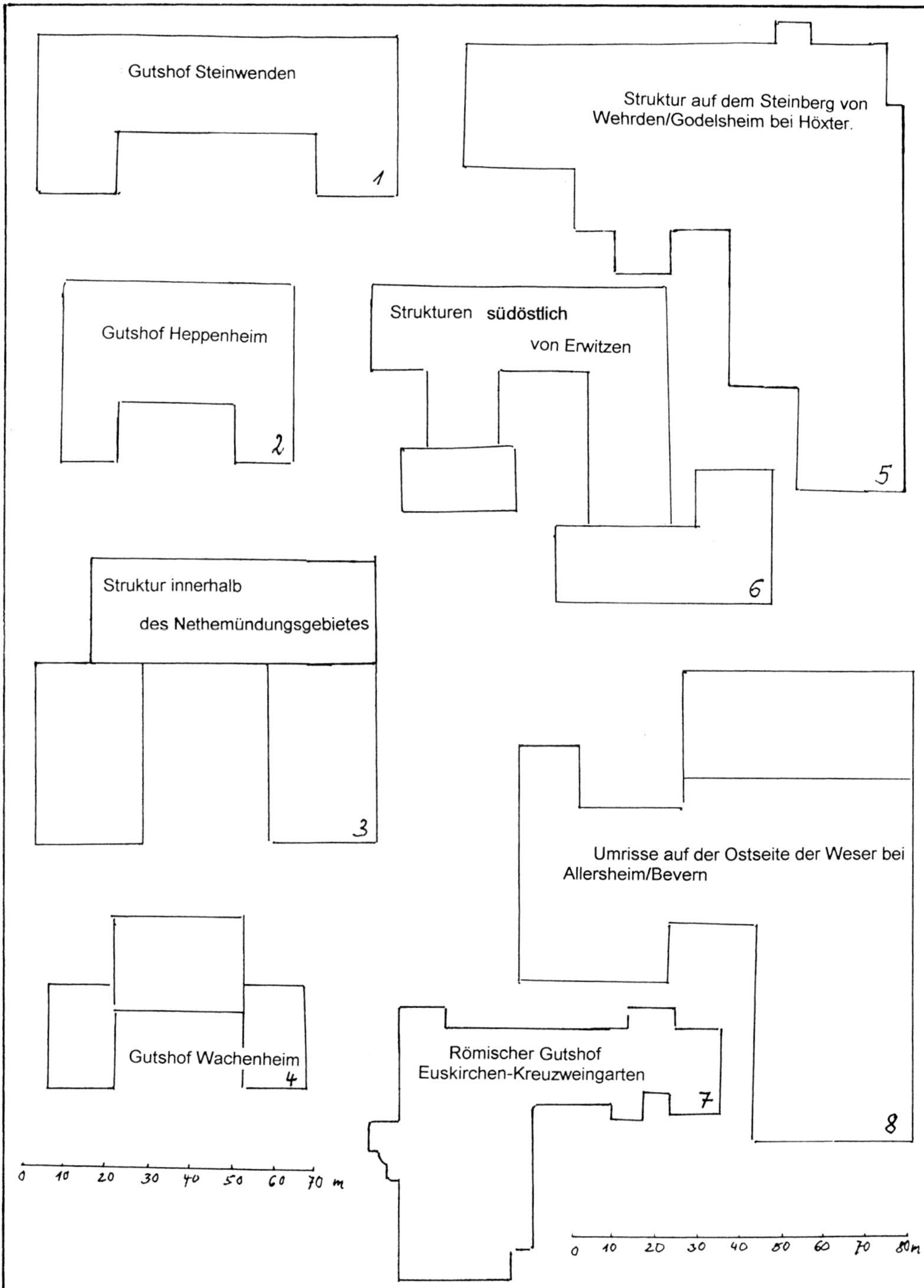
Gutshof Steinwenden
1
Struktur auf dem Steinberg von Wehrden/Godelsheim bei Höxter.
5
Gutshof Heppenheim
2
Strukturen südöstlich von Erwitzen
6
Struktur innerhalb des Nethemündungsgebietes
3
Umrisse auf der Ostseite der Weser bei Allersheim/Bevern
8
Gutshof Wachenheim
4
Römischer Gutshof Euskirchen-Kreuzweingarten
7
0 10 20 30 40 50 60 70 m
0 10 20 30 40 50 60 70 80m

Abb. 104 a/b/c/d
Orte von Strukturen möglicher Gebäudereste auf D-SAT-Aufnahmen von Geländeausschnitten im Weserbergland

a) Geländeausschnitt an der Nethemündung in die Weser mit in Abb. 103 unter 3) und 5) beschriebenen Strukturen

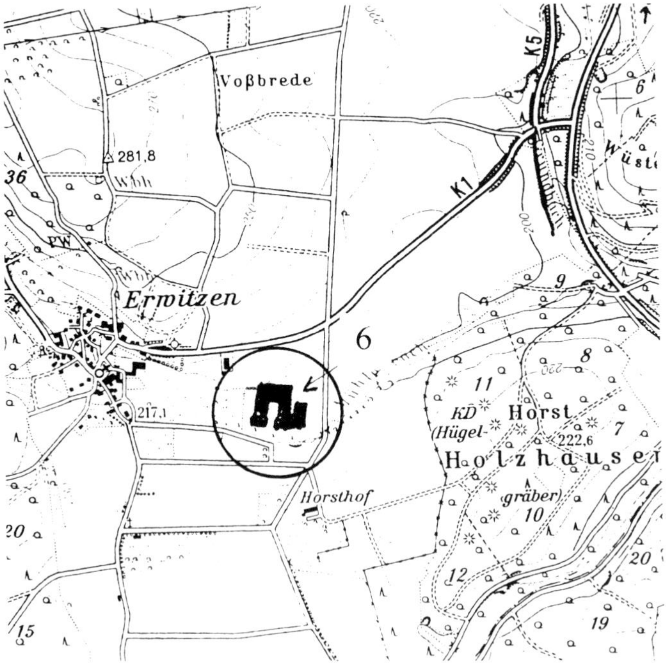

b) Erwitzen auf modifiziertem Kartenausschnitt (4220 Bad Driburg, Landesvermessungsamt Nordrhein-Westfalen) mit der Struktur Abb. 103/6

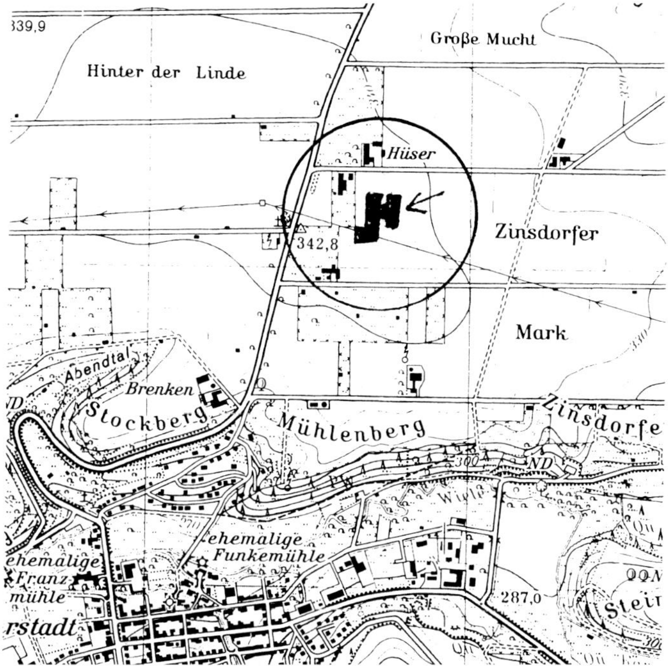

c) Struktur eines auf den D-SAT-Aufnahmen (Monitor!) sichtbaren möglichen ehemaligen Gutsgebäudes nördlich von Wünnenberg, hier auf Kartenausschnitt (4418 Bad Wünnenberg, Landesvermessungsamt Nordrhein-Westfalen) eingetragen

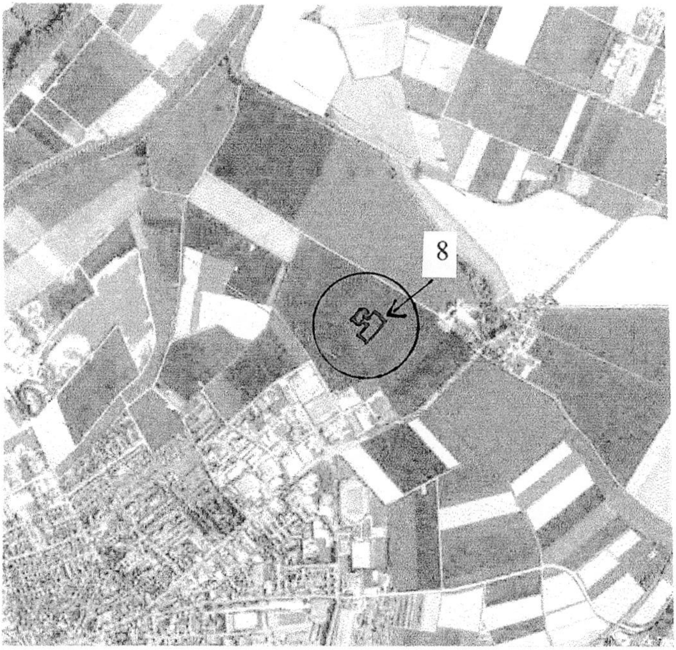

d) Struktur auf D-SAT-Aufnahme von nordöstlichem Siedlungsteil von Holzminden mit Domäne Allersheim (vgl. Abb. 103/8)

Vergleich der Legionszeichen auf den römischen Legionsdenaren verschiedener Fundplätze

Im Verlauf der langjährigen erfolgreichen archäologischen Untersuchungen und Grabungen in Kalkriese sind viele Beiträge auch über die gefundenen römischen Münzen veröffentlicht worden.

Zunächst spielten die Bronzemünzen mit dem Gegenstempel des Varus eine große Rolle bei den bereits früh geäußerten Vermutungen, in Kalkriese habe die Varusschlacht stattgefunden.

Derartige Gegenstempel wurden üblicherweise vom jeweiligen Feldherrn bei der Ausgabe von Münzen aus besonderen Anlässen an die eigenen Legionäre in die Münzen eingeschlagen.

In Kalkriese wurden bis 1999 insgesamt 26 Münzen mit dem Varus-Gegenstempel entdeckt und geborgen. Die Aussagekraft derartiger Mengenangaben gegengestempelter Münzen relativiert sich aber angesichts weiterer entsprechender Fundmengen. Es sind z. B. in den römischen Lagern Neuß, Asberg und Nijmegen 71, 37 und 67 mit VAR markierte Münzen gefunden worden.

Leider sind die entsprechenden Zahlen für die Römerlager Haltern und castra Vetera/Xanten unvollständig und sollen deshalb hier keine Verwendung finden.

In weiteren Betrachtungen hat besonders Frank Berger (z. B. in Kalkriese I, Die Römischen Fundmünzen, Philipp von Zabern, Mainz 1996, S. 21) im Zusammenhang mit vier Denarhorten aus Kalkriese und dem Lager Haltern „festgestellt, dass alle vier Bestände eine gleiche innere Zusammensetzung....haben".

In einer späteren Publikation (Wolfgang Schlüter/Rainer Wiegels, Rom, Germanien und die Ausgrabungen in Kalkriese, Universitätsverlag Rasch, Osnabrück 1999, S. 274/275) formuliert Berger:

„Der strukturelle Vergleich beider Fundplätze (Haltern und Kalkriese, der Verf.) erbrachte das Resultat, dass die Silberhorte und Silbereinzelfunde von Kalkriese und Haltern eine völlig identische Zusammensetzung haben und zur gleichen Zeit enden. Daraus folgt, dass die Ereignisse um Kalkriese und die Aufgabe Halterns etwa zur gleichen Zeit geschahen. Mit der Formulierung „etwa zur gleichen Zeit" wird an

▷
Abb. 105 Römische Legionsdenare (Heeresmünzen) mit Legionszeichen wichtiger Legionen
Prägedatum: 32/31 v. Chr.
Abbildungen stammen aus den Katalogen des Auktionshauses Rudolf Künker, Osnabrück.

Legionsdenare mit den Zeichen der VARUSLEGIONEN: Legionen XVII, XVIII, XIX (wurden im Teutoburger Wald vernichtet)

Leg. XVII
stand vermutlich
im Winterlager
in Neuß,
Abb. 3257,
Katalog-Nr. 62,
Sept. 2001

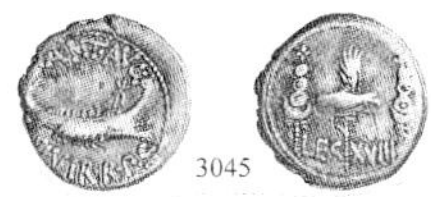

Leg. XVIII
stand vermutlich
im Winterlager
castra Vetera,
Abb. 3045,
Katalog-Nr. 55,
März 2000

Leg. XIX
stand vermutlich
im Winterlager
Haltern,
Abb. 622,
Katalog-Nr. 67,
Okt. 2001

Legionszeichen der beiden oberrheinischen, dem Varus mit seinem Unterbefehlshaber Asprenas unterstehenden Legionen V und XXI und der Legion III, die Varus in Syrien befehligte, bevor er zum Einsatz in Germanien kam:

Leg. V, Alauda,
stand vermutlich
im Winterlager
in Mainz,
Abb. 3041,
Katalog-Nr. 55,
März 2000

Leg. XXI, Rapax,
stand vermutlich
im Winterlager
Raum Mainz,
Abb. 3047,
Katalog-Nr. 55,
März 2000

Leg. III, Gallica,
stand zur Zeit des Varus
v. Chr. bis Ende des
2. Jahrh. n. Chr. in Syrien,
Abb. 616,
Katalog-Nr. 67,
Okt. 2001

Zeichen der beiden nach der Varusschlacht an den Rhein abgeordneten Legionen II (aus Spanien), XX (aus Pannonien):

Leg. II, Augusta,
stand zur Zeit des Augustus in
Spanien, tauchte nach der
Varusschlacht am Rhein auf,
Abb. 30,
Lagerkatalog 159,
Juli 2001

Leg. XX, Valeria Victrix,
stand zur Zeit der Varusschlacht noch in
Pannonien und wurde unmittelbar danach
an den Rhein abkommandiert (Standlager
Köln),
Abb. 247, Katalog-Nr. 62,
März 2001

Die Vorderseiten der Legionsdenare (Heeresmünzen) zeigen eine Galeere mit der Umschrift: ANT (Antonius) AVC bzw. AVG (Augur) und III VIR R P C (TRES VIRT REI PUBLICAE CONSTITVENDAE). Die Umschrift nennt also Antonius, der die Augurenwürde trägt, zum Triumvirat (Antonius, Octavian, Lepidus) des Staates gehört und für die Münzprägung eingesetzt ist.
Die Rückseite zeigt jeweils zwischen zwei Feldzeichen den Legionsadler und die Legionszeichen.

Abb. 106 a/b/c
Zusammensetzung der Denare in Hortfunden von Kalkriese und Haltern

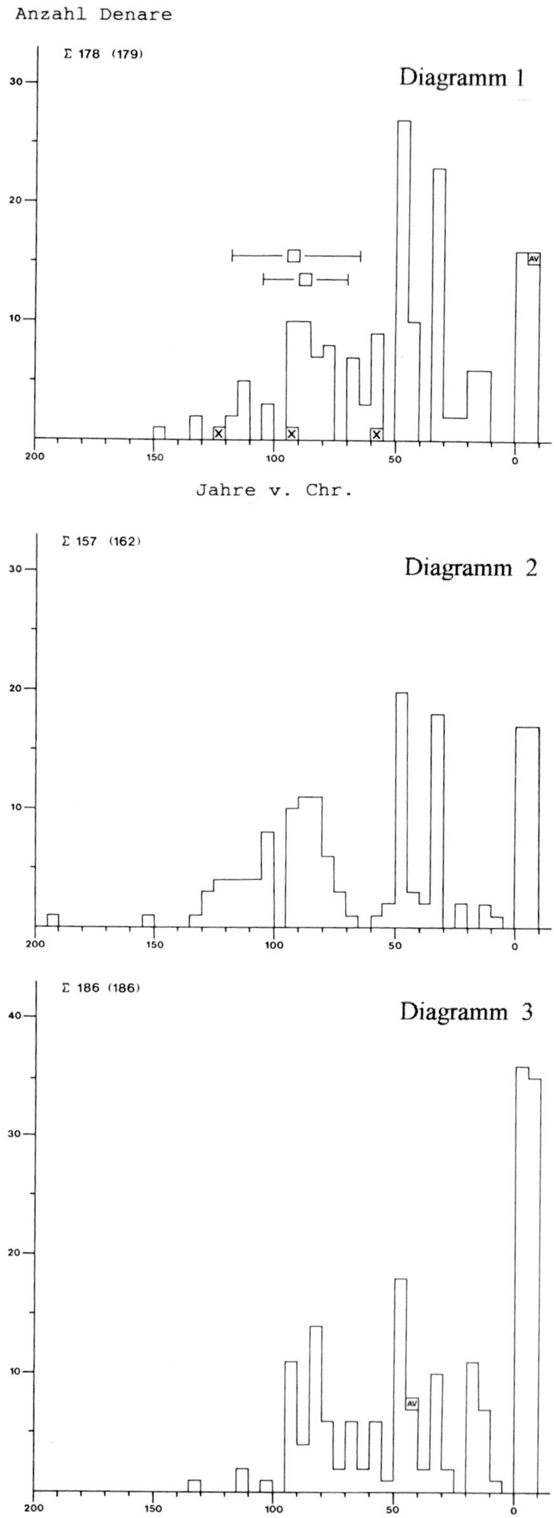

a) Diagramm 1 des Hortfundes der Sammlung von Bar mit insgesamt 178 Denaren, Fundort: Kalkriese

b) Diagramm 2 des Hortfundes vom Lutterkrug mit insgesamt 157 Denaren, Fundort: Kalkriese

c) Diagramm 3 des großen Schatzfundes aus dem Römerlager Haltern mit insgesamt 186 Denaren

Die drei Diagramme 1-3 sind leicht modifiziert und wurden entnommen aus: Frank Berger, Kalkriese I, Die römischen Fundmünzen, Philipp von Zabern, Mainz 1996.

einen Zeitraum von etwa einem Jahr gedacht. Als Datum der Aufgabe Halterns gilt gemeinhin das Jahr 9 n. Chr. Dieses Datum wurde in jüngerer Zeit nie angezweifelt."

Etwas später führt Berger aus:
„Somit kommen wir zu dem Ergebnis, dass die größte Wahrscheinlichkeit dafür spricht, dass wir es bei den Fundmünzen von Kalkriese mit einem Bestand zu tun haben, der im Jahre 9 n. Chr. in bzw. auf den Boden kam. Art, Menge und Verbreitung der Münzen lassen nur den Schluß zu, dass es sich um das letzte Kampffeld der varianischen Legionen handelt, und zwar um den Ort ihre Untergangs am dritten Tag."

Aus den Zitaten Bergers geht hervor, daß er Kalkriese aufgrund der „identischen Zusammensetzung... der Silberhorte und Silbereinzelfunde von Kalkriese und Haltern" für den Ort der Varusschlacht hält.

Will man diese Festlegung Bergers widerlegen, so muß man zunächst die fehlende „Identität" der Silbermünzen von Haltern und Kalkriese beweisen.

Die ersten Zweifel an dieser Identität der Silbermünzspektren beider Fundorte entstehen bereits, wenn man Bergers eigene Strukturdiagramme über die Hortfunde „von Bar" und „Lutterkrug" aus Kalkriese und des großen Schatzfundes aus Haltern miteinander vergleicht (Diagramme 1-3 in Abb. 107 a/b/c). Selbst bei bestem Wohlwollen läßt sich mathematisch/statistisch keine Identität der Diagramme erkennen. Im Halterner Fund überwiegen die zeitlich zuletzt geprägten sogenannten Gaius-Lucius-Denare. Sie sind annähernd doppelt so stark wie in Kalkriese vertreten. Aber auch die übrigen Münzhäufigkeiten zwischen Kalkriese und Haltern zeigen große Unterschiede. Dagegen stimmen die beiden Kalkrieser Denarinventare vorzüglich überein.

In den Denarinventaren kommen die 32/31 v. Chr. von Marcus Antonius geprägten sogenannten Legionsdenare relativ häufig vor. Sie enthalten jeweils das Zeichen einer der damals vorhandenen Legionen I-XXIII und sind deshalb unterscheidbar. Es soll nun mit Hilfe ihrer Legionszeichen in der folgenden Analyse erarbeitet werden, ob es Unterschiede in der Zusammensetzung der Legionsdenare auf verschiedenen Fundplätzen, aber auch in verschiedenen Fundregionen gibt. Möglicherweise können derartige Vergleiche helfen, Erkenntnisse über die vorhandene oder die fehlende Identität der Halterner und Kalkrieser Denarbestände zu gewinnen.

In umfangreichen Recherchen in den entsprechenden Katalogen für „Fundmünzen des Römischen Reiches" in Deutschland, Schweiz (Vindonissa) sowie in den genannten Werken Bergers wurden nur die Legionsdenare mit eingeprägten und klar erkennbaren Legionszeichen erfaßt. Es entstanden dabei folgende Diagramme (4-8) von fünf verschiedenen Fundplätzen (Abb. 108 a/b):

4) Kalkriese, Sammlung „von Bar“ und Fundmünzen von 1987-1999, 75 Stück
5) Hortfunde von Onna und Feins/Niederlande, 37 Stück
6) Römerlager Kops Plateau und Hunerberg/Nijmegen, Niederlande, 42 Stück
7) Römerlager Haltern bis 1971, 15 Stück
8) Römerlager Vindonissa/Schweiz, 15 Stück

Vergleiche aller fünf Diagramme:

Es zeigen sich große Unterschiede neben Parallelen bei der Häufigkeit der einzelnen Legionszeichen auf den Legionsdenaren der fünf Fundplätze.

Ähnliche Diagramme ergeben sich von den Fundplätzen Kalkriese, Onna/Feins und, geringfügiger abweichend, von Nijmegen.

Völlig unterschiedliche Struktur zeigt dagegen das Diagramm von Haltern, so daß schon auf den ersten Blick die von Berger postulierte Ähnlichkeit der Denarinventare von Kalkriese und Haltern widerlegt wird.

Gegenüber diesen ersten vier Diagrammen sieht das Diagramm aus dem Lager Vindonissa wiederum ganz anders aus. Auf ihm gibt es vier Spitzen in der prozentualen Häufigkeit bei den Legionszeichen III, V, IX, XX, die in dieser Zusammensetzung in keinem anderen Diagramm auftaucht.

Legionsdenare von Haltern und Vindonissa

Die Zusammensetzung der Legionszeichen auf den Legionsdenaren von Haltern bilden mit Ausnahme des Legionszeichens III eine Art „Kontrastprogramm“ zu der Häufigkeitsverteilung in Vindonissa.

Als Grunderkenntnis folgt aus dem Vergleich aller Diagramme, daß es in den verschiedenen Fundregionen z. B. Norddeutschland, Niederlande und Schweiz unterschiedlich zusammengesetzte Denarumläufe gegeben hat.

Diese Feststellung eines regionsspezifischen römischen Denarumlaufs hatte bereits Richard Duncan-Jones (Mobility and Immobility of Coins in the Roman Empire, AIIN 36, 1989, 121-139) gemacht. Er wird hier erneut bestätigt.

Differenziertere Vergleiche der Legionsdenare in den Diagrammen von Kalkriese, Onna/Feins und Haltern:

Auffällig ist die Parallelität in den beiden Häufigkeitsspitzen der Legionszeichen II und VI bei Kalkriese (4) und Onna/Feins (5), während diese Zeichen bei Haltern (7) fehlen. Dafür besitzt Haltern zwei

Spitzen bei den Legionszeichen III und XII neben einer insgesamt großen Häufigkeit der Zeichen der untergegangenen Varuslegionen XVII, XVIII, XIX.

Das Zeichen der XX. Legion ist nur in Kalkriese stark vertreten, fehlt jedoch völlig in Haltern. Dagegen tritt das Legionszeichen XVI verstärkt in Onna/Feins auf.

Diese Auffälligkeiten induzieren eine Häufigkeit bestimmter Legionszeichen - aus welchem Grunde auch immer - im Besitz der Legionäre bestimmter Legionen.

Für Haltern gilt unbestritten mindestens die zeitweilige Anwesenheit von Teilen der Varuslegionen in den Jahren 7-9 n. Chr. Es ist auch literaturbekannt (Yann Le Bohec, Die römische Armee, Franz Steiner Verlag, Stuttgart 1993), daß in Syrien unter der Statthalterschaft von Quinctilius Varus die III. Legion, Gallica, lag, während im benachbarten Ägypten die Legion XII, Fulminata, stationiert war.

Man weiß auch, daß „Varus als armer Mann nach Syrien kam, es aber als reicher Mann verließ“. Ausgerechnet die Legionszeichen dieser fünf Legionen

XVII, XVIII, XIX	(sie gingen im Teutoburger Wald unter) und
III, XII	(sie lagen als einzige Legionen zur Zeit seiner Statthalterschaft im Einflußbereich des Varus)

treten in Haltern zu 60% unter den 15 feststellbaren Legionszeichen insgesamt auf. Trotz der relativ geringen Gesamtanzahl an definierbaren Legionsdenaren in Haltern ist diese extrem hohe Häufigkeit der Zeichen der „fünf Varuslegionen“ überzeugend.

a) Prozentuale Verteilung der Legionszeichen auf römischen Legionsdenaren der Fundplätze Kalkriese, Onna/Feins und Nijmegen:

Schon der erste optische Eindruck der drei Graphen zeigt eine große Ähnlichkeit in der Verteilung der Legionszeichen auf den Legionsdenaren von Kalkriese und Onna/Feins und eine etwas schwächere Verwandtschaft zwischen den Denaren von Kalkriese und Nijmegen.

b) Vergleich der Verteilung der Legionszeichen auf den Legionsdenaren von Kalkriese mit denen von Haltern und Vindonissa:

Hier zeigt bereits der erste optische Eindruck die große Unterschiedlichkeit zwischen den drei Graphen. Alles spricht dafür, die Herkunft dieser Denare unterschiedlichen Legionen zuzuordnen.

▷▷
Abb. 107 a/b
Vergleich von Legionsdenaren von den Fundplätzen Onna/Feins, Kops Plateau und Hunerberg, Haltern und Vindonissa jeweils mit den Funden von Kalkriese

Abb. 107 a

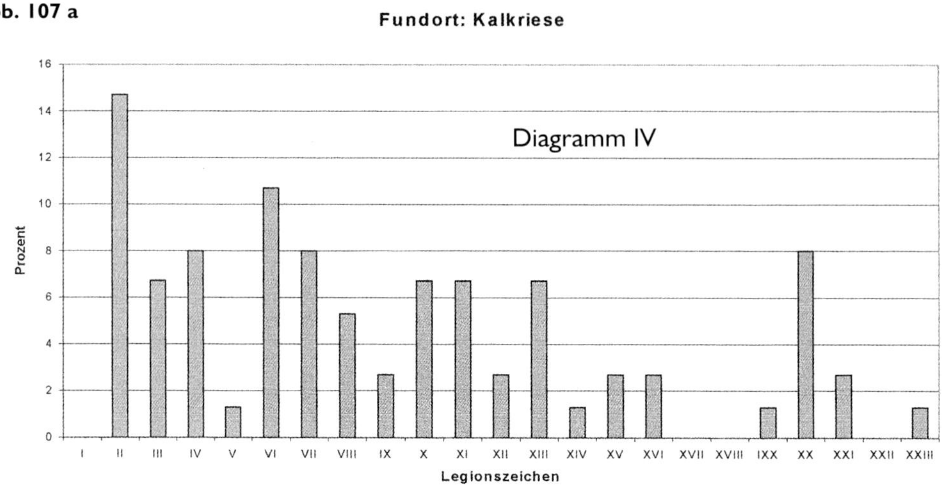
Fundort: Kalkriese
Diagramm IV
Prozent
0 2 4 6 8 10 12 14 16
I II III IV V VI VII VIII IX X XI XII XIII XIV XV XVI XVII XVIII IXX XX XXI XXII XXIII
Legionszeichen

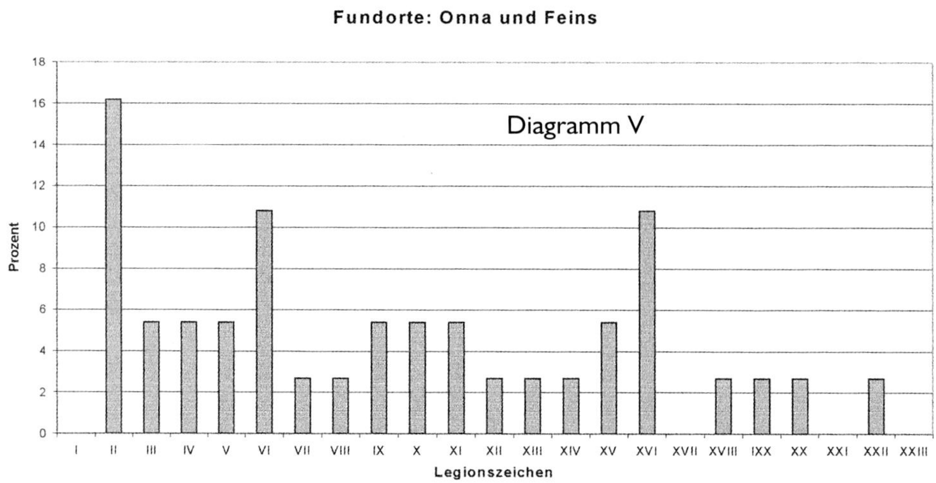
Fundorte: Onna und Feins
Diagramm V
Prozent
0 2 4 6 8 10 12 14 16 18
I II III IV V VI VII VIII IX X XI XII XIII XIV XV XVI XVII XVIII IXX XX XXI XXII XXIII
Legionszeichen

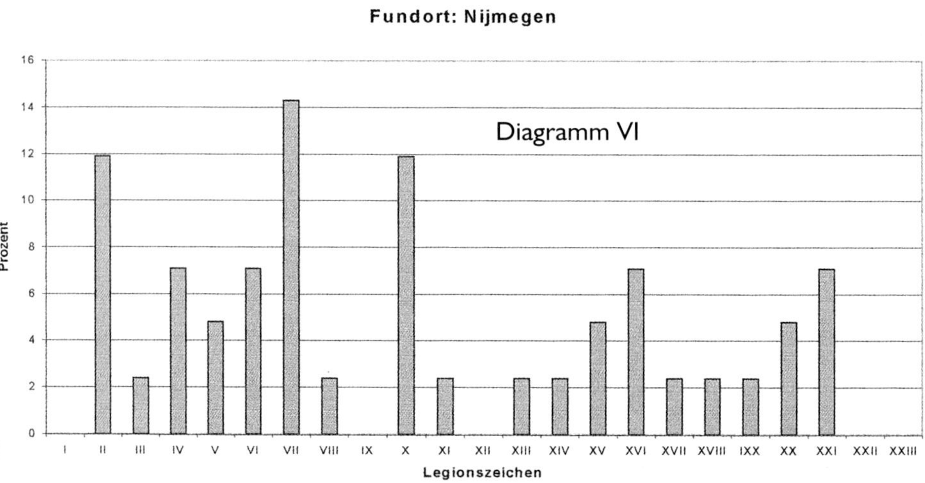
Fundort: Nijmegen
Diagramm VI
Prozent
0 2 4 6 8 10 12 14 16
I II III IV V VI VII VIII IX X XI XII XIII XIV XV XVI XVII XVIII IXX XX XXI XXII XXIII
Legionszeichen

Abb. 107 b

Fundort: Kalkriese

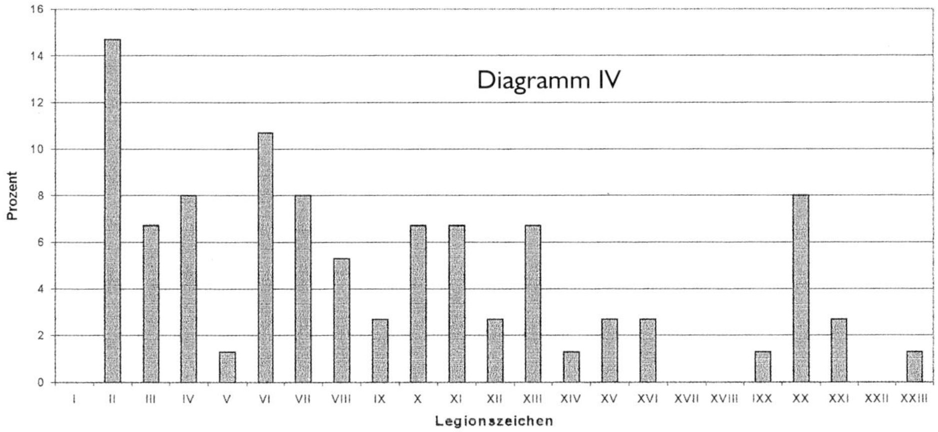

Fundort: Haltern (1971)

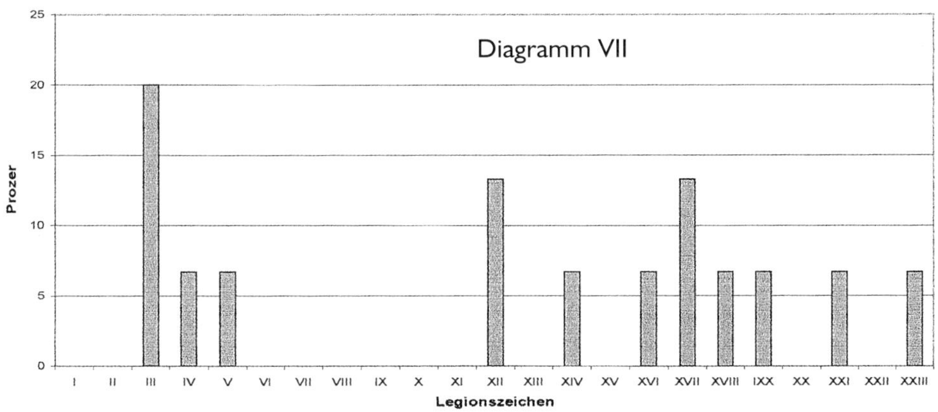

Fundort: Vindonissa

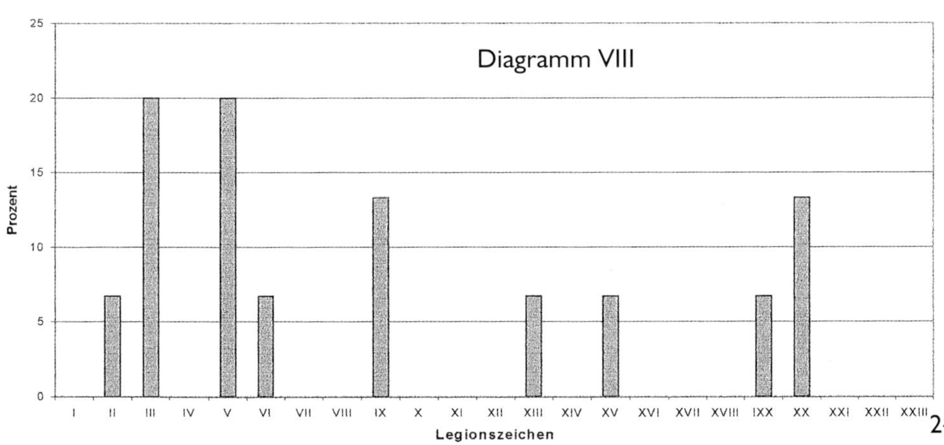

Die bereits erwähnten Häufigkeitsspitzen der Legionszeichen II und VI in Kalkriese und Onna/Feins und das Fehlen dieser Zeichen in Haltern könnten ihre Erklärung darin finden, dass die II. Legion zur Auffüllung der Verluste direkt nach der Varusschlacht von Spanien an den Rhein abgeordnet wurde und gehäuft neben den Legionsdenaren mit den eigenen auch die Denare mit den Zeichen der in Spanien benachbarten VI. Legion mit sich führte.

Demnach hätten die Legionsdenare mit diesen Zeichen nicht in den Münzumlauf der vernichteten Varuslegionen kommen können, weil zu diesem Zeitpunkt die II. Legion noch in Spanien stand.

Eine ähnliche Beobachtung läßt sich überraschenderweise auch für die XX. Legion machen. Sie wurde nämlich nach der Varusschlacht von Pannonien an den Rhein in die Niederrhein-Armee des Caecina, des Unterbefehlshabers des Germanicus, (I,V,XX,XXI), beordert. Wie bei der II. Legion fehlt ihr Legionszeichen ebenfalls in Haltern, während es im Diagramm von Kalkriese eine Häufigkeitsspitze verursacht. Es variieren aber auch die Diagramme von Kalkriese und Onna/Feins. Während die XX. und auch die XXI. Legion in Kalkriese deutlich mit ihren Zeichen vertreten sind, findet sich lediglich ein einziges Zeichen der XX. und keines der XXI. Legion in Onna/Feins. Dagegen dominiert das Legionszeichen XVI allein in Onna/Feins.

Außerdem befinden sich in den beiden Hortfunden Onna/Feins 22 (18+4) prägefrische sogenannte Liviadenare des Tiberius, die ab dem Jahre 15 n. Chr. geprägt worden sind.

Deutungsversuch:

Die Caecina-Schlacht in Kalkriese

Nach Tacitus fand unter Caecina mit seinen vier Niederrheinlegionen an den pontes longi eine verlustreiche Schlacht gegen Arminius und seine Krieger statt (Ann. I/63-68). Die topographische Beschreibung des Tacitus paßt vorzüglich zu Kalkriese. Auch die Verteilung der Funde auf zwei große „Fundäste" läßt sich mit Tacitus sehr gut erklären. Er beschreibt nämlich das Ausweichen der „beiden Flankenlegionen V und XXI auf festen Boden hinter das Moor". Auf diese Weise konnten die jeweils in zwei Formationen kämpfenden Vor- und Nachhutlegionen (I,XX, 1. Formation) und die Flankenlegionen (V,XXI, 2. Formation) in zwei Marschrichtungen Münzen und Material verloren haben, was sich in den heutigen beiden „Fundästen" auswirkt. Das relativ häufige Auftreten XX und XXI in Kalkriese ist geeignet, diese Deutung zu unterstützen. Dagegen sind die Zeichen der XX. und XXI. Legion in Onna/Feins nur schwächer vertreten. Der Grund dafür könnte darin liegen, daß diese Caecina-Legionen, wie literarisch bezeugt ist, nicht durch Friesland marschiert sind.

Die Gründe für das Fehlen der Legionszeichen I liegen darin, daß die I. Legion, Germanica, erst im Jahre 10 n. Chr. in Köln nach der Auflösung der vorausgehenden I. Legion bereits vor Chr. Geburt ausgehoben wurde und deshalb von ihr keine Legionsdenare aus den Jahren 32/31 existieren konnten. Das Fehlen der Zeichen der V. Legion könnte seine Gründe darin haben, daß sie weniger stark in die Kämpfe verwickelt wurde.

Die Caecinalegionäre konnten beim Aufbruch zum Feldzug im Frühjahr des Jahres 15 n. Chr. noch keine erst im Laufe des Jahres geprägten Liviadenare des Tiberius erhalten haben. Auch deshalb fehlen diese Münzen in Kalkriese.

Die Entscheidungs-Schlachten des Jahres 16 n. Chr.

Im Jahre 16 n. Chr. fanden u. a. zwei große Entscheidungsschlachten der Germanicusarmee gegen die Cherusker und ihre Bundesgenossen statt (Idistaviso, Schlacht „Am Angrivarierwall"). Auf dem Rückzug nach der letzten Schlacht „Am Angrivarierwall" trennten sich die beiden großen Heeresgruppen des Germanicus. Während Caecina mit seinen Legionen direkt von der Weser an den Niederrhein zog, nahm die Heeresgruppe des Germanicus (Legionen II,XIII,XIV,XVI) den Weg zurück zu den Schiffen an die untere Ems. Im Küstenbereich gerieten die Schiffe mit den Legionären in einen schweren Sturm und erlitten schwerste Verluste. Dezimierte Schiffsbesatzungen versuchten, den Weg zum Ausgangshafen auf der Bataverinsel am Niederrhein zurückzufinden. Dabei kamen sie durch Friesland und Oberijssel.

Möglicherweise gab es Kampfhandlungen der versprengten Truppenteile mit den Friesen. Vermutlich deponierten deshalb einige Legionäre ihre Münzschätze in Bodenverstecken, um sie später unter geordneten Umständen heimzuholen. Diese in Notsituation hinterlegten Verwahrfunde von Onna und Feins wurden gegen Ende des 19. Jahrhunderts gefunden. Diese Hypothese wird zusätzlich wahrscheinlich durch das gehäufte Auftreten des Legionszeichens XVI, das den Legionsdenaren dieser am Rückzug durch Friesland im Jahre 16 n. Chr. beteiligten Germanicuslegion zugeordnet werden könnte.

Das Denarinventar von Kalkriese enthält dagegen nur wenige Zeichen dieser XVI. Legion der Germanicusheeresgruppe, weil sie nicht zu der Caecina-Heeresgruppe gehörte, die vermutlich in Kalkriese schwere Verluste erlitt.

Die Auffälligkeiten bei den Legionszeichen der Legionsdenare verschiedener Fundplätze fügen sich wie in einem Puzzle zu einem Gesamtbild:

Aus hier nicht zu untersuchenden Gründen müssen rein auf statistischer Basis die Legionen in ihren Denarinventaren jeweils einen deutlich größeren Anteil an Legionsdenaren mit den eigenen Legionszeichen besessen haben. Die aufgefundene Häufigkeitsverteilung der Legionsdenare läßt sich anders kaum erklären. Daran zu zweifeln, würde bedeuten, statistische Fakten zu negieren.

Als besonderer Nachweis für diese Aussage sollte abschließend noch die Häufigkeitsspitze des Legionszeichens der Legion X im Diagramm (6) Nijmegen gelten. In den Lagern von Nijmegen war nämlich die X. Legion Ende des 1. Jahrhunderts n. Chr. ca. 30 Jahre lang stationiert. Prompt dominieren dort die Zeichen der X. Legion wie an keinem anderen Standort.

Aufgrund der Ähnlichkeiten zwischen den Denarinventaren von Kalkriese und Onna/Feins - letztere mit den im Jahre 15 n. Chr. geprägten Liviadenaren des Tiberius - gehören die Kalkrieser Funde offensichtlich zum Caecinaheer. Auch ohne den Vergleich mit Haltern wird damit erneut Kalkriese als Ort der Varusschlacht ausgeschlossen.

Nach Fundumständen, antiken Texten, topographischen Gegebenheiten und schließlich der Analyse der Legionsdenare war Kalkriese Ort der Schlacht des Caecinaheeres im Jahre 15 n. Chr.

Numismatische Untersuchungen

Am Schluss dieses Kapitels möchte der Verfasser Wolfgang Lippek danken, der durch viele Anregungen und umfangreiche Hilfestellungen bei der Beschaffung des statistischen Materials zu der Erstellung der hier vorliegenden Ergebnisse beigetragen und inzwischen sowohl eine Ausweitung der Anzahl der zu untersuchenden Münzinventare als auch der Untersuchungsthematik vorgenommen hat. Er selbst hat eigene Untersuchungen über Unterschiede in der Häufigkeit weiterer Merkmale der Münz-Inventare von Haltern und Kalkriese durchgeführt (Mitteilungen des Naturwissenschaftlich-Historischen Vereins, Detmold Dez. 2002), z. B. auch über die Prägungen und Prägeorte der republikanischen Denare. W. Lippek kann statistisch überzeugend darlegen, daß die Münzinventare von Haltern und Kalkriese nicht strukturidentisch sind und daß deshalb nicht die Legionen des Varus, die u. a. teilweise 7-9 in Haltern stationiert gewesen sind, die strukturell anders zusammengesetzten Münzbarschaften von Kalkriese verloren haben können.

Frank Berger antwortete u. a. auf diesen Beitrag von Wolfgang Lippek im Numismatischen Nachrichtenblatt, 53. Jg., Juli 2004, S. 268:

„Die Denare isoliert betrachtet, das ist Wolfgang Lippek zugestanden, erlauben mit geringerer Wahrscheinlichkeit eine Datierung des Geschehens (in Kalkriese, Verf.) in das Jahr des Caecina (15 n. Chr., Verf.). Aber die sehr exakte Aussage der Kupfermünzen, die Verbindung zu Haltern, wofür das Jahr 9 bis auf Weiteres angenommen wird... lassen keine andere Deutung als die Varusschlacht zu.“

Der Verfasser kann diese erneute Festlegung F. Bergers auf die Lokalisierung der Varusschlacht in Kalkriese angesichts früherer Äußerungen und der statistischen Fakten bei den Kupfermünzen-Inventaren von Haltern und Kalkriese nicht akzeptieren.

Frühere Äußerungen von F. Berger in Kalkriese I – Die Römischen Fundmünzen, Mainz 1996, S. 43:

„Pauschalierend darf gesagt werden, daß die Abnahme von Nemausus I (Nemausus-Münzen der Serie I, Verf.) in Verhältnis zu Altar I (Lugdunummünzen der Serie I mit Altardarstellung, 10 v. bis 3 v. Chr. geprägt) eine relativchronologische Abfolge ergibt, die natürlich nicht linear verlaufen muß. Unsere Fixpunkte in Nordwestdeutschland sind Oberaden mit (Zitat!) 100% Nemausus, Haltern mit 9,5 % (107 Nemausus; 1127 Altar I) und Kalkriese mit 0,6 %. Dies bedeutet, daß der Fundmünzenbestand von Kalkriese erheblich jünger ist als der von Haltern."

Der Fundmünzenbestand von Kalkriese ist jünger als der von Haltern.

Wäre Berger bei dieser klaren Aussage geblieben, hätten nie die Fehlaussagen auftreten können, daß in Kalkriese die Varusschlacht zu lokalisieren wäre, da der „erheblich jüngere Fundmünzenbestand" für eine Schlacht des Germanicusheeres gesprochen hätte. Das Abrücken Bergers von dieser unmißverständlichen Aussage gegen die Lokalisierung der Varusschlacht in Kalkriese verwundert um so mehr, als andere Numismatiker weitere statistische Fakten anführen, die zusätzlich die Gleichsetzung des Kupfermünzeninventars von Haltern und Kalkriese ausschließen:

So David G. Wigg in W. Schlüter/R. Wiegels, Hg., Rom, Germanien und die Ausgrabungen von Kalkriese (Rasch Verlag, Osnabrück 1999, S. 333). Im Schaubild Haltern der Abb. 4 wird der Anteil der Lugdunum-Münzen der Serie I an allen Kupfermünzen mit unter 50 % dargestellt, während im Schaubild Kalkriese der gleichen Abbildung der Anteil dieser Münzen mit ca. 90 % angegeben wird. Demgegenüber ist der Anteil der keltischen im römischen Heer benutzten „Aduatuci"-Kleinbronzen in den gleichen Schaubildern umgekehrt proportional. In Haltern sind 30-40 %, in Kalkriese dagegen nur unter 1% der Kupfermünzen „Aduatuci"-Kleinbronzen.

Also keine Identität der Kupfermünzeninventare. Damit sind es nicht in Haltern stationierte (bis zum Jahre 9 n. Chr.) Legionsteile gewesen, die in Kalkriese schwere Verluste erlitten. So Ulrich Werz: Er publiziert in seinem Beitrag „Die Gegenstempel auf Kupfermünzen des Augustus im Rheingebiet..." (in W. Schlüter/R. Wiegels, Rom, Germanien...., Osnabrück 1999, S. 320) im Schaubild Haltern der Tab. 5 den Anteil der gegengestempelten gegenüber den nichtgestempelten Kupfermünzen, nach einzelnen Gewichtsklassen gegliedert. Dieses Schaubild zeigt einen sehr niedrigen Anteil gegengestempelter Münzen in Haltern. Addiert man die Längen der dort schwarz dargestellten Säulen für die gegengestempelten Münzen, bekommt man insgesamt eine schwarze Säulenlänge von 32 mm. Die weißen Säulen für die nicht gegengestempelten Kupfermünzen in Haltern addieren sich zu 122 mm Gesamtlänge.

32 mm Länge für gegengestempelte Münzen gegenüber 154 mm (122 + 32) für die Gesamtmenge der Kupfermünzen in Haltern ergeben den dortigen 20,1 %-Anteil an gegengestempelten Kupfermünzen.

Für Kalkriese gibt F. Berger (in Kalkriese I – Die Römischen Fundmünzen, Mainz 1996, S. 48) den Anteil der „eindeutig identifizierbaren Lugdunumstücke" (über 90 % aller Kupfermünzen in Kalkriese sind Lugdunummünzen der Serie I, Verf.) mit Gegenstempel mit 95,1 % an. Der Unterschied des Anteils der gegengestempelten Münzen in Haltern und Kalkriese ist so gewaltig, daß der Verfasser absolut keine Identität in den Kupfermünzinventaren von Haltern und Kalkriese feststellen kann. Diese Identität wäre aber die Voraussetzung dafür, daß in Kalkriese unstrittig ehemals in Haltern stationierte Varuslegionäre gefallen wären.

Alles spricht dafür, daß die erste Kennzeichnung des Fundmünzenbestandes von Kalkriese als „strukturell erheblich jünger .... als derjenigen Halterns" von Frank Berger richtig war. Es waren also durchschnittlich „jüngere Legionäre", die in Kalkriese kämpften, als die Legionäre der Varuslegionen, die bereits sechs Jahre vorher im Teutoburger Wald gefallen waren. Es waren die Legionäre der vier Legionen des Caecina bei ihrem verlustreichen Kampf an den „pontes longi" im Jahre 15 n. Chr. gegen die Krieger des Arminius. Kalkriese war nicht Ort der Varusschlacht.

Literatur für dieses Kapitel

Frank Berger, Kalkriese I, Die römischen Fundmünzen, Philipp von Zabern, Mainz 1996

Yann Le Bohec, Die römische Armee, Franz Steiner Verlag, Stuttgart, 1993

Die Fundmünzen der Römischen Zeit in den Niederlanden, Abt. I (Feins) und Abt. II (Onna), Gebr. Mann Verlag Berlin 1992 und 1996

Richard Duncan-Jones, Mobility and Immobility of coins in the Roman Empire, AIIN 36, 1989

Bernard Korzus, Die Fundmünzen der Römischen Zeit in Deutschland, Abt. VI, Band 4, Münster 1976

Colin M. Kraay, Die Fundmünzen von Vindonissa, Birkhäuser Verlag, Basel 1962

Wolfgang Schlüter/Rainer Wiegels, Rom, Germanien und die Ausgrabungen von Kalkriese, Universitätsverlag Rasch, Osnabrück 1999

Edward A. Sydenham, The coinage of the Roman Republic, Spink & Son, London 1952

Rainer Wiegels, Die Fundmünzen von Kalkriese und die frühkaiserzeitliche Münzprägung, Bibliophilis, Möhnesee 2000

Sie kam am 3. 8. 2004 von Herbert Hoinkis, von einem der drei erfahrenen Piloten für vor- und frühgeschichtliche Luftbildaufnahmen des „Freundeskreises für Archäologie in Niedersachsen e. V. (F.A.N.)". H. Hoinkis hatte sich bereit erklärt, mit konventionellen Farbfilmen die Flächen der vermutlichen Römerlager Sommersell und Holzhausen erneut zu fotographieren. Es ging dabei nicht darum, etwa die dort von Alfons Koch in Infrarot-Technik so deutlich abgebildeten Lagerreste noch besser darzustellen. Es sollte einfach geklärt werden, ob mit der einfacher zu handhabenden konventionellen Farbfotographie im Vergleich mit den Infrarotaufnahmen nicht auch brauchbare Luftaufnahmen gewonnen werden könnten.

Um es kurz zu machen: Die Infrarotaufnahmen von Alfons Koch waren nicht zu überbieten. Dennoch wurden auch, konventionell fotographiert, Teile der Lagerumrandung sichtbar. Aber H. Hoinkis, einmal unterwegs, sah sich natürlich in der zu überfliegenden Landschaft um.

Und er hatte Erfolg. Mitten in einer die Landschaft dominierenden Hochfläche zwischen Marienmünster und Höxter gelangen ihm in Gerste kurz vor der Ernte Fotos von einer polygonalen Umrandung mit Rundecken. Teile der Umrandung waren dort, wo die Gerste lagerte, nicht sichtbar. An der Südwestecke zeigte sich eine klare Ausbuchtung, ein sogenannter Annex, ähnlich wie z. B. drei Annexe auf dem Kops Plateau von Nijmegen, dem dortigen drusianischen Lager, zugeordnet waren.

H. van Enckevort (in: Johann-Sebastian Kühlborn, Germaniam Pacavi, Münster 1995, S. 51) schreibt über einen der Annexe dieses drusianischen Lagers in Nijmegen:

„Im zentralen Innenbereich zeigten sich die Fundamentgräbchen eines großen Gebäudes, das als Pferdestall in Betracht kommt....Außer diesem Stall wurde im Annexbereich eine Vielzahl von Pferdegeschirrteilen und einige Pferdegräber gefunden. Daß es sich um eine Auxiliareinheit gehandelt hat, wird bei der Betrachtung der Keramik deutlich."

Es bieten sich aufgrund der Indizien auf den hervorragenden konventionellen Farbluftbildern von H. Hoinkis aus dem Weserbergland folgende Deutungsmöglichkeiten an:

- Die polygonale Umrandung mit weiten geschwungenen Rundungen und Annex zeigen möglicherweise die Reste eines ehemaligen Römerlagers an.
- Die Umrandungsform weist vermutlich auf die drusianische Zeit hin (vgl. auch Internetbeitrag des Verf. „Lagerte die Drususarmee einst an der Nethemündung?" www.roemerfreunde-weser.info).

Fortsetzung
Seite 250

Abb. 108 a/b/c a) Teile der Umrandung eines möglichen Römerlagers mit Rundecken und einem Annex auf einem Hochplateau zwischen Steinheim und Höxter im Weserbergland
Farbfoto: Herbert Hoinkis (F.A.N.) Computerbearbeitung: Gerhard Steinborn

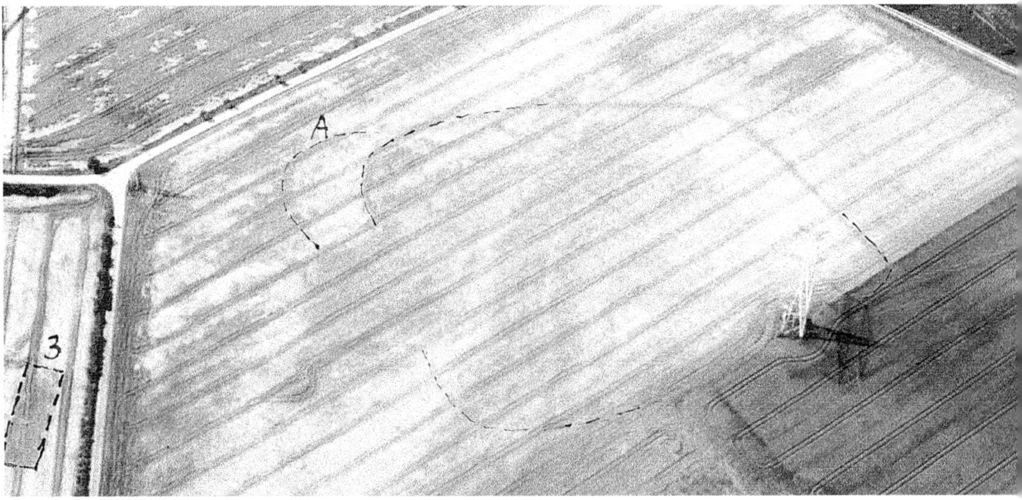

b) Abb. a in veränderter Bearbeitung und durch Linien leicht modifiziert:

Ziffer 3 weist auf ein dunkles Rechteck, das möglicherweise auf ein ehemaliges Gebäude hinweisen könnte (vgl. auch Abb. c, Ziffern 1-3). A = Annex
Farbfoto: Herbert Hoinkis (F.A.N.) Computerbearbeitung: Gerhard Steinborn

c) Die Lagerumrandung nach Abb. a aus verändertem Blickwinkel:

Die Pfeile 1-3 zeigen auf mögliche Gebäudereste, die in Zusammenhang mit dem möglichen Lager stehen könnten. Sie bilden ein zusätzliches Indiz für den vermutlich römischen Charakter des durch die Umrandung dargestellten Lagers. Die Pfeile 4-6 deuten auf die alte ehemalige Straßentrasse, die nach Westen in Richtung auf Steinheim weist.
Farbfoto: Herbert Hoinkis (F.A.N.) Computerbearbeitung: Gerhard Steinborn

Abb. 109
Reste einer alten Straßentrasse:

Sie führte am möglichen Römerlager vorbei nach Osten in Richtung auf Höxter (Ziffer 7).
Farbfoto: Herbert Hoinkis (F.A.N.)
Computerbearbeitung: Gerhard Steinborn

Fortsetzung
von Seite 247

– Der Annex könnte auf eine berittene Einheit hindeuten, also vermutlich auf eine Einheit der Hilfstruppen, die allgemein im römischen Heer diese berittenen Einheiten stellten.
– Das mögliche Lager dominiert ähnlich wie die vermutlichen Lager von Sommersell und Holzhausen eine größere, seit vorgeschichtlichen Zeiten waldfreie Ackerfläche zwischen Eggegebirge und Weser.
– Das mögliche Lager liegt direkt an einer alten, heute nicht mehr vorhandenen Straße, die im Osten in Richtung Höxter und im Westen in Richtung Steinheim führt. Die alte Trasse ist im Acker auf den Luftfotos deutlich erkennbar.
– Da die Umrandung eine Fläche von ca. 1 ha Größe umschließt, würden darauf im Vergleich mit entsprechenden Limeskastellen eine „Numerus-Einheit" (= 2 Centurien = 160 Legionäre) und zusätzlich einige Reiter Platz gehabt haben.
– Insgesamt fügt sich dieses mögliche Lager nahtlos ein in die bisherigen Betrachtungen über das vermutliche Vorhandensein von römischen Standlagern als Wachtkastelle in der sich nach der Eroberung durch Drusus 11 v. Chr. offenbar bildenden „römischen Provinz Weserbergland". Daß römische Truppenteile zur Zeit der Varusschlacht 9 n. Chr. - also 20 Jahre nach den ersten Eroberungen durch Drusus - abgeordnet waren (Vexillationen), ist durch Cassius Dio (LVI/19) belegt:

„Die germanischen Fürsten... zogen ihre irgendwo bereit gehaltenen Streitkräfte an sich, machten die in ihren Gauen stehenden Römerscharen, die sie sich erst von Varus erbeten hatten, nieder und fielen dann über ihn selbst her."

Der Verfasser sieht es als seine Pflicht an, auch auf dieses kurz vor Redaktionsschluß gemeldete mögliche Bodendenkmal hinzuweisen, das bereits heute durch einen Strommasten zu einem Viertel vernichtet ist. Die heimliche Zerstörung der Landschaft geht schleichend vor sich und läßt viele Bodendenkmäler für immer unentdeckt. Gemessen daran sind mögliche Schäden durch nicht eingeladene Sondenführer manchmal als geringfügiger zu bewerten. Dennoch appelliert der Verfasser ganz allgemein an das Verantwortungsbewußtsein von Sondenführern, jederzeit wichtige Funde – möglicherweise über dritte Personen – zu melden, da diese Fundstücke für die Forschung und Erhaltung von bisher nicht bekannten Bodendenkmälern von großer Bedeutung sein könnten.

Funddiskussionen

Im Verlauf der Untersuchungen des Verfassers und der Mitglieder des „Freundeskreises für Römerforschung im Weserbergland" stellten sich Fundumstände und Funde ein, die hier zur Diskussion gestellt werden sollen.

Die Vorstellung dieser Funde erfordert oft ausführlichere Hinweise und Erklärungen, so daß sich diese meist nicht in den fortlaufenden Text integrieren ließen, ohne daß dieser erheblich unterbrochen worden wäre. Die Funde, aber auch die wissenschaftlichen Analysen sind jedoch so wichtig, daß sie hier zum Schluß, gewissermaßen im Anhang, dargeboten werden sollen.

Folgende Themen werden hier vorgestellt:

I Messing- und Eisenuntersuchungen

II Vergleich von Beschlägen verschiedener, vermutlich römischer Fundplätze mit Knöpfen aus Mittelalter und Neuzeit

III Ein rätselhaftes Medaillon mit Nielloplattierung aus dem Teutoburger Wald

IV Sind Schnallenrahmen von römischen Fundstandorten mittelalterlich oder neuzeitlich?

V Silberplattierte Nägel aus dem Teutoburger Wald und dem Weserbergland

VI Funde und Indizien aus dem landschaftlichen Umfeld der möglichen Römerlager Sommersell und Marienmünster

1.1
1.2
1.3
1.4
1.5
1.6
1.7
1.8
1.9
a
0 2 4 6 8 cm
c
3.4
3.3
3.2
b
0 2 4 6 8 10 12 cm
3.2
3.3
3.1
d

I Messing- und Eisenuntersuchungen

Dank des Instituts für Werkstoffkunde, Universität Hannover, war es dem Verfasser möglich, dort einige Fundstücke aus dem Teutoburger Wald und einige gesichert römische Fundstücke aus Buntmetall zur quantitativen metallurgischen Analyse einzureichen. Die Fragestellung dabei war: Sind die Fundstücke aus dem Teutoburger Wald und die römischen Fundstücke ähnlich zusammengesetzt? Darüber hinaus war zu klären, weshalb vier eiserne Fundstücke vom Winnfeld und vom Bölkehals kaum korrodiert waren.

◁
Abb. 110 a/b/c/d Metallurgische Untersuchung von Fundstücken aus dem Teutoburger Wald und von Vergleichsfundstücken von römischen Fundplätzen

a) Vorstellung der Fundstücke:
1.1 Anhänger von castra Vetera I; 1.2 vierstrahliger Ziernagel, Wistinghauser Schlucht/Teutoburger Wald; 1.3 Mittelstück einer Parierstange, 16.-18. Jahrhundert, „Auf den Windhaufen" Stapelage/Teutoburger Wald; 1.4 „Knopf" bzw. Beschlag, „Auf den Windhaufen" Stapelage/Teutoburger Wald; 1.5 Beschlag, castra Vetera I; 1.6 Beschlag, „Goldacker"/Kirchberg/Hunsrück (römischer Fundplatz aus dem 2. Jahrhundert); 1.7 Glöckchen, castra Vetera I; 1.8 Scheibe als Riemenbeschlag der Pferdeausrüstung, „Auf den Windhaufen", Stapelage/Teutoburger Wald; 1.9 Sesterz, 2. Jahrhundert, „Goldacker"/Kirchberg/Hunsrück.
Bis auf die Scheibe 1.8 (kostbares Fundstück, sollte nicht verletzt werden) wurden alle Fundstücke metallurgisch im Institut für Werkstoffkunde, Universität Hannover, durch Heinz Hake und Mitarbeiter analysiert (vgl. Abb. 111 [Tabelle]).

b) Vier Eisenfundstücke mit nur geringen Korrosionsschäden vom Winnfeld und aus dem Heidental, jeweils Teutoburger Wald:
3.1 schräg gebrochenes, sehr kleines Hufeisenfragment vom Winnfeld, Maultierhufeisen (?, vgl. Abb. 69); 3.2 Kopfnagel aus Eisenreifen eines Wagenrades vom Winnfeld; 3.3 Kettenhaken vom Bölkehals, Heidental/Teutoburger Wald; 3.4 Schräg gebrochenes großes Hufeisenfragment vom Winnfeld (vgl. Abb. 69)
Die Stücke 3.1 - 3.3 wurden metallurgisch untersucht (vgl. Abb. 111 [Tabelle]).

c) Die für die Analyse vorbereiteten Anschnitte von einigen der analysierten Fundstücke im Kunststoffbett

d) Die Fundstücke 3.1 bis 3.3 nach dem Anschnitt zeigen die bestens erhaltenen Eisenkerne mit nur einer sehr dünnen Korrosionsüberschichtung in Form einer undurchlässigen „Haut" (vgl. Abb. 111 [Tabelle]).

Abb. 111
Tabelle I und II zu den Abbildungen 110 a/b/c/d, Seite 252

Tabelle I Buntmetallproben (durch Analysen als Messing nachgewiesen)

Probe Nr.	0	Pb	Zn	Sn	Ni	Cu	Si	Sb	Fe	Ag	Total	Teste
castra Vetera												
1.1 Anhänger	1,407	1,592	18,302	0,189	0,012	80,308	0,103	0,011	0,282	n. e.	102,207	91
1.7 Glocke	n. e.	0,213	31,307	0,015	0,097	68,746	0,079	n. e.	0,116	n. e.	100,572	68
1.5 Knopf	2,14	1,909	23,468	3,654	0,058	70,393	0,02	0,0	0,326	n. e.	101,69	101
Kirchberg												
1.6 Beschlag	n. e.	0,978	24,667	0,433	0,014	74,177	0,051	n. e.	0,909	n. e.	101,229	268
1.9 Sesterz	0,373	0,316	11,238	n. e.	n. e.	90,03	0,023	0,102	0,493	n. e.	102,575	178
Teutoburger Wald												
1.4 Knopf	n. e.	1,77	6,328	0,035	0,052	95,757	0,064	n. e.	0,167	n. e.	104,85	81
1.3 Dolchknauf	n. e.	0,621	21,104	0,298	0,334	77,744	0,05	n. e.	0,599	n. e.	100,751	96
1.2 Ziernagel	n.e.	1,769	36,765	0,805	n. e.	57,06	0,039	n. e.	0,518	0,059	97,015	133

I. Tabelle über die Mikroanalysenwerte römischer Buntmetall-Fundstücke von drei Fundorten

Tabelle II Teutoburger Wald - Eisenproben

	C	Si	P	Fe	Mn	Cu	Total	Teste
3.1 Maultierhufeisen	n. e	0,081	0,405	99,799	0,002	n. e.	100,299	151
3.2 Wagennagel	n. e.	0	0,169	100,594	0	n. e.	100.773	151
3.3 Kettenhaken	n. e.	0,128	0,27	99,709	0,01	0,06	100.138	151

II. Tabelle über die Mikroanalysenwerte dreier römischer Eisen-Fundstücke vom Winnfeld und aus dem Heidental, jeweils Teutoburger Wald

Versuchsdurchführung: Heinz Hake, Institut für Werkstoffkunde, Universität Hannover, alle Angaben in % im Durchschnitt von 68 -268 Testpunkten (Teste), n. e. = nicht ermittelt. Summe der Prozentsätze der enthaltenen Metalle und Sauerstoff (O) ergibt bei den Messungen infolge von beim Anschliff entstehenden Hohlräumen an Orten von Bleieinschlüssen Abweichungen von 100%. Analysengerät: Kombiniertes WDS/EDS-Gerät (wavelength dispersive spectrometer/ energy dispersive spectrometer), Typ Super Probe JXA-8900 L/2001, Microanalyzer, JEOL LTD.

◁
Abb. 111
Tabelle I und II: Ergebnisse der metallurgischen Untersuchung von Buntmetall- und Eisenfundstücken verschiedener Fundplätze im Institut für Werkstoffkunde, Universität Hannover

Tabelle I (acht von neun Buntmetallfundstücken der Abb. 110 a-d):

Alle Fundstücke bestehen aus den Hauptbestandteilen Kupfer und Zink. Damit handelt es sich um Messingfundstücke. Deutlich sind die Beimengungen von Blei (zwischen O,203 bis 1,909%). Der Eisengehalt ist relativ hoch und schwankt zwischen 0,116 und 0,909 %. Sehr niedrig sind die Nickelgehalte von 0,012 - 0,097, bis auf den Ni-Gehalt von 0,334% bei dem Dolchknauf (frühneuzeitliche Parierstange).
Die hier festgestellten prozentualen Bestandteile entsprechen weitgehend ähnlichen prozentualen Bestandteilen der Analyse der meisten Buntmetallfundstücke aus Haltern durch Joseph Riederer in M. Müller (Die römischen Buntmetallfunde von Haltern, Mainz 2002). Eine Ausnahme zeigt sich im hohen Nickelgehalt des neuzeitlichen Dolchknaufs (Parierstange). Hier könnte eine Chance liegen, mittelalterliche und neuzeitliche Buntmetallfundstücke von römischen Fundstücken auszugrenzen dadurch, daß bei den mittelalterlichen Fundstücken die typische Reinheit der augusteischen Kupferverbindungen hinsichtlich der Gehalte an Nickel (Ni), Antimon (Sb), Silber (Ag), Arsen (As) nicht gegeben wäre. Sabine Klein, Institut für Mineralogie, Universität Frankfurt, hat in Ihrem Internetbeitrag „Dem Euro der alten Römer auf der Spur“ durch massenspektrometrische Untersuchung von 241 augusteischen Kupfermünzen nachgewiesen, daß seit 16 v. bis 12 n. Chr. eine „drastische Abnahme der Verunreinigungen des Kupfers“ stattgefunden hat.
Sie hält „Reihenanalysen von mittelalterlichen und neuzeitlichen Kupfer- und Messingstücken für sinnvoll, um eine Abgrenzung gegenüber römischem Material vorzunehmen“ (aus einem Brief an Verf.).

Die allgemein als „Knöpfe“ bezeichneten Fundstücke 1.4 und 1.5 werden in ähnlicher Form als römische „Beschlagstücke“ bei Jürgen Oldenstein (Zur Ausrüstung römischer Auxiliareinheiten, Mainz 1976, Tafel 51, Abb. 591-596) geführt. Offensichtlich sind diese angeblich „mittelalterlichen und neuzeitlichen Knöpfe“ von römischen Fundplätzen allgemein stets aussortiert worden. Die nachfolgende Abbildung 112 zeigt vermutlich römische „Beschläge“ gegenüber echten mittelalterlichen und neuzeitlichen Knöpfen.

Die Eisenfundstücke der Tabelle II zeigen einen extrem hohen Eisengehalt, der typisch für antikes Eisen ist. Der 100% übersteigende Eisengehalt bei Fundstück 3.2 (Abb. 110 b) ist auf beim Anschliff entstehende Hohlräume zurückzuführen, die, verfahrensbedingt, zu diesen wissenschaftlich anerkannten Abweichungen führen. Derartige Abweichungen sind also mit der wissenschaftlich allgemein heute praktizierten Methode der WDS/EDS-Analyse verbunden.
Der hohe Eisengehalt, zusammen mit dem deutlichen Phosphorgehalt von 0,169-0,405 %, führt nach Auffassung der Wissenschaftler im Institut für Werkstoffkunde zu einer wetterfesten, dünnen Korrosionsschicht wie bei heutigen wetterfesten Stählen. In Albert Neuburger, Die Technik des Altertums, R. Voigtländers Verlag, Leipzig 1921, wird auf Plinius verwiesen, der auf Beimengungen eines phosphorhaltigen Minerals bei der Eisengewinnung spricht.

II Vergleich von Beschlägen verschiedener, vermutlich römischer Fundplätze mit Knöpfen aus Mittelalter und Neuzeit

Abb. 112 a/b/c/d
„Knöpfe" oder
„Beschläge" ?

a) Drei allgemein als „Knöpfe" bezeichnete Messingfundstücke, die der Verfasser als römische „Beschläge" ansieht, wie sie J. Oldenstein in seinem o. a. Katalog „Zur Ausrüstung römischer Auxiliareinheiten" anführt.
Von links: 1 = Beschlag vom römischen Fundplatz „Goldacker" in Kirchberg/ Hunsrück aus einem Inventar von insgesamt etwa zwei Dutzend römischer Fundstücke (Sesterze und in römischen Fundkatalogen abgebildete Beschläge),
2 = Beschlag aus dem Gelände des vermutlich römischen Kastells in Holzhausen/ Nieheim (vgl. Kapitel „Römische Lagerreste im Weserbergland?").
3 = Beschlag vom Fundplatz „Auf den Windhaufen"/Stapelage/ Teutoburger Wald: Alle drei Fundstücke zeigen unterschiedliche Mengen erhaltener kupferhaltiger Patina und die auf den Eisengehalt zurückzuführende Rostfarbe des Messings.

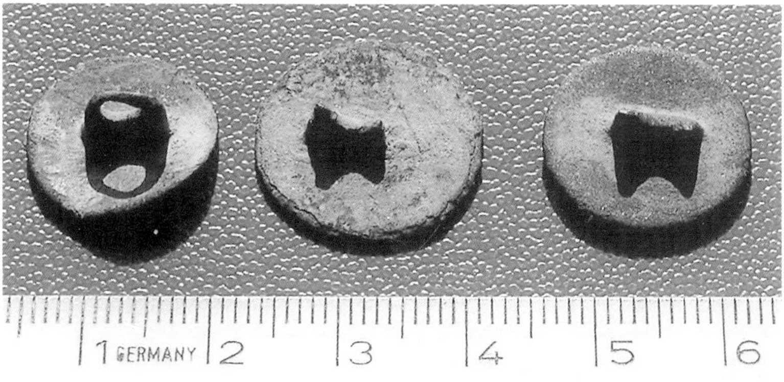

b) Die gleichen Beschläge von unten zeigen die teils erhaltenen und teils abgebrochenen Befestigungsplatten. Durch sie konnten Befestigungssplinte, z. B. auf der Lederinnenseite, gezogen werden.

c) Hier sind zwei echte Knöpfe aus der Neuzeit (links) und dem Mittelalter (rechts) abgebildet. Der mittelalterliche Knopf enthält die Jahreszahl MCDXI = 1411.

d) Die Unterseiten der beiden Knöpfe von c) zeigen Befestigungsösen mit rundlichem Querschnitt, die sich deutlich von den Befestigungsplatten der antiken Beschläge unterscheiden.
Das Thema „Knöpfe" oder „Beschläge" bedürfte einer wissenschaftlichen Bearbeitung, um so mehr, als diese Stücke aus den Inventaren römischer Fundstellen bisher praktisch als „mittelalterliche und frühneuzeitliche Knöpfe" nicht berücksichtigt worden sind.

III Ein rätselhaftes Medaillon mit Nielloplattierung aus dem Teutoburger Wald

Abb. 113 a/b/c
Medaillon mit Nielloüberzug

Siehe auch Farbtafel III

a) Dieses 3,2 cm lange Medaillon wurde von Georgine Haniel im Vorfeld der Wistinghauser Schlucht/Teutoburger Wald am Ort römischer Funde geborgen. Es enthält florale Strukturen, möglicherweise auch Trompetendekore wie auf unzähligen Buntmetallbeschlägen aus dem Bereich des Limes. Das Medaillon aus Messing ist von einer spröden, schwarzen Schicht (Niello = Silber-, Bleisulfid) überzogen, die den Strom nicht leitet. Das Medaillon ist aus zwei in der gleichen Form gegossenen Hälften zusammengelötet und hohl. Es erinnert an die römische Bulla, einen meist kugelförmigen Anhänger adliger Jungen, der ebenfalls aus zwei Hälften zusammengelötet und durch einen ähnlichen Ring wie beim Wistinghauser Medaillon beweglich auf einer Kette angebracht war. Der Niello-Dekor war bei den Römern verbreitet, wurde jedoch auch in der Neuzeit von Juwelieren und Uhrmachern in silberne Schmuckstücke eingearbeitet und poliert. Komplette Niello-Überzüge aus der Neuzeit sind dem Verf. nicht bekannt.

b) Vergrößerung der nur auf der einen Seite des Medaillons enthaltenen Inschrift: Sie ist so klein (ca. 4mm breit), daß es etwa 100 Fotoversuche mit der besten Digitalkamera bedurfte, um die Inschrift in dieser Weise darzustellen. Auflichtmikroskope erbrachten keinerlei Verbesserung, da sich die Schriftstrukturen völlig auflösten. Möglicherweise sind die Buchstaben S AVG C vorhanden und darüber eine lateinische Zahl: XIX. Wenn es so wäre, dann läge hier im Umfeld weiterer römischer Funde, besonders von augusteischen Münzfunden (Hof Krawinkel), ein deutlicher Hinweis auf eine der Varuslegionen vor.
Kritiker verweisen dagegen auf die „reinen floralen Motive" des Medaillons und halten dessen Inschrift für „unlesbar".

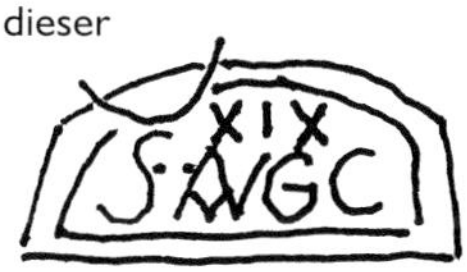

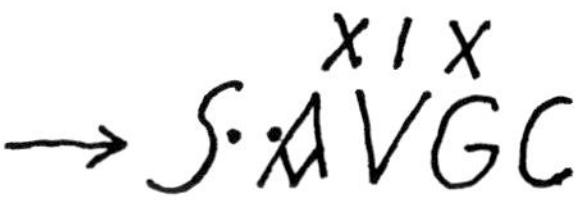

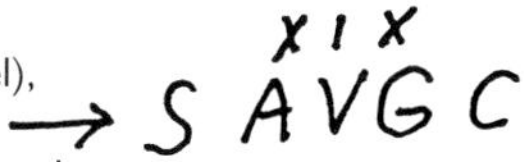

901

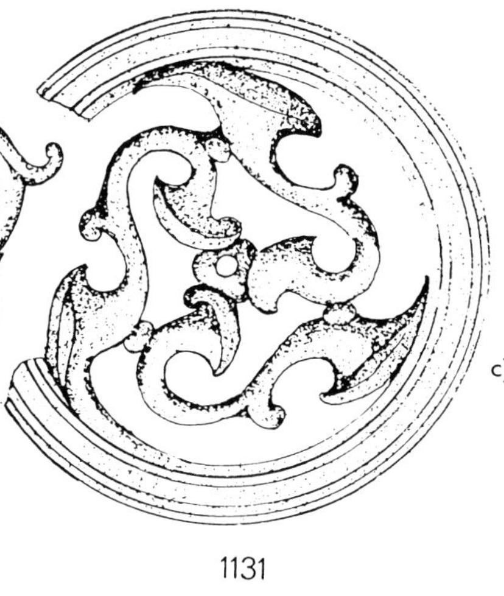

1131

c) Trompetendekore aus Jürgen Oldenstein, Zur Ausrüstung römischer Auxiliareinheiten, Mainz 1976, Abb. 901 und 1131)

a

b

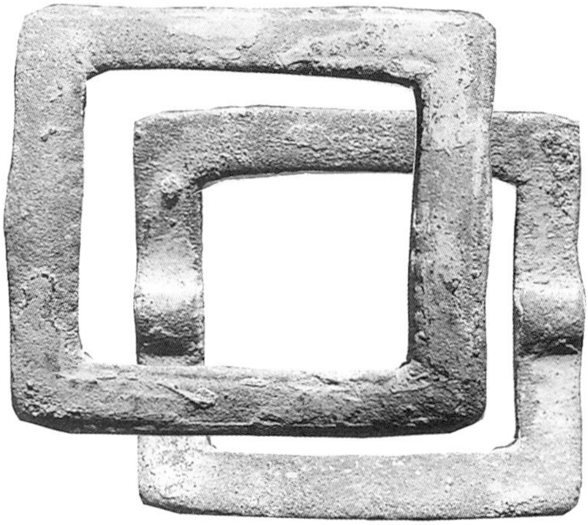

c

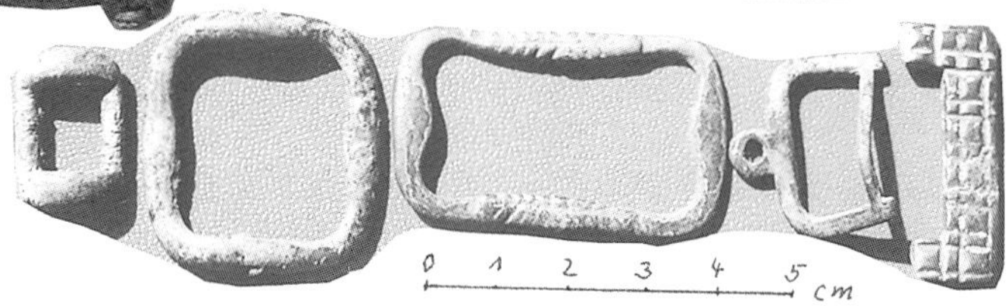

d

IV Sind Schnallenrahmen von römischen Fundstandorten mittelalterlich oder neuzeitlich?

◁
Abb. 114 a/b/c/d
Schnallen von Stapelage/ Teutoburger Wald im Vergleich mit Schnallen von Vetera I

Die unter b) und c) abgebildeten Schnallenrahmen vom Gelände „Auf den Windhaufen“ in Stapelage/Teutoburger Wald werden von Kritikern als „rezente Hut- oder Schuhschnallen“ (schriftliche Aussage) angesehen. Das Thema „Schnallen“ ist jedoch viel komplexer, als es diese einfache Behauptung glauben läßt.

a) Prachtschnalle vom Gürtel der Militärkleidung eines römischen Legionärs aus castra Vetera I aus Privatsammlung
Da sich die Legionäre im Standlager jedoch den größten Teil der Zeit nicht in Kampfkleidung bzw. -ausrüstung, sondern in Privatkleidung befanden, müssen sie dabei einfachere Schnallen getragen und auch verloren haben.

b) Eine 3,8 cm langer Schnallenrahmen mit Resten einer starken typischen Messingpatina vom Fundplatz „Auf den Windhaufen“, Stapelage, von dem Verf. nicht glauben kann, daß es sich um eine rezente „Hut- oder Schuhschnalle“ handelt. Der Schnallenrahmen ist quer gebogen und enthält die eingegossene Halterung für einen sehr dünnen Scharnierstift. Es sind Merkmale, die in vielen Schnallenrahmen aus dem Lagergelände castra Vetera I und in Abbildungen von Martha Deimel (Die Bronzekleinfunde vom Magdalensberg, Klagenfurt 1987, Tafel 78) vorkommen.

c) Fünf Schnallenrahmen bzw. Fragmente vom Fundplatz „Auf den Windhaufen“ Stapelage/Teutoburger Wald. Zu dem versilberten Messing-Schnallenfragment ganz rechts gibt es ein versilbertes römisches Vergleichsstück vom Magdalensberg in vorgenanntem Katalog von M. Deimel unter M1 auf der Tafel 78.

d) 26 Schnallenrahmen von insgesamt 78 Exemplaren vom Gelände castra Vetera I aus einer Privatsammlung. Es fällt schwer, Unterschiede zu den Schnallenrahmen von Stapelage/Teutoburger Wald zu erkennen. Andererseits ist es kaum vorstellbar, daß auf 60 ha Lagerfläche in Xanten so viele neuzeitliche und mittelalterliche „Hut- und Schuhschnallen“ verloren gegangen sind. Wenn die vielen Schnallenrahmen von Vetera I aus dem Mittelalter stammen würden, müßten ja überall in der Landschaft , derartig zahlreich, entsprechend Schnallen zu finden sein, was jedoch nicht der Fall ist. Dagegen sollen von der Schutthalde im Römerlager Vindonissa viele angeblich „neuzeitliche und mittelalterliche Fundstücke“ aussortiert worden sein. In beiden Lagern waren jedoch römische Legionen über Jahrzehnte stationiert und haben, wie oben angeführt, überwiegend keine Kampfkleidung sondern Zivilkleidung getragen, von der sie dann ja keine Schnallen hätten verlieren dürfen. Dem Verf. ist nicht klar geworden, weshalb in der Mehrzahl der römischen Fundkataloge, auch nicht im Katalog von Vindonissa, derartige zivile Schnallen nicht auftauchen bzw. nicht aufgenommen worden sind.

V Silberplattierte Nägel aus dem Teutoburger Wald und dem Weserbergland

In altsächsischen Adelsgräbern aus dem 5. - 8. Jahrhundert wurden halbkuglige silberplattierte Schildnägel gefunden, z. B. in dem „Adelsgrab 5095“ von Rullstorf (Wilhelm Gebers, Auf dem Weg nach Walhall ..., Industriemuseum Lohne Hg., Lohne 2004) und im Kriegergrab II/149 von Liebenau (A. Genrich/A. Falk, August Lax, Hildesheim 1976).

Da es auch ähnliche silberplattierte Nägel aus vermutlichen römischen Fundstellen im Teutoburger Wald und im Weserbergland, aber auch außerdem aus dem Graben von Burg Sternberg (13./14. Jahrhundert) gibt, ist anzunehmen, daß diese Nägel eine lange Laufzeit gehabt haben. Da die altsächsischen Krieger häufig im römischen Heer Kriegsdienst taten, ist die Übernahme der silberplattierten Schildnägel von

Abb. 115
Mögliche römische Schildnägel von römischen (umstrittenen) Fundplätzen aus dem Teutoburger Wald, dem möglichen Lager Sommersell/Nieheim und castra Vetera I aus Messing mit Silber- oder Nielloplattierung, von oben gesehen

Siehe auch Farbtafel V

1. Vermutlicher Schildnagel mit Niello-Plattierung (schwarz, besteht aus Silbersulfid bzw. Bleisulfid)) aus castra Vetera I, Sammlung. W. Winkels, mit braunen Korrosionsstellen (Eisenrost des Messings mit ca. 0,5% Eisen)
2. Kopf eines Nagels (Schaft fehlt) mit Niello-Überzug aus Oetenhausen/Teutoburger Wald mit Roststellen neben erhaltenem Niello
3. Silberplattierter rosettenförmiger Nagelkopf eines Nagels von der Wistinghauser Schlucht/Teutoburger Wald
4. Silberplattierter Nagelkopf von der Wistinghauser Schlucht
5. Silberplattierter Nagelkopf von der Wistinghauser Schlucht.

   Finder der Nägel 2-5: D. Kirchhoff in Anwesenheit des Verf.
6. Silberplattierter Nagelkopf aus dem Gelände des vermutlichen Römerlagers Sommersell – Finder: Franz-Josef Blaschke und Gerhard Steinborn

Abb. 116
Hier sind die Unterseiten der vorstehenden Schildnägel dargestellt. Unter den Köpfen der Nägel 1,5,6 sind noch die Befestigungsbänder für den Splint erkennbar.

Siehe auch Farbtafel V

Nach J. Oldenstein wurden die Bänder derartiger Nägel durch Löcher durch den Rand des Schildbuckels gesteckt und auf der Schildinnenseite durch einen Splint gesichert. Auf diese Weise konnte man später den wertvollen Schildbuckel durch Lösen der Splinte vom schadhaften Holzschild trennen und auf einem neuen Schild anbringen.
Die Nägel 3-6 enthalten Bleiunterfütterung, die auch von J. Oldenstein für mehrere Nagelköpfe erwähnt wird.
Das „gefaltete Band" des Schaftes von Nagel 6 aus Sommersell und die Größe des halb-kugligen Kopfes entsprechen voll dem Fundstück Nr. 583 im vorgenannten Oldensteinkatalog.

dort möglich. Jürgen Oldenstein (Zur Ausrüstung römischer Auxiliareinheiten, Mainz 1976) stellt ähnliche Schildnägel unter Nr. 577-581 in seinem Katalog dar.

Die Durchmesser der hier vorgestellten Nagelköpfe schwanken zwischen 1,25 und 1,75 cm.

Angesichts dieser Indizien stellt sich die Frage, ob im Zusammenhang mit Funden auf einem römischen Fundplatz bei den vorgestellten Nagelköpfen nicht von römischen silberplattierten Nägeln gesprochen werden kann. Die dünne schwarze Nielloschicht auf den Nägeln 1 und 2 weist eindringlich auf die römische Herkunft hin. Albert Neuburger (Die Technik des Altertums, R. Voigtländers Verlag, Leipzig 1921, S. 65/66) schreibt:

... „beim römischen Niello handelt es sich meist nur um dünne Schichten (gegenüber den kompakten ägyptischen Schichten)". Vorausgesetzt wird dabei, daß viele Nielloverzierungen in gravierten Vertiefungen besonders bei Silber herbeigeführt wurden.

A. Neuburger weiter: „Eine Vorschrift des Plinius zur Herstellung von Niello lautet: 3 Teile Silber, 1 Teil Kupfer und 3 Teile Schwefel."

VI Funde und Indizien aus dem landschaftlichen Umfeld der möglichen Römerlager Sommersell und Marienmünster

Zunächst sollte die landschaftliche Umgebung der beiden möglichen Römerlager Sommersell und Marienmünster abgebildet werden. Es zeigt sich jeweils ein weites, seit vorgeschichtlichen Zeiten bewirtschaftetes Ackergelände mit sanften Hügeln. Die hier vorgestellten Landschaften mögen eventuell unzutreffende Vorstellungen von einem unwirtlichen Weserbergland mit steilen Bergen und tiefen Tälern korrigieren.

Abb. 117 Hier sind die Ackerfluren im Umfeld des möglichen Römerlagers Sommersell fotographiert worden. Im Hintergrund ist der 400 m hohe Bergzug des Schwalenberger Mörths sichtbar (Pfeil).

Das hohe Alter des Siedlungslandes auf den Fotos wird auch dokumentiert durch alte sächsische Flur- und Dorfnamen sowie von vielen mittelalterlichen Wüstungen aus sächischer Herkunft. Als eine der ältesten Dorfkirchen gilt die Kirche von Sommersell, die sehr früh im altsächischen Ort „sumersile“ erbaut worden ist. Sie zeigt in ihrem 2. Bauabschnitt an der Nordseite eine Spolie. Windet sich auf ihr ein stilisierter Drache im Bogenfeld unter einer Girlande, wie sie auf vielen

Dieses Foto zeigt das Ackergelände von Marienmünster.
Im Hintergrund weist der Pfeil auf den mit ca. 500 m Höhe höchsten Berg des Weserberglandes, den Köterberg. Im Gelände vor dem Köterberg fotographierte H. Hoinkis die Lagerumrandungen Marienmünster/Hohehaus.

Abb. 118

Siehe auch Farbtafel VIII

römischen Grabstelen mit Bogenfeldern in den Sandstein hineingehauen sind? Auf jeden Fall handelt es sich bei dem Relief über einem Fenster an der Nordseite der Kirche von Sommersell nicht um einen künstlerisch bearbeiteten Sturz. Eine Tragefunktion kann die offensichtlich zu Dekorzwecken eingemauerte Spolie nicht ausüben. Woher stammt diese Spolie?

Abb. 119
Die Spolie von der Nordwand der Kirche von Sommersell: Das nachträglich eingemauerte Bogenfeld hat bei weitem nicht die Mauerstärke des übrigen Fensterrahmens.

Dieses Buch begann auf den Spuren Ludwig Hölzermanns. Viele seiner beschriebenen und durch Lithographien dargestellten Lager und Burgen, besonders im Gebiet der mittleren Lippe, sind vom Verfasser untersucht worden.

So sollte nun diesem großen Forscher auch am Ende des Buches im Weserbergland Referenz erwiesen werden.

Zwischen Steinheim und Sommersell hat L. Hölzermann den Stoppelberg beschrieben und sich auf eine Urkunde von 1288 bezogen, in der Graf Adolph über die „Erneuerung seiner oppidi (sic.) Stoppelberg" schreibt. Hölzermann weist auf die vermutliche „Neubefestigung der Nordfront", die „Herstellung einiger Brunnen" und das Vorhandensein von Grundmauern hin, „welche einer Capelle angehört zu haben scheinen". Hölzermann erwähnt zwei „Wachthügel", wie er sie auch am Tönsberglager fand.

Zusammenfassend sieht Hölzermann den Ursprung des Stoppelberges in einem germanischen „Burgos" (nach Orosius). „Diese Burg wurde wahrscheinlich zur Zeit Carls des Großen zerstört".....und im späteren Besitz des Grafen von Schwalenberg „von Neuem aufgebaut". Damit hätte die Burg auf dem Stoppelberg im Lauf der Geschichte verschiedene Besitzer und Funktionen gehabt, wie es der Verfasser bereits auch für viele andere große Burgen wie Tönsberglager, Grotenburg/Teutoburg und Amelungsburg vermutet hat. Die zentrale Bedeutung für das vor- und frühgeschichtliche Siedlungsland im Bereich Steinheim/Marienmünster wird aufgezeigt. Möglicherweise bestand auch diese Burg bereits in der Römerzeit und hatte eine wichtige Bedeutung für die vermutlich hier lebende cheruskische Bevölkerung.

Westlich an den Burgberg angrenzend lag die mittelalterliche Siedlung Stoppelberg. Sie ist auf topograpischen Karten als Kulturdenkmal eingetragen. Auf den D-SAT-Aufnahmen ist die Wüstung klar erkennbar. Damit gibt es gewissermaßen eine „Eichfläche", aufgrund derer dort vorhandenen Strukturen auf den D-SAT-Aufnahmen (TOP WARE, Art. Nr. 641) ähnlich aussehende Wüstungsflächen aufgefunden werden können. Das ist jedoch ein weites Feld. Nach Recherchen des Verfassers überziehen ähnliche Strukturen das Weserbergland und mögen eine Vorstellung davon schaffen, welche Vielzahl an Bodendenkmälern noch im wenig zersiedelten Weserbergland ruht.

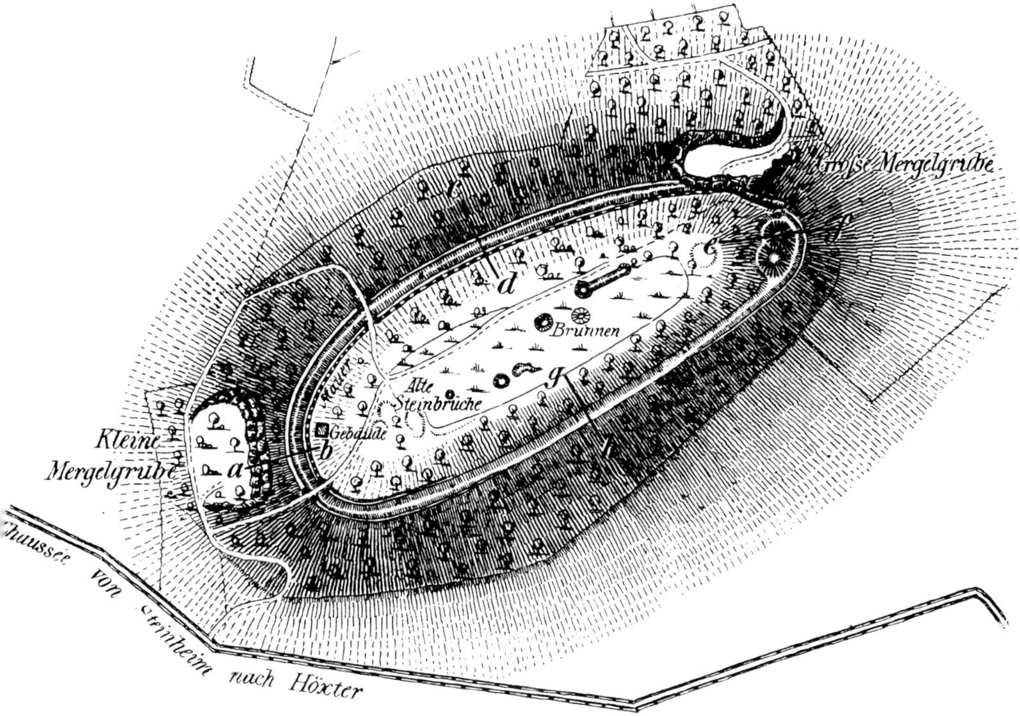

Der Stoppelberg von Steinheim nach Ludwig Hölzermann (Lokaluntersuchungen, die Kriege der Römer und Franken ..... betreffend, Münster 1878) **Abb. 120**

Länge: ca. 456 m,
Breite: ca. 175 m,
Größe: ca. 7 ha.

Literaturverzeichnis

Althoff, Ernst August, Beschreibung seines Münzvorraths-Auktionskatalogs, Meyersche Buchhandlung, Lemgo 1796.

Baatz, Dietwulf/Herrmann, Fritz-Rudolf, Die Römer in Hessen, Theiss Verlag, Stuttgart 1982.

Bahlow, Hans, Deutschlands geographische Namenswelt, Suhrkamp 1221, Frankfurt 1985.

Berger, Frank, Kalkriese 1 - Die Römischen Fundmünzen, Philipp von Zabern, Mainz 1996.

Berger, Frank/ Dräger, Wilhelm/ Hamborg, Bernd, 16 römische Münzen im Industriemuseum Lohne – Münzen aus der Dümmerniederung, Lohne 2003.

Bohec, Yannn Le, Die römische Armee, Franz Steiner Verlag, Stuttgart 1993.

Bökemeier, Rolf, Die Varusschlacht - der Untergang der römischen Legionen im Teutoburger Wald, Grabert Verlag, Tübingen 2000.

Böcking, Werner, Die Römer am Niederrhein und in Nordwestdeutschland, Societäts Verlag, Frankfurt 1974.

Bremer, Eckart, Die Nutzung des Wasserweges zur Versorgung der Römischen Militärlager an der Lippe, Geographische Kommission für Westfalen, Bd. 31, Münster 2001.

Brepohl, Wilhelm, Varusschlacht aus anderer Sicht, Heimatpflege in Westfalen, 13. Jg., 2/2000.

Buchner, R., Reichsannalen, Darmstadt 1968.

Clostermeier, Chr. Gottlieb, Wo Hermann den Varus schlug, Lemgo 1822.

Conolly, Peter, Die römische Armee, Tesloff Verlag, Hamburg 1976.

Cornell, Timm und Matthews, John, Bildatlas der Weltkulturen – Rom, Bechtermünz Verlag, Augsburg 1998.
Coulston, J. C., Military Equipment and the Identy of Roman Soldiers, BAR International, Series 394, 1988.

Cüppers, Heinz, Die Römer in Rheinland-Pfalz, Theiss Verlag, Stuttgart 1990.

Deimel, Martha, Die Bronzekleinfunde vom Magdalensberg, Klagenfurt 1987.

Fingerlin, Gerhard, Dangstetten I, und: Dangstetten II, Konrad Theiss, Stuttgart 1986 und 1998.

Fürstenberg, Ferdinand von, Monumenta Paderbornensis, Heinrich Meyer, Lemgo 1672.

Gebers, Wilhelm, Auf dem Weg nach Walhall, Die Pferde der Altsachsen – Begleiter in Leben und Tod, Industriemuseum Lohne Hg., Lohne 2004.

Hamelmann, Hermann, Genealogien und Familien der angesehensten und edelsten Grafen, Freiherren und Herren, Lemgo 1582.

Hanel, Norbert, Vetera I, Rheinland-Verlag, Köln 1995.

Harnecker, Joachim, Katalog der Eisenfunde von Haltern aus den Grabungen der Jahre 1949-1994, Philipp von Zabern, Mainz 1997.

Hübener, Wolfgang, Die Römischen Metallfunde von Augsburg-Oberhausen, Michael Lassleben, Kallmünz/OPF. 1973.

Henke, O. und B. Lehmann, Die neueren Forschungen über die Varusschlacht, Bertelsmann, Gütersloh 1910.

Höfer, Paul, Die Varusschlacht, Duncker und Humblot, Leipzig 1888.

Höfler, Otto, Siegfried Arminius und die Symbolik, Carl Winter-Universitätsverlag, Heidelberg 1961.

Hohenschwert, Friedrich, Lippe - historische Entwicklung, Ferdinand Schöning, Paderborn 1993.

Hohenschwert, Friedrich,
Ur- und frühgeschichtliche Befestigungen in Lippe, Wagener, Lemgo 1978.

Hölzermann, Ludwig,
Lokaluntersuchungen, die Kriege der

Franken und Römer sowie die Befestigungsmanieren der Germanen, Sachsen und des späten Mittelalters betreffend, Münster 1878.

Horn, Heinz Günter,
Die Römer in Nordrhein-Westfalen, Theiss Verlag, Stuttgart 1987.

Houben, Philipp,
Römisches Antiquarium zu Xanten, Xanten 1839.

Jacobi, H., Die Saalburg, Führer durch das Kastell..., 13. Aufl., Taunusbote, Bad Homburg 1936.

Klabes, Heribert, Corvey,
Huxaria Verlag, Höxter 1997.

Knoke, Friedrich, Die Kriegszüge des Germanicus in Deutschland, Berlin 1887.

Korzus, Bernard, Die Fundmünzen der Römischen Zeit in Deutschland (FMRD), Bd. 4 und 6, Gebr. Mann Verlag, Berlin 1971.

Kühlborn, Johann-Sebastian,
Germaniam Pacavi, Westfälisches Museum für Archäologie, Münster 1995.

Kuhn, H., Welschnamen zwischen Rhein und Weser, in BNF, Neue Folge 8, 1973.

Künker, Fritz Rudolf, Kataloge,
z. B. 52. Auktion, Rud. Gottlieb Druck, Bramsche Sept. 1999.

Kurze, Friedrich, Annales Fuldensis, Hannover 1891.

Lawson, Annabel K., Studien zum Römischen Pferdegeschirr, Jahrbuch des Römisch-Germanischen Zentralmuseums, 25. Jahrgang, Mainz 1978.

Lehners, H. von, Ausgrabungen auf dem Fürstenberg bei Xanten, Bonner Jahrbücher, 114/115, 1906.

Lehners, H. von, Vetera – Die Ausgrabungen des Bonner Provizialmuseums bis 1929, Germanische Forschungen, Band IV, Berlin und Leipzig 1930.

Lippek, Wolfgang, Inhaltliche Strukturanalyse der Denarkomplexe von Kalkriese und Haltern, Lippische Mitteilungen, Naturwissenschaftlicher und Historischer Verein, Detmold 2002.

Möller, Leopold, Stapelage,
Lippischer Heimatbund, Detmold 1988.

Mommsen, Theodor,
Römische Geschichte, Weidmannsche Buchhandlung, Berlin 1905.

Mommsen, Theodor,
Die Örtlichkeit der Varusschlacht, Sitzungsbericht der Königlichen Akademie der Wissenschaften zu Berlin, Berlin 1885.

Müffling, Carl Ferdinand Freiherr von, genannt Carl Weiss, Die Römerstraßen am rechten Ufer des Nieder-Rheins, Berlin/Posen 1834.

Müller, Martin, Die römischen Buntmetallfunde von Haltern, Philipp von Zabern, Mainz 2002.

Müller, Wilhelm in K. F. Becker´s Weltgeschichte,
Gebrüder Kröner Verlag,
Stuttgart 1884.

Neuburger, Albert,
Die Technik des Altertums,
R. Voigtländers Verlag, Leipzig 1921.

Norkus, Johannes, Die Feldzüge der Römer in Norddeutschland in den Jahren 9-16 n. Chr., von einem Soldaten gesehen, August Lax Verlag, Hildesheim 1963.

Oldenstein, Jürgen, Zur Ausrüstung römischer Auxiliareinheiten, Philipp von Zabern, Mainz 1976.

Ortelius, Abraham, Theatrum Orbis Terrarum, Antwerpen, 1570-1612.

Petrikovits H. von, Beiträge zur Römischen Geschichte und Archäologie 1931-1974, Beihefte der Bonner Jahrbücher, Band 36, Bonn 1976.

Pfister, Christian, Klimageschichte der Schweiz 1525-1860, Verlag Paul Haupt, Bern und Stuttgart 1988.

Piderit, Johannes, Chronicon comitatus Lippiae, Universitätsdruckerei, Rinteln 1627.

Pietsch Martin, Das augusteische Legionslager Marktbreit, in: Wiegels, Rainer und Woesler, Winfried, Arminius und die Varusschlacht, Ferdinand Schöningh, Paderborn 1995.

Riha, Emilie, Kästchen, Truhen, Tische – Möbelteile aus Augusta Raurica, August 2001.

Ritter-Schaumburg, Heinz, Die Nibelungen zogen nordwärts, Herbig Verlag, München 1981.

Schierenberg, August, Römer im Cheruskerlande, Frankfurt 1862.

Schlüter, Wolfgang (Hg.), Kalkriese – Römer im Osnabrücker Land, Rasch Verlag, Bramsche 1993.

Schlüter, Wolfgang und Rainer Wiegels, Rom, Germanien und die Ausgrabungen in Kalkriese, Universitätsverlag Rasch, Osnabrück 1999.

Schnurbein, Siegmar von, Untersuchungen zur Geschichte römischer Militärlager an der Lippe, Westfälisches Museum für Archäologie, Münster 1981.

Schönberger, Hans, Das Augusteische Römerlager Rödgen, und darin: Simon, Hans-Günter, Die Funde aus den frühkaiserzeitlichen Lagern Rödgen, Friedberg und Bad Nauheim, Limesforschungen Bd. 15, Gebr. Mann, Berlin 1976.

Stamford, Th. von, Das Schlachtfeld im Teutoburger Walde, Eigenverlag, Cassel 1892.

Steiner, Paul, Kataloge West- und Süddeutscher Altertumssammlungen, I. Xanten, Frankfurt a. M. 1911.

Süßkind, Gabriele/ Wigg, Angelika, Der Römische Limes in Deutschland, Archäologie in Deutschland, Sonderheft 1992, Theiss, Stuttgart 1992.

Tacitus, Annalen, Wilhelm Goldmann Verlag, München 1978.

Teudt, Wilhelm, Germanische Heiligtümer, Eugen Diederichs Verlag, Jena 1934.

Trauth, Eine Wanderung auf der Römerstraße im Bienwalde, Pfälz. Museum - Pfälz. Heimatkunde 1924.

Treue, Wilhelm, Achse, Rad und Wagen, F. Bruckmann Verlag, Göttingen/ München 1986.

Ulbert, Günter, Das Frührömische Kastell Rheingönnheim, Gebr. Mann, Berlin 1967.

Unz, Christoph/Deschler-Erb, Eckhard, Katalog der Militaria aus Vindonissa: Militärische Funde, Pferdegeschirr und Jochteile bis 1976, Gesellschaft PRO Vindonissa 14, Brugg 1997.

Veltmann, Hermann, Funde von Römermünzen in Westfalen und Oberschlesien, J. G. Kisling, Osnabrück 1885.

Walke, Norbert, Das Römische Donaukastell Straubing-Sorviodurum, Gebr. Mann, Berlin 1965.

Wasserbach, E. Casimir, Dissertatio De Statua Illustri Harminii, Heinr. Wilhelm Meyer, Lemgo 1698.

Weeke, Burkhart, Hg. von Frerk Haye Hamkens, Der Externstein, Horn 2000.

Wiegels, Rainer, Die Fundmünzen von Kalkriese und die frühkaiserliche Münzprägung, Bibliophilis, Möhnesee 2000.

Wiegels, Rainer, in Varuskurier, 7. Jg., Osnabrück 2001.

Woyte, Curt, Antike Quellen zur Geschichte der Germanen, R. Voigtländers Verlag, Leipzig 1916.

Caeliusstein (Genehmigung des Abdrucks durch:
Landschaftsverband Rheinland/Rheinisches Landesmuseum Bonn) –
1620 in castra Vetera gefunden, ein wichtiges Dokument für die Varusschlacht:
„Der Centurio M. Caelius von der XIIX. Legion stand im 53. Lebensjahr,
als er in der Varusschlacht fiel."